Emblematik in Sakralbauten des Ostseeraums
Bd. 1

Geistliche Intermedialität in der Frühen Neuzeit

Herausgegeben von Johann Anselm Steiger

Bd. 2

Spiritual Intermediality in the Early Modern Period

Edited by Johann Anselm Steiger

vol. 2

Johann Anselm Steiger

Emblematik in Sakralbauten des Ostseeraums

Bd. 1
Schleswig-Holstein I
Bad Segeberg

Mit einer Einleitung in das Gesamtwerk

SCHNELL + STEINER

Die Erarbeitung des vorliegenden Buches wurde gefördert durch das Alfried Krupp Wissenschaftskolleg Greifswald sowie durch die Deutsche Forschungsgemeinschaft (DFG) – 435118611 (Forschungsgruppe 5138 Geistliche Intermedialität in der Frühen Neuzeit, Teilprojekt 1).

Umschlagabbildungen:
Bad Segeberg, St. Marien von Südosten. – Bad Segeberg, St. Marien, Altarretabel, sog. rote Seite, Ausschnitt. – Vedersø, Kirche, Kanzel von Süden. – Heinrich Engelgrave: LVCIS EVANGELICAE, SVB VELVM SACRORVM EMBLEMATVM RECONDITAE PARS TERTIA […]. Pars posterior. Köln 1652 (UB Rostock Fm-13), Titelkupfer. – Gabriel Rollenhagen: selectorum Emblematum CENTURIA SECUNDA. Utrecht, Arnheim 1613 (SUB Göttingen ALT 77 A 17691 RARA), Nr. 20. – Bad Segeberg, St. Marien, Altarretabel, sog. grüne Seite, Ausschnitt.

Bibliographische Informationen der Deutschen Nationalbibliothek:
Die Deutsche Nationalbibliothek verzeichnet diese Publikation in der Deutschen Nationalbibliographie; detaillierte bibliographische Daten sind im Internet über https://dnb.de abrufbar.

1. Auflage 2023

Umschlaggestaltung: Julie August
Satz: typegerecht berlin
Druck: Gutenberg Beuys Feindruckerei GmbH, Langenhagen

ISBN 978-3-7954-3746-6 (Band 1)
ISBN 978-3-7954-3780-0 (Set)

Weitere Informationen zum Verlagsprogramm erhalten Sie unter:
www.schnell-und-steiner.de

INHALT

EINLEITUNG IN DAS GESAMTWERK

BUCHEXTERNE GEISTLICHE EMBLEMATIK

Vorliegendes Werk zur Sinnbildkunst (*ars emblematica*) in Sakralbauten des Ostseeraums bietet Beiträge zur mittlerweile in der internationalen und fächerübergreifenden Forschung recht weit vorangeschrittenen, jedoch noch vieler Ausweitungen und Vertiefungen bedürfenden Erkundung der frühneuzeitlich-buchexternen Emblematik[1] und befaßt sich erstmals in breitangelegtem Zugriff mit den höchst heterogenen Ausprägungen der spezifisch geistlichen Sinnbildkunst in Sakralbauten des europäischen Ostseeraums von Nord-Dänemark (Jütland) bis hin zur Oblast Kaliningrad der Russischen Föderation. Dokumentiert und analysiert werden 32 buchexterne Emblemzyklen, die insgesamt 288 Sinnbilder umfassen. Überblickt man

1 Vgl. hierzu Michael Schilling: Emblematik außerhalb des Buches. In: Internationales Archiv für Sozialgeschichte der deutschen Literatur 11 (1986), S. 149–174. Peter M. Daly, Hans Josef Böker (Hg.): The emblem and architecture. Studies in applied emblematics from the sixteenth to the eighteenth centuries. Turnhout 1999 (= Imago figurata studies 2). Gerhard F. Strasser, Mara Wade (Hg.): Die Domänen des Emblems. Außerliterarische Anwendungen der Emblematik. Wiesbaden 2004 (= Wolfenbütteler Arbeiten zur Barockforschung 39). Carsten-Peter Warncke: Symbol, Emblem, Allegorie. Die zweite Sprache der Bilder. Köln 2005. Sabine Mödersheim: The emblem in the context of architecture. In: Emblem scholarship. Directions and developments. A tribute to Gabriel Hornstein. Hg. von Peter M. Daly. Turnhout 2005 (= Imago figurata studies 5), S. 159–175. Simon McKeown: Emblematic paintings from Sweden's age of greatness. Nils Bielke and the neo-stoic gallery in Skokloster. Turnhout 2006 (= Imago figurata studies 6). Ignacio Arellano, Ana Martínez Pereira (Hg.): Emblemática y religión en la Península Ibérica (Siglo de Oro). Frankfurt a. M., Madrid 2010 (= Biblioteca Áurea Hispánica 63). Hartmut Freytag, Wolfgang Harms, Michael Schilling: Gesprächskultur des Barock. Die Embleme der Bunten Kammer im Herrenhaus Ludwigsburg bei Eckernförde. Kiel 2001 ([2]2004). Wolfgang Harms u. a. (Hg.): SinnBilderWelten. Emblematische Medien in der Frühen Neuzeit. Ausstellungskatalog München 1999. Johannes Köhler: Angewandte Emblematik im Fliesensaal von Wrisbergholzen bei Hildesheim. Hildesheim 1988. Wolfgang Harms, Hartmut Freytag (Hg.): Außerliterarische Wirkungen barocker Emblembücher. Emblematik in Ludwigsburg, Gaarz und Pommersfelden. München 1975. Vgl. ferner zur spezifisch außerliterarisch-geistlichen Emblematik Johann Anselm Steiger, Michael Schilling, Stefanie Arend: Sinnbilder im Sakralraum. Die Kirche in Lucklum – Ein Kompendium der geistlichen Emblematik der Frühen Neuzeit. Regensburg 2020. Erik A. Nielsen: Gådetale. Emblemer, symbolik, spejle. Billed-sprog IV. Kopenhagen 2018. Hans Westphal: Sehnsucht nach dem himmlischen Jerusalem. Das Emblemprogramm der Stettener Schlosskapelle (1682). Stuttgart 2017. Radosław Grześkowiak, Jakub Niedźwiedź: Wstęp. In: Mikołaj Mieleszko: Emblematy. Wydali i opracowali Radosław Grześkowiak i Jakub Niedźwiedź. Redakcja naukowa tomu Dariusz Chemperek. Warschau 2010 (= Humanizm. Polonika 6), S. 7–70. Cornelia Kemp: Angewandte Emblematik in süddeutschen Barockkirchen. München, Berlin 1981 (= Kunstwissenschaftliche Studien 53). Carme López Calderón: Applied emblems in the cathedral of Lugo. European sources for a Spanish cycle addressed to the virgin Mary. Leiden u. a. 2021 (= Brill's studies on art, art history, and intellectual history 51). Vgl. überdies die folgenden kleineren Studien: Cornelia Kemp: Cycles d'emblèmes dans les églises de l'Allemagne du Sud au XVIIIe siècle. In: Figures du Baroque. Hg. von Jean-Marie Benoist. Paris 1983, S. 57–72. Carsten-Peter Warncke: Die Seele am Kreuz. Emblematische Erbauungsliteratur und geistliche Bildkunst am Beispiel eines Dekorationsprogramms im ehem. Kloster St. Peter im Schwarzwald. In: Litteratura laicorum. Beiträge zur christlichen Kunst. Hg. von Heimo Reinitzer. Hamburg 1980 (= Vestigia bibliae 2), S. 159–202. Carsten-Peter Warncke: Allegorese als Gesellschaftsspiel. Erörternde Embleme auf dem Satz Nürnberger Silberbecher aus dem Jahre 1621. In: Anzeiger des Germanischen Nationalmuseums. Nürnberg 1982, S. 43–69. Dietrich Donat: Die Kreuzgangembleme des Augustiner-Chorherrenstiftes Wettenhausen. In: Kloster Wettenhausen. Beiträge aus Geschichte und Gegenwart im Rückblick auf sein tausendjähriges Bestehen 982–1982. Weißenhorn 1983 (= Günzburger Hefte 19), S. 45–59. Dieter Bitterli: Die emblematische Kassettendecke der Rosenburg in Stans (NW). In: Zeitschrift für Schweizerische Archäologie und Kunstgeschichte 49 (1992), S. 201–220. Ojārs Spārītis: An iconological interpretation of the cycle of emblematic paintings in the church at Gaiķi in Courland. In: The German-language emblem in its European context: Exchange and transmission. Hg. von Anthony J. Harper, Ingrid Höpel. Glasgow 2000 (= Glasgow emblem studies 5), S. 145–166. Ojārs Spārītis: The pulpit as a medium for educational and political messages in the Latvian Lutheran church. In: Emblematica. An Interdisciplinary Journal for Emblem Studies 16 (2008), S. 53–75 (zu den Emblemata in den Kirchen zu Lestene und Burtnieki). Andreas Beck: Mönche, Mauern und Embleme. Architekturemblematik im Kreuzgang des Klosters Wettenhausen (1680/90).

den Bestand, so tritt zutage, daß – erwartbarerweise – alle in Betracht kommenden Emblemformen vertreten sind. Zu ihnen gehört selbstverständlich die dreigliedrige »Normalform«,[2] in der ein Bild (*pictura* bzw. *icon*) mit einem Motto (bzw. *inscriptio*/Lemma) sowie einer (lyrischen, zumeist epigrammatischen) Unterschrift (*subscriptio*) kombiniert wird. Recht häufig allerdings fehlen in buchexternen Emblemata die lyrischen *subscriptiones*, oder diese werden durch Bibelsprüche ersetzt, oder die *pictura* wird von zwei Motti begleitet, oder es wird die *pictura* mit einer schlichten Angabe eines Bibelverses (ohne Zitation von dessen Wortlaut) versehen, der somit an die Stelle des Mottos tritt.

Besonderes Augenmerk gilt in vorliegendem Werk ausgewählten größeren und kleineren Emblemprogrammen an Kanzeln, Altären, Emporenbrüstungen, Gestühlen, Beichtstühlen, Patronatslogen, Begräbniskapellen etc. und deren minutiöser Deutung unter besonderer Beachtung der jeweils vorliegenden intermedialen, mithin Kurztexte und Bildmedien verbindenden Fakturen unter Einschluß von deren bild-, theologie-, frömmigkeits-, predigt- und gelehrtenhistorischen Kontexten. Der gewählte methodische Ansatz ist also darauf ausgerichtet, eine spezifische Ausprägung der frühneuzeitlichen Intermedialität,[3] nämlich der geistlichen,[4] näherhin geistlich-emblematischen Intermedialität im buchexternen Kontext von Sakralräumen auf den Grund zu gehen. Ziel ist es, die Medienkombinatorik emblematischer Artefakte in Kirchenräumen, d. h. das horizontal-intermediale Zusammenspiel von deren Text- und Bildanteilen zu entschlüsseln. Unerläßlich ist hierfür einerseits der Vergleich der buchexternen Emblemata mit der die jeweiligen gedruckten Vorlagen bestimmenden Intermedialität, die durchaus nicht selten anders akzentuiert sein kann, sei es, weil den betreffenden *picturae* in den Druckmedien längere oder mehr Texte beigegeben sind, oder sei es, daß in den buchexternen Sinnbildern Vereinfachungen bzw. Differenzierungen, Variationen oder Zuspitzungen der Bildkompositionen – häufig auch durch die Überführung der monochromen Vorbilder in polychrome Gemälde – vorgenommen wurden. Andererseits ist darüber hinaus zwecks angemessener Entschlüsselung der buchexternen Emblemata auch die Rekonstruktion der jeweiligen o. g. bild-, theologie-, frömmigkeits-, predigt- und gelehrtenhistorischen Kontexte aufschlußreich, deren einschlägige Quellen ihrerseits oftmals intermedialen Charakters sind.

Zu achten ist freilich ferner auf die Lozierung der betreffenden intermedialen Emblemzyklen in den jeweiligen Kirchenräumen sowie auf die ephemeren Konkretionen von Intermedialität, die sich hier regelhaft ereigneten bzw. ereignen – etwa, wenn an einem mit Sinnbildern ausgestatteten Altar das Abendmahl gefeiert wird und innerhalb des liturgischen Vollzugs die als Heilsmittel verstandenen Elemente Brot und Wein, begleitet von gesprochenem Wort, liturgischem Gesang und ggf. Orgelmusik gereicht werden und sich auf diese Weise ephemere, d. h. situativ-gottesdienstliche Intermedialität mit der am Altar greifbaren permanent-emblematischen Intermedialität zu einem noch komplexeren Beziehungsgeflecht verbindet. Erst unter achtsamer Einbeziehung dieser

In: PerspektivWechsel oder: Die Wiederentdeckung der Philologie. Bd. 2: Grenzgänge und Grenzüberschreitungen. Zusammenspiele von Sprache und Literatur in Mittelalter und Früher Neuzeit. Hg. von Nina Bartsch, Simone Schultz-Balluff. Berlin 2016, S. 289–375. Dieter Bitterli: Der Bilderhimmel von Hergiswald. Vollständig überarbeitete Neuausgabe. Salenstein 2018. Piotr Birecki: The Lutheran church in Rodowo as a place of the spiritual meeting of three social strata. In: Entangled Religions 7 (2018), S. 109–136.

2 Bernhard F. Scholz: Emblem und Emblempoetik. Historische und systematische Studien. Berlin 2002 (= Allgemeine Literaturwissenschaft, Wuppertaler Schriften 3), S. 288. Vgl. auch Wolfgang Harms: Art. Emblem/Emblematik. In: Theologische Realenzyklopädie 9 (1982), S. 552–558, hier S. 553. Vgl. zur Kritik an Albrecht Schönes Sicht des emblematischen dreigliedrigen Idealtypus Dieter Sulzer: Poetik synthetisierender Künste und Interpretation der Emblematik. In: Geist und Zeichen. Festschrift für Arthur Henkel zu seinem 60. Geburtstag. Hg. von Herbert Anton, Bernhard Gajek, Peter Pfaff. Heidelberg 1977, S. 401–426, bes. S. 410 sowie Peter M. Daly: Emblem theory. Recent German contributions to the characterization of the emblem genre. Nendeln 1979 (= Wolfenbütteler Forschungen 9), S. 21–51.

3 Vgl. Birgit Emich: Bildlichkeit und Intermedialität in der frühen Neuzeit. Eine interdisziplinäre Spurensuche. In: Zeitschrift für Historische Forschung 35 (2008), S. 31–56. Jörg Robert (Hg.): Intermedialität in der Frühen Neuzeit. Formen, Funktionen, Konzepte. Berlin u. a. 2017 (= Frühe Neuzeit 209). Jörg Robert: Einführung in die Intermedialität. Darmstadt 2014. Tobias Bulang (Hg.): Johann Fischart, genannt Mentzer. Frühneuzeitliche Autorschaft im intermedialen Kontext. Wiesbaden 2019 (= Wolfenbütteler Abhandlungen zur Renaissanceforschung 37). Alfred Messerli, Michael Schilling (Hg.): Die Intermedialität des Flugblatts in der Frühen Neuzeit. Stuttgart 2015. Kai Merten: Intermediales Text-Theater. Die Bühne des Politischen und des Wissens vom Menschen bei Wordsworth und Scott. Berlin u. a. 2014 (= Buchreihe der Anglia 43).

4 Vgl. Johann Anselm Steiger: Der Orgelprospekt im Kloster Lüne als Zeugnis barock-lutherischer Bild- und Musiktheologie. Zur Intermedialität von Wort, Bild und Musik im 17. Jahrhundert. Regensburg 2015. Ders.: Bibelauslegung durch Bilder. Zur sakralen Intermedialität im 16. bis 18. Jahrhundert. Regensburg 2018 (= Kunst und Konfession in der Frühen Neuzeit 2). Ders. (Hg.): Reformation und Medien. Zu den intermedialen Wirkungen der Reformation. Leipzig 2018 (= Reformation heute 4).

Gegebenheiten wird greifbar, daß die konsequent von horizontaler Intermedialität, d. h. von Text-Bild-Kombinationen, geprägten Emblemzyklen wesentlichen Anteil haben an der Erreichung des Ziels, eine geistliche Medienvielfalt zu gewährleisten, welche die Sinne des Menschen in Gänze (*visus*, *auditus*, *tactus*, *gustus*, *olfactus*) adressiert, diese synästhetisch affiziert und mit allen verfügbaren Mitteln dafür Sorge trägt, daß in der Handhabung der Heilsmittel (*media salutis*), d.h. des Wortes Gottes und der Sakramente, der gemäß 1. Timotheus 2,5 letztlich einzige Mittler (*mediator*) zwischen Gott und den Menschen, Christus, als »Protomedium«[5] und Kulminationspunkt der vertikalen Intermedialität gegenwärtig wird und sich vermittels dieser *media salutis* mit den Kommunikanten mystisch vereinigt, indem er diese in sich und sich in sie verwandelt.[6]

Was die Intermedialität des Heils in der christologisch-soteriologischen Vertikalen anlangt, ist zudem stets deren Bipolarität in die Analysen einzubeziehen, die darin besteht, daß Christus zeitgenössischer Reflexion gemäß innerhalb seines hohepriesterlichen Amts (*munus sacerdotale*) in zweifacher Hinsicht als Protomedium agiert. Denn dieses Amt wird vom Sohn Gottes nicht nur dadurch wahrgenommen, daß er sich – in Personalunion des opfernden Hohenpriesters und des Geopferten – für die Sünder hingibt (Hebräer 9,11 f.) und diese so errettet, sondern auch, daß er nach der Himmelfahrt, zur Rechten Gottes sitzend, weiterhin als Mittler (*mediator*) und insbesondere als Fürsprecher (*intercessor*) für die Menschen Gottvater gegenüber fungiert und diesen daran erinnert, daß er, Christus, vermittels seines Blutes ein für allemal Versöhnung zwischen Gott und den Menschen gestiftet hat. Demnach ist es der Sohn Gottes, der seinen Vater je und je neu davon abhält, die sündige Menschheit zu strafen, indem er diesem immer wieder vor Augen stellt, daß er, Christus, sämtliche Sünden bereits getragen und gesühnt hat.

Besonders eindrücklich wird dieser Sachverhalt in einem (auf den ersten Blick unscheinbaren) Gemälde in der Kirche zu Karsibór (dem vormaligen Kaseburg) auf der gleichnamigen Insel (Polen, Woiwodschaft Westpommern) zur Anschauung gebracht (Abb. 1). Hier tritt – bildbestimmend – der Sohn Gottes auf, der den als weibliche, kniende Person versinnbildlichten glaubenden Menschen vor dem zürnenden Gottvater in Schutz nimmt, der rechts oben aus dem Himmel herabblickt und drohend ein Blitzbündel in der rechten Hand hält. Die für solche Gewährung von Schutz vom Sohn Gottes genutzten Medien sind vielfältig und bringen die vertikale Intermedialität konzise zur Anschauung. Zunächst ist es der wehende rote Umhang, welcher die kniende und die linke Fußfessel Christi umfassende Person vor dem Zorn Gottes schützt, womit die Metaphorik des Schutzmantels aufgerufen wird.[7] Ferner präsentiert Christus Gottvater, zu diesem emporblickend, drei sogenannte Passionswerkzeuge, nämlich Geißel, Rute sowie Nägel, um ihm anhand dieser Medien in Erinnerung zu rufen, daß er, Christus, für die sündige Menschheit bereits den Zorn Gottes getragen und dessen Gericht erlitten hat sowie auf Golgatha gestorben ist. Was hier ins Bild gesetzt wird, ist mithin eine Zusammenschau der Christi hohepriesterliches Amt ausmachenden Obliegenheiten, nämlich aktiv die bis zum Jüngsten Tag notwendige Stellvertretung des glaubenden, jedoch fortwährend sündigen Menschen Gottvater gegenüber als Fürsprecher (*intercessor*) wahrzunehmen, und diese mit der Erinnerung an die passiv (leidend und sterbend) erwirkte Versöhnung Gottes mit den Menschen und der Menschen mit Gott (*redemptio*) zu verbinden.

Die dem Gemälde beigegebene (fragmentarisch überlieferte) Unterschrift hat die Form eines Kurzgebets, in welchem der Glaubende Christus bittet, für ihn bittend bei Gottvater einzutreten: »JEsu mit getreuer Bitt [bey] dem Vater mich vertr[itt]«. Was in Karsibór vor Augen steht, ist eine in einem Bildmedium und in einem Kurztext vorgetragene horizontal-intermediale Thematisierung der doppelten (menschlichen und göttlichen) Medialität des Gebets, der innerhalb der vertikalen Intermedialität zentrale Bedeutung zukommt, weil das Gebet des Menschen die Fürbitte des *Christus mediator* evoziert. Nimmt man den im frühneuzeitlichen Gebetsverständnis virulenten Gedanken hinzu, daß die Glaubenden, mithin die vom Heiligen

5 Philipp Stoellger: Tod oder Leben – Unvermitteltes oder Unmittelbares? Zum Chiasmus von Theologie und Medientheorie. In: Internationales Jahrbuch für Medienphilosophie 1 (2015), S. 171–191, hier S. 178.

6 Vgl. hierzu u. S. 153.

7 Vgl. Johann Anselm Steiger: »Nulla femina dir gleich«. Martin Luther und Maria. Zugleich ein Beitrag zur Ikonographie des Schutzmantels. In: Maria in den Konfessionen und Medien der Frühen Neuzeit. Hg. von Bernhard Jahn, Claudia Schindler. Berlin u.a. 2020 (= Frühe Neuzeit 234), S. 25–63.

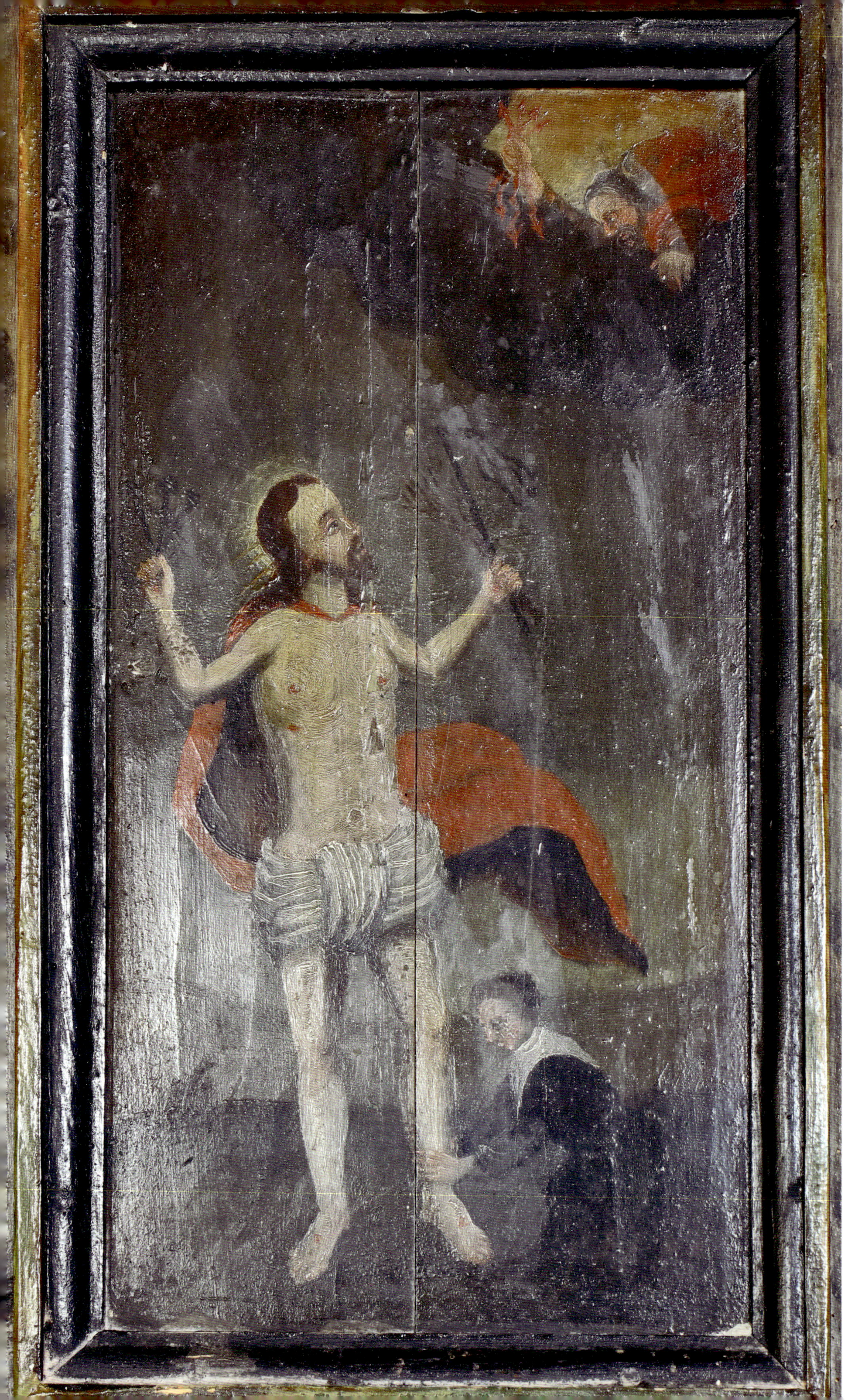

Geist begabten Menschen, wenn sie beten, nicht zuvörderst einem Befehl Gottvaters entsprechen, sondern dessen dringlicher Bitte, ihn anzubeten, nachkommen[8] und hierbei nicht nur vom Sohn Gottes, sondern auch vom Heiligen Geist »mit unaussprechlichem Seufzen« (Römer 8,26) stellvertreten werden, ergibt sich hieraus, daß dem Gebet eine vierfache Medialität eignet. Diese schließt die trinitarische Pluralität gänzlich ein und ist für die vertikale Intermedialität von fundamentaler Bedeutung: Richtet sich der Mensch betend an Gottvater, reagiert er auf eine Bitte des Angebeteten selbst, adressiert mit seinen Gebetsanliegen zugleich die zweite trinitarische Person als Mittler, woraufhin diese und der Heilige Geist im Rahmen ihrer *intercessio* die Gebete Gottvater vortragen und ihn dessen gemahnen, die Bitten entsprechend den von ihm gegebenen Verheißungen (*promissiones*) zu erfüllen. Auf diese Weise interagieren im Medium des Gebets der Beter und alle trinitarischen Personen, die ihrerseits, d. h. bereits für sich genommen, in einem permanenten, von Ewigkeit her statthabenden wechselseitigen Austausch stehen (s. u.).

DIE TRIAS GEISTLICHER INTERMEDIALITÄT, INTERTEXTUALITÄT UND INTERPIKTURALITÄT

Bereits vor dem soeben skizzierten Hintergrund wird deutlich, daß es zwecks angemessener Beschreibung der geistlich-emblematischen Intermedialität nicht hinreicht, die je einzelnen Text-Bild-Beziehungen zu analysieren, es vielmehr unerläßlich ist, deren wechselseitige – synthetische, amplifikatorische, oppositive etc. – Relationalität in die Deutung miteinzubeziehen, womit methodisch einer hermeneutischen Maßgabe gefolgt wird, welche auch in der frühneuzeitlichen Emblemtheorie (etwa in derjenigen Georg Philipp Harsdörffers [1607–1658][9]) maßgeblich ist und gründlich reflektiert wird, insbesondere bezüglich der sogenannten mehrständigen Embleme, d. h. der Kombinationen und Interaktionen von mehreren Sinnbildern auf ein und derselben Druckseite.[10] Darüber hinaus ist es freilich auch methodisch geboten, die buchexternen Emblemzyklen auf die zwischen den einzelnen Sinnbildern vorfindlichen Text-Text- und Bild-Bild-Beziehungen hin zu befragen, mithin auf die in den jeweiligen Serien gegebenen Phänomene von Intertextualität (etwa infolge von Stichwortanschlüssen oder von *subscriptiones*, die einander fortsetzen oder nacheinander gelesen eine Strophe ergeben) und Interpikturalität (z. B. in Form von variierenden Wiederaufnahmen oder von typologischen Zusammengehörigkeiten bestimmter Bildsujets). Hierbei ist insbesondere in Fällen, in denen die einzelnen Sinnbilder nicht schlicht auf derselben Höhe fortlaufend dargeboten werden, sondern diese zugleich auch über- und untereinander angeordnet sind, mit z. B. diagonalen oder vertikalen Korrespondenzen zu rechnen. Noch komplexer freilich liegen die Dinge, wenn Emblemata an einem Altarretabel mit mehreren Flügeln (wie etwa in St. Marien zu Segeberg[11]) untergebracht sind und sich je nach Klappart unterschiedliche Konstellationen und mit ihnen auch heterogene Ausprägungen von Bild-Bild-, Text-Text- und Bild-Text-Beziehungen ergeben können, womit ein Potential ausschöpfbar wird, das sich in der buchgebundenen Emblematik nicht in analoger Weise bietet. Denn die Herstellung unterschiedlicher Synoptiken von einzelnen Sinnbildern läßt sich hier lediglich annäherungsweise erzielen, da sie medienspezifisch stets durch das Blättern von Seiten unterbrochen wird, während umgekehrt Emblemserien in Form von Einblattdrucken den Vorteil von freier Kombinierbarkeit mit sich bringen.

8 Vgl. hierzu Bd. 2, S. 46.
9 Vgl. Stefan Keppler-Tasaki: Art. Harsdörffer, Georg Philipp. In: Frühe Neuzeit in Deutschland 1620–1720. Literaturwissenschaftliches Verfasserlexikon. Hg. von Stefanie Arend, Bernhard Jahn, Jörg Robert, Robert Seidel, Johann Anselm Steiger, Stefan Tilg, Friedrich Vollhardt. Bd. 3. Berlin u. a. 2021, Sp. 837–860. Rosmarie Zeller: Art. Harsdörffer, Georg Philipp. In: Killy Literaturlexikon. Autoren und Werke des deutschsprachigen Kulturraumes. 2., vollständig überarbeitete Auflage. Hg. von Wilhelm Kühlmann u. a. Bd. 5. Berlin u. a. 2009, S. 20–23. Stefan Keppler-Tasaki, Ursula Kocher (Hg.): Georg Philipp Harsdörffers Universalität. Beiträge zu einem uomo universale des Barock. Berlin u. a. 2011 (= Frühe Neuzeit 158).
10 S. Bd. 4, S. 160 f.
11 S. die in vorliegendem Band enthaltene Studie.

Abb. 1: Gemälde in der Kirche zu Karsibór (Polen, Woiwodschaft Westpommern) nach einer Vorlage in Günther Heilers *Süßen Jesus-Gedancken* ([3]1681), neben S. 266.

EMBLEMATISCHE ÄNIGMATIZITÄT UND KONTEXTUALISIERENDE ENTRÄTSELUNG

Konsequente methodische Beachtung verdient in diesem Zusammenhang der frühneuzeitliche emblematisch-hermeneutische Grundsatz,[12] daß Embleme, die für sich genommen bereits intermediale Entitäten sind,[13] nicht einfach die Texte oder die innenarchitektonischen Artefakte, denen sie beigegeben sind, ›illustrieren‹ oder ›schmücken‹ oder lediglich bestimmte festgefügte oder gar selbstverständliche Aussagen duplizieren bzw. repetieren. Vielmehr haben es Embleme an sich, vermittels von Text-Bild-Kombinationen, die Mathias Holtzwart (ca. 1540–vor 1579) als »Picta Poesis« bzw. »Gemälpoesy« begrifflich zu fassen suchte,[14] einen *prima vista* überraschenden, zuweilen fremdartigen oder gar hermetischen, d.h. einen in der Synopse von Bildern und Kurztexten (nicht selten mühsam) zu entschlüsselnden und zu übersetzenden Sachverhalt[15] zu präsentieren und semantische Mehrwerte zu generieren. Dabei wäre es bekanntlich eine unangemessene Simplifizierung, zu meinen, die Kurztexte entschlüsselten die rätselhaften *picturae* gänzlich, weswegen z.B. Harsdörffer sagt, »ein Sinnbild« habe »eine verborgne [...] Bedeutung«, die durch »die Beyschrift angedeute[t]«[16] werde. Vielmehr bleibt stets (zumindest) ein änigmatischer Rest, mit welchem die Rezipienten und ihre erudite Deutungskompetenz divinatorisch zurande zu kommen haben. Ferner kann den Kurztexten selbst eine die *picturae* konstituierende Funktion zukommen, wohingegen auch die *picturae* zur Dechiffrierung ihrer selbst beitragen können, insbesondere durch im Bild gegebene interpikturale Beziehungen.[17] Dies ist erstaunlich häufig im *Nucleus Emblematum* Gabriel Rollenhagens (1583–1619)[18] der Fall, so z.B. in demjenigen Sinnbild (Abb. 2), welches den Pelikan darstellt, der seine toten Jungen mithilfe seines Blutes zum Leben erweckt. Motto und *subscriptio* deuten die *pictura* nicht geistlich, sondern ethisch-politisch und beziehen sie – wie bereits die Imprese König Alfons' I. von Neapel (1396–1458)[19] – auf den guten Fürsten, der bereit ist, für die Wahrung des Rechts und seine Untertanen sein Leben dahinzugeben. Der ethisch-politischen und zugleich geistlichen Doppelcodierung des Pelikan-Motivs wird allerdings dadurch Rechnung getragen, daß die Szene im Vordergrund auf interpikturale Weise links im Hintergrund erläutert wird, wo man auf den gekreuzigten und sein Blut vergießenden Christus blickt sowie auf Menschen, die dieses *medium salutis* in Abendmahlskelchen auffangen, um es zu sich zu nehmen.[20]

Ein weiteres diesbezüglich relevantes Exempel fin-

12 Vgl. [Georg Philipp Harsdörffer:] Neue Zugabe: Bestehend in C. Sinnbildern Welche Auf Fahnen/ Schaupfenninge/ in Stammbücher/ Tappeten/ Becher/ Gläser/ Flaschen/ Schalen/ Teller/ zu trauer und Freudengedichten/ wie auch zu andrer Zierlichkeit/ nach Belieben/ gebrauchet werden können. Aus Alciato, Jovio, Ruscelli, Bargagli, Capacio, Sambucco, Burgundia, Pallavicino, Camillo Camilli, Petra-Sancta, Masen und andern gesamlet/ Wie auch mit vielen neuen Erfindungen die zwey- drey- vier- fünff- und sechsständig Sinnbilder betreffend/ und Einer Vorrede von den Lehrsätzen dieser Kunst vermehret. Hamburg 1656. In: [Ders.:] Der Grosse Schau-Platz jämmerlicher Mordgeschichte. Bestehend in CC. traurigen Begebenheiten Mit vielen merkwürdigen Erzehlungen/ neu üblichen Gedichten/ Lehrreichen Sprüchen/ scharffsinnigen/ artigen/ Schertzfragen und Antworten/ etc. Verdolmetscht und mit einem Bericht von den Sinnbildern wie auch hundert Exempeln derselben als einer neuen Zugabe/ auß den berühmsten [so!] Autoribus [...]. Zum drittenmahl gedruckt. Hamburg 1656 (BSB München P. o. germ. 577 f), hier die »Vorrede. Bestehend in 50. Lehrsätzen/ von der Sinnbild-Kunst.«, bes. S. 4f. (2. Paginierung).

13 Vgl. Stefanie Arend: Vorüberlegungen zum Entwurf einer intermedialen Rhetorik anhand von emblematischen Figurationen in der Frühen Neuzeit. In: Intermedialität in der Frühen Neuzeit. Formen, Funktionen, Konzepte. Hg. von Jörg Robert. Berlin, Boston 2017 (= Frühe Neuzeit 209), S. 287–305.

14 Achim Aurnhammer, Nicolas Detering: Deutsche Literatur der Frühen Neuzeit. Tübingen 2019, S. 112. Zu Holtzwart vgl. Dietmar Peil: Art. Holtzwart, Mathias. In: Frühe Neuzeit in Deutschland 1520–1620. Literaturwissenschaftliches Verfasserlexikon. Hg. von Wilhelm Kühlmann, Jan-Dirk Müller, Michael Schilling, Johann Anselm Steiger, Friedrich Vollhardt. Bd. 3. Berlin u.a. 2014, Sp. 386–393.

15 Vgl. z.B. Albrecht Schöne: Hohbergs Psalter-Embleme. In: Deutsche Vierteljahrsschrift für Literaturwissenschaft und Geistesgeschichte 44 (1970), S. 655–669, bes. S. 657f. Ders.: Emblematik und Drama im Zeitalter des Barock. München [3]1993, S. 38f. u. ö.

16 Georg Philipp Harsdörffer: Kunstverständiger Discurs, von der edlen Mahlerey. Nürnberg 1652. Hg. von Michael Thimann. Heidelberg 2008, S. 13.

17 Vgl. Schöne, Emblematik und Drama (wie Anm. 15), S. 20f.

18 Vgl. Sabine Mödersheim: Art. Rollenhagen, Gabriel: In: Frühe Neuzeit in Deutschland 1520–1620. Literaturwissenschaftliches Verfasserlexikon. Hg. von Wilhelm Kühlmann, Jan-Dirk Müller, Michael Schilling, Johann Anselm Steiger, Friedrich Vollhardt. Bd. 5. Berlin u.a. 2016, Sp. 335–339.

19 Vgl. Steiger, Schilling, Arend, Sinnbilder im Sakralraum (wie Anm. 1), S. 250.

20 Vgl. Gabriel Rollenhagen: Sinn-Bilder. Ein Tugendspiegel. Bearb., mit einem Nachwort versehen und hg. von Carsten-Peter Warncke. Dortmund 1983, S. 253. Vgl. hierzu Dietmar Peil: Das Emblem als Mittel symbolischer Kommunikation in der Frühen Neuzeit. In: The mediation of symbol in late medieval and early modern times. Medien der Symbolik in Spätmittelalter und Früher Neuzeit. Hg. von Rudolf Suntrup, Jan R. Veenstra, Anne Bollmann. Frankfurt a.M. u.a. 2005 (= Medieval to early modern culture 5), S. 57–81, hier S. 61. Zum Pelikan-Sujet vgl. auch Bd. 8, S. 118–122.

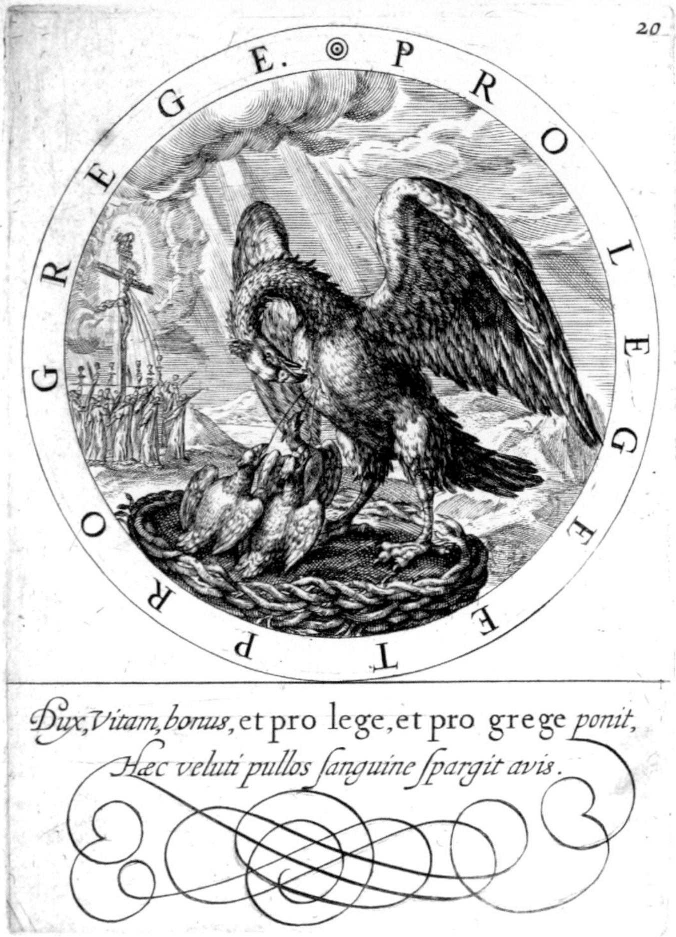

Abb. 2: Gabriel Rollenhagen: selectorum Emblematum CENTURIA SECUNDA. Utrecht, Arnheim 1613 (SUB Göttingen ALT 77 A 17691 RARA), Nr. 20.

det sich bei Catharina Regina von Greiffenberg (1633–1694):[21] Die Emblem-Radierung (Abb. 3) visualisiert die Sonnenblume, die sich an Christus als der Sonne der Gerechtigkeit (Maleachi 3,20) ausrichtet. Der Sohn Gottes, dessen Haupt von der Sonne umgeben ist, ist oben links ins Bild gesetzt – in einer himmlischen Szene, in der dieser eine von Engeln begleitete glaubende Seele empfängt, die einen Kelch und eine Oblate (als übliche Epitheta der *fides*) bei sich hat. Hieraus resultiert die Botschaft, daß sich die Glaubenden in ihrem irdischen Leben permanent am Sohn Gottes ausrichten sollen wie die Sonnenblume an der Sonne, um dereinst mit der Sonne der Gerechtigkeit im Himmel vereinigt zu werden. Die beschriebene Interpikturalität wird dadurch noch verstärkt, daß die von der frommen Seele mitgeführte Oblate als Bildträgerin (und somit als weiteres Bild im Bild) fungiert, insofern sie mit einem Kreuz bezeichnet ist, womit in Erinnerung gerufen wird, an welchem Ort der nun himmlische Christus vormals auf Erden das Heil erwarb. Auch hier tragen also die in der *pictura* selbst greifbar werdenden interpikturalen Korrespondenzen entscheidend zur Deutung des Emblems bei und stellen vor Augen, daß die glaubende Seele, die in ihrem irdischen Leben die Elemente des Abendmahls Brot und Wein als Medien der Begegnung mit dem in ihnen (verborgen) realpräsenten Christus nutzte, nach ihrem Tod in die leibhaftige Begegnung mit diesem von Angesicht zu Angesicht aufgenommen wird.

Embleme stellen ihre Leser bzw. Betrachter vor die Aufgabe, heterogene, nämlich intermediale, interpikturale und intertextuelle Relationen aufzuspüren und diese konzentriert, verweilend, synästhetisch und meditativ-ruminativ[22] zu enträtseln – sei es als auf sich gestellte Individuen oder im dialogischen Diskurs (s. u.). Dies wird allerdings oftmals dadurch erschwert, daß die in den Emblem-*picturae* gegebenen Zeichen doppelt- oder gar mehrfachcodiert sein können, wie dies nicht nur beim Pelikan, sondern beispielsweise auch beim Diamanten der Fall ist, der neben der Verstockung bzw. Herzenshärtigkeit des sündigen Menschen auch die Reinheit der Jungfrau Maria oder den Sohn Gottes bezeichnen kann.[23] Aus solcher Doppelt- oder Mehrfachcodierung resultiert eine Doppel- bzw. Mehrdeutigkeit – eine Problematik, die im je spezifischen Fall durch intermediale Interpretation zu lösen ist, was allerdings durch den Umstand verkompliziert werden kann, daß auch die Beischriften eines Emblems Harsdörffer zufolge bisweilen »einen doppelten Verstand haben«,[24] so daß man es in bestimmten Fällen mit intermedialen Synthesen von doppel- bzw. mehrdeutigen Bildern *und* Texten zu tun haben kann.

21 Vgl. Hartmut Laufhütte, Ralf Schuster: Art. Greiffenberg, Catharina Regina von. In: Frühe Neuzeit in Deutschland 1620–1720. Literaturwissenschaftliches Verfasserlexikon. Hg. von Stefanie Arend, Bernhard Jahn, Jörg Robert, Robert Seidel, Johann Anselm Steiger, Stefan Tilg, Friedrich Vollhardt. Bd. 3. Berlin u. a. 2021, Sp. 524–535.

22 Vgl. hierzu Seraina Plotke: Frömmigkeit als synästhetische Erfahrung. Emblematik und visuelle Poesie in der Andachts- und Gebetsliteratur der Frühen Neuzeit. In: Das Gebet in den Konfessionen und Medien der Frühen Neuzeit. Hg. von Johann Anselm Steiger. Leipzig 2018 (= Theologie – Kultur – Hermeneutik 25), S. 161–175, bes. S. 165–167.

23 Vgl. Bd. 8, S. 113–118.

24 Vgl. Georg Philipp Harsdörffer: DELITIAE MATHEMATICAE ET PHYSICAE Der Mathematischen und Philosophischen Erquickstunden Zweyter Theil: Bestehend in Fünffhundert nutzlichen und lustigen Kunstfragen/ nachsinnigen Aufgaben/ und deroselben grundrichtigen Erklärungen/ Auß Athanasio Kirchero, Petro Bettino, Marino Mersennio, Renato des Cartes, Orontio Fineo, Marino Gethaldo, Cornelio Drebbelio, Alexandro Tassoni, Sanctorio Sanctorii, Marco Marci, und vielen andern Mathematicis und Physicis zusammen getragen […]. Nürnberg 1651 (Staatliche Bibliothek Regensburg 999/Philos. 2181[2]), fol.)(4r.

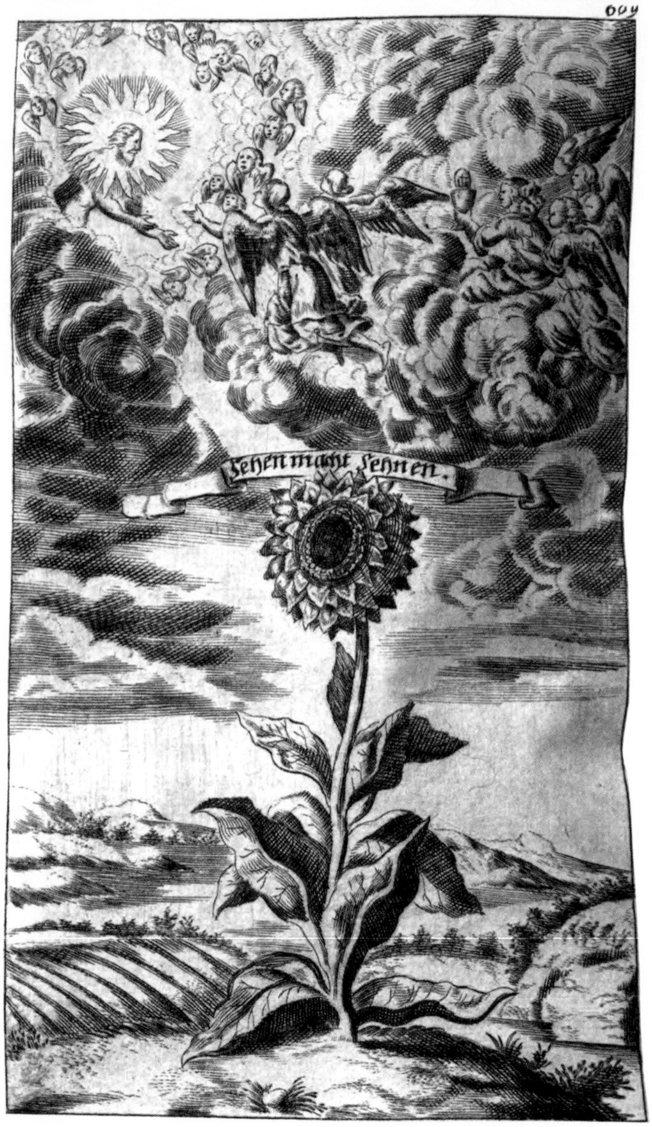

Abb. 3: Catharina Regina von Greiffenberg: Der Allerheiligsten Menschwerdung/ Geburt und Jugend JEsu Christi/ Zwölf Andächtige Betrachtungen: […]. Nürnberg 1678 (BSB München Rar. 4284), neben S. 609.

Und selbst das Phänomen der Doppeldeutigkeit läßt sich laut Harsdörffer emblematisch fassen, nämlich in Gestalt des Echos,[25] welches dem Rufenden eine Antwort gibt, die ähnlich klingt wie der Ruf und doch über diesen weit hinausgeht.

Gewiß ergeben sich im interpretatorischen Prozeß der Emblemdeutung, der zumeist bereits etwa von der Emblem-*subscriptio* – wenn sie denn vorhanden ist – angestoßen wird, Vereindeutigungen, wenn z. B. eine ethische Handlungsanweisung formuliert oder eine Glaubenslehre auf den Punkt gebracht wird. Allerdings stehen solche Vereindeutigungen doch fortwährend im intermedialen Kontext ihrer mehrdeutig verbleibenden Bezugs-*picturae* (und ggf. ihrer ›Beischriften‹), die durch die Interpretation nicht einfach beseitigt oder ›ausradiert‹ werden, und beziehen sich überdies auf die Lebens- und Glaubenswirklichkeit von Menschen, die ebenfalls Rätsel sind und bleiben, solange gemäß Kolosser 3,3 ihr »Leben verborgen [ist] mit Christo in Gott« (s. u.). Insofern ist es kaum erstaunlich, daß es nicht die auf Pluralität der Sinnebenen beharrende Emblematik war, die an Mentalitäten der Aufklärungszeit wie etwa der Neologie scheiterte, die rationale Eindeutigkeit einforderten. Vielmehr waren umgekehrt letztere damit überfordert, die in der Emblematik in höchster Verdichtung komprimierte *eruditio* mitsamt ihrer bis in die Antike (auch der paganen) zurückreichenden Verwurzelung angemessen zu adaptieren. Ein anti-emblematischer Bildersturm (s. u.) lag angesicht dieser Überforderung nahe, aber er löste das selbstgestellte Problem nicht.

Zu entschlüsseln sind, um das Ausgeführte methodologisch zusammenzufassen, im Zuge der Dekodierung von Emblemata unterschiedliche Medienrelationen und -synergien:

- erstens der Zusammenhang zwischen Emblem-*pictura* und den jeweiligen Kurztexten (*subscriptio, inscriptio, superscriptio*), mithin die im Bild gebotenen Zeichen (*signa*) und die in den Kurztexten festgehaltenen bzw. angedeuteten bezeichneten Sachen (*res significatae*),[26]
- zweitens die ggf. vorhandenen interpikturalen Bezüge in der Emblem-*pictura* selbst und die in ihnen verborgenen innerbildlichen Deutungspotentiale,

25 Vgl. Georg Philipp Harsdörffer: Ars Apophthegmatica, Das ist: Kunstquellen Denckwürdiger Lehrsprüche und Ergötzlicher Hofreden; Wie solche Nachsinnig zu suchen/ erfreulich zu finden/ anständig zugebrauchen und schicklich zu beantworten: in Drey Tausend Exempeln/ aus Hebräischen/ Syrischen/ Arabischen/ Persischen/ Griechischen/ Lateinischen/ Spanischen/ Jtalianischen/ Frantzösischen/ Engländischen/ Nieder- und Hochteutschen Scribenten/ angewiesen/ und mit Dreysig Schertz-Schreiben/ als einer besondern Beylage vermehret […]. Nürnberg 1655 (BSB München Res/L.eleg.m. 591–1), S. 14. Vgl. Ferdinand van Ingen: Echo im 17. Jahrhundert. Ein literarisch-musikalisches Phänomen in der Frühen Neuzeit. Amsterdam 2002 (= Koninklijke Nederlandse Akademie van Wetenschappen, Mededelingen van de Afdeling Letterkunde, Nieuwe Reeks 65/2).

26 Vgl. Harsdörffer, Neue Zugabe (wie Anm. 12), S. 5. Vgl. hierzu (unter Bezugnahme v. a. auf die einschlägigen Arbeiten von Carsten-Peter Warncke) Ulrich Heinen: Argument – Kunst – Affekt. Bildverständnisse einer Kunstgeschichte der Frühen Neuzeit. In: Die Frühe Neuzeit als Epoche. Hg. von Helmut Neuhaus. München 2009 (= Historische Zeitschrift, Beihefte N. F. 49), S. 165–234, hier S. 208.

- drittens die im Emblem gegebenen intertextuellen Bezüglichkeiten, die sich aus der komparativen Lektüre der Kurztexte ergeben und
- viertens die ebenfalls änigmatische Kohärenz zwischen dem jeweiligen Emblem als ganzem und seinem literarischen Mikro- und Makrokontext bzw. seiner buchexternen Einbettung – Kontexte, die regelmäßig zusätzliche intermediale, interpikturale und intertextuelle Dimensionen eröffnen.

Es liegt auf der Hand, daß solches intermediale Zusammenspiel bildlicher und textlicher Ausdrucksformen und ihre wechselseitige Reflexivität, die darauf aus ist, in spielerischer Weise die Transparenz alles Gegenständlichen für Geistliches aufzuweisen,[27] geradezu eine spielerische Rezeptionsform nahelegen – und dies nicht nur seitens einzelner Rezipienten, also jeweils ›allein‹ bleibender Individuen in zurückgezogener Andacht, sondern auch im geselligen Gespräch, welches die in den Emblemen selbst angelegten (und auch zwischen ihnen stattfindenden) Bezüglichkeiten in zwischenmenschlicher Kommunikation nachvollzieht, vertieft und bereichert. Die von geistlich-buchexternen Sinnbildzyklen in Sakralräumen nahegelegte Rezeptions- und Kommunikationsform ist demzufolge (ähnlich wie dies für die frühneuzeitliche Malerei jüngst herausgearbeitet wurde[28]) nicht ausschließlich auf individualisierte Meditation oder monologische Predigt, sondern auf diskursive Sozialität und kommunikativen Austausch[29] hin angelegt. Vergleichbares gilt für die im Anschluß an Giovanni Boccaccios (1313–1375) *Decamerone* ausgebildete literarische Gattung der barocken Gesprächsspiele[30] – etwa in Gestalt von Harsdörffers *Frauenzimmer Gesprächspielen*[31] oder Johann Rists (1607–1667) *Monatsgesprächen*,[32] aber auch in Form des spezifisch geistlichen Gesprächsspiels aus der Feder Sigmund von Birkens (1626–1681)[33] mit dem Titel *Gottselige Gespräch-Lust*.[34] Nicht von ungefähr kommt in diesen dialogischen Texten emblematischen (bzw. bei Birken geistlich-emblematischen) Motiven und deren Nutzbarmachung für die gemeinschaftlich-wechselseitige Unterhaltung bzw. Erbauung eine zentrale Rolle zu – und zwar sowohl als Gegenstände gesprächlicher Erörterung als auch hinsichtlich der literarischen Ausformung der einzelnen Redegänge, die sehr häufig von emblematischer Sprache und Bildlichkeit geprägt sind und sogar die banalsten alltäglichen Lebenspraktiken wie z. B. die Körperpflege auf ihre sinnbildliche Valenz hin befragen.[35] Klar jedenfalls ist: Die Synergie der Medien, wie sie in Emblemata statthat, evoziert und erfordert die Synergie der in Kommunikation befindlichen Interpreten – und dies nicht nur in der Frühen Neuzeit, sondern im verstärkten Maße auch heute, was sich schlicht darin zeigt, daß eine angemessene Erforschung der Emblematik wie auch der frühneuzeitlichen Intermedialität – und nicht zuletzt der geistlichen – nur synergetisch-interdisziplinär gelingen kann.

Bemerkenswerterweise wird die emblemhermeneutische Problematik des Wechselspiels von Änigmatisierung und De-Änigmatisierung an der Kanzel

27 Vgl. Ferdinand van Ingen: Wort, Zeichen, Bild und die Kultur des reformatorischen Wissens. Zu Fragen der Emblematik und Metaphorik im 17. Jahrhundert. Passau 2017, S. 49 f. Vgl. ferner Warncke, Allegorese als Gesellschaftsspiel (wie Anm. 1).

28 Vgl. Wolfgang Brassat: Das Bild als Gesprächsprogramm. Selbstreflexive Malerei und ihr kommunikativer Gebrauch in der Frühen Neuzeit. Berlin u. a. 2021.

29 Mit diesem Aspekt ließe sich das Set der Spielarten von Geselligkeit erweitern, das Walter Sparn präzise beschreibt: Vgl. Walter Sparn: Christ-löbliche Fröhlichkeit. Naturrechtliche und offenbarungstheologische Legitimationen der Geselligkeit in der Frühen Neuzeit. In: Ders.: Frömmigkeit, Bildung, Kultur. Theologische Aufsätze I: Lutherische Orthodoxie und christliche Aufklärung in der frühen Neuzeit. Leipzig 2012 (= Marburger Theologische Studien 103), S. 113–134.

30 Vgl. Rosmarie Zeller: Das Gespräch als Medium der Wissensvermittlung. In: Natur – Religion – Medien. Transformationen frühneuzeitlichen Wissens. Hg. von Thorsten Burkard. Berlin 2013 (= Diskursivierung von Wissen in der Frühen Neuzeit 2), S. 229–247. Vgl. ferner Thomas Fries, Klaus Weimar: Art. Dialog 2. In: Reallexikon der Deutschen Literaturwissenschaft 1 (1997), S. 354–356.

31 Mara R. Wade: From reading to writing: Women authors and book collectors at the Wolfenbüttel court – a case study of Georg Philipp Harsdörffer's »Frauenzimmer Gesprächspiele«. In: German Life and Letters 67 (2014), S. 481–495.

32 Vgl. Nicola Kaminski: »Monatliche Unterredungen, ist ein Journal«. Rists »Jänners«- bis »Brachmonats«-Unterredungen im Horizont von Zeitschriften- und Fortsetzungsliteratur. In: Johann Rist (1607–1667). Profil und Netzwerke eines Pastors, Dichters und Gelehrten. Hg. von Johann Anselm Steiger, Bernhard Jahn. Berlin u. a. 2015 (= Frühe Neuzeit 195), S. 587–610 sowie Rosmarie Zeller: Sinnkünste. Sinnbilder und Gemälde in Harsdörffers »Frauenzimmer Gesprächspielen«. In: Georg Philipp Harsdörffer und die Künste. Hg. von Doris Gerstl. Nürnberg 2005 (= Schriftenreihe der Akademie der Bildenden Künste in Nürnberg 10), S. 215–229.

33 Vgl. Johann Anselm Steiger: (Bild-)Rhetorik des Gesprächs. Zur Emblematik des Alltags in Sigmund von Birkens ›Gottseeliger Gespräch-Lust‹. In: Rhetorik. Ein internationales Jahrbuch 34 (2015), S. 79–94.

34 Vgl. Sigmund von Birken: Erbauungsschrifttum. 2 Teile. Hg. von Johann Anselm Steiger, Thomas Illg, Ralf Schuster. Berlin u. a. 2014 (= Sigmund von Birken: Werke und Korrespondenz 8 = Neudrucke Deutscher Literaturwerke NF 79 f.), S. 183–422.

35 Vgl. Steiger, (Bild-)Rhetorik (wie Anm. 33).

der Kirche zu Vedersø (Dänemark, Mitteljütland) in einer spezifischen und recht komplexen Weise ventiliert (Abb. 4). In den Brüstungsfeldern des Kanzelkorbes sind vier Emblemgemälde untergebracht, die sich in heterogener Weise mit der Aufgabe des Predigers bzw. mit dem Predigtamt befassen. Oberhalb der Emblemata findet sich eine um den Kanzelkorb herumlaufende griechische Inschrift, die 1. Korinther 14,11 wiedergibt – einen Vers, in dem der Apostel Paulus von der Notwendigkeit der Übersetzung und Deutung der Zungenrede (Glossolalie) geistbegabter korinthischer Gemeindeglieder spricht. Die Inschrift lautet: »ἐὰν οὖν μὴ εἰδῶ τὴν δύναμιν τῆς φωνῆς, ἔσωμαι τω [richtig: ἔσομαι τῷ] λαλοῦντι βάρβαρος καὶ ὁ λαλῶν, ἐν ἐμοι [richtig: ἐμοὶ] βάρβαρος.« Den Vers übersetzte Luther folgendermaßen: »So ich nun nicht weiß der Stimme Deutung, werde ich undeutsch [= unverständlich] sein dem, der da redet, und der da redet, wird mir undeutsch sein.« Paulus zufolge ist die den Mitchristen zunächst unverständliche Glossolalie statthaft, solange die Zungenredner darauf bedacht sind, nicht nur »mit dem Geist« zu »beten«, sondern auch »im Sinn« (1. Korinther 14,15), d. h. es nicht bei der gewissermaßen chiffrierten Rede zu belassen, sondern diese zu dechiffrieren und somit kommunikabel und rezipierbar zu machen. Hierzu sagt Luther in einer Marginalie, indem er den Sachverhalt verallgemeinert, d. h. auf jeglichen Rede-*actus* bezieht: »Mit dem Sinn reden ist eben so viel als auslegen und den Sinn den anderen verklären [= erklären]. Aber im Geist reden ist den Sinn selbst verstehen und nicht auslegen.« Hier geht es also um Gewährung von Teilhabe, die durch die hermeneutischen Prozesse von Enträtselung, Deutung und Übersetzung ermöglicht wird. In diesem Sinne ist 1. Korinther 14 Matthias Flacius Illyricus (1520–1575)[36] zufolge ein neutestamentlicher Schlüsseltext hinsichtlich der Bestimmung dessen, was *interpretatio* sei, wie er in seiner *Clavis scripturae sacrae* entfaltet. Demnach hat es Interpretation 1. schlicht mit Übersetzung von einer Sprache in die andere zu tun, 2. mit der Erklärung schwieriger, mithin dunkler (nicht zuletzt prophetischer) Texte der Heiligen Schrift, 3. mit der Deutung von Träumen und Visionen sowie schließlich 4. mit der Aufgabe, die Inhalte klar zur Sprache zu bringen, d. h. zu lehren (»clare dicere, aut docere«[37]).

Bezüglich des Inschriften- und Bildprogramms der Kanzel in der Kirche zu Vedersø nun ergibt sich hieraus eine komplexe Konstellation. Denn erstens ist schon die mottoartige, 1. Korinther 14,11 zitierende griechische Inschrift mit Blick auf die des Griechischen nicht mächtigen Gemeindeglieder Gegenstand der Übersetzung und Deutung. Ferner markiert dieser Vers zweitens eine der zentralen Amtsobliegenheiten der auf der Kanzel agierenden Pastoren, die darin besteht, nicht nur den betreffenden Vers, sondern je und je neu die zu predigenden biblischen Texte zu übersetzen, zu deuten und nach den homiletischen Regeln der Kunst verständlich und nutzbar zu machen. Drittens ist mit dem Motto aus 1. Korinther 14,11, das selbst der Entschlüsselung bedarf, eine methodische Vorgabe für den Umgang mit den an der Kanzel (und anderenorts) vorfindlichen Emblemata gegeben, die der Enträtselung bedürfen – und zwar in dem Bewußtsein, daß sie trotz aller ihnen angedeihenden Deutung änigmatisch bleiben, was sie wiederum mit den biblischen, je und je neu zu predigenden Texten gemein haben. Denn die Änigmatizität bestimmt nach frühneuzeitlicher Auffassung keineswegs nur die Emblemata, sondern ist bis zum Jüngsten Tag Kennzeichen der Offenbarung Gottes insgesamt. Daher betont z. B. Luther, daß das in der Heiligen Schrift bezeugte *verbum Dei* – unbeschadet seiner *claritas* – zugleich grundsätzlich von Rätselhaftigkeit geprägt sei, weil bis zur endgültigen Offenbarung Gottes am Jüngsten Tag letztlich alles im Wort verdeckt und verborgen sei,[38] weswegen die unablässige Entdeckung und Entbergung desselben Daueraufgabe der (multimedialen) Predigt des Wortes Gottes ist. Ähnliches gilt Luther zufolge für die änigmatische Kundgabe Gottes durch den und in dem Gottmenschen Jesus Christus, der dem vernünftigen, also noch nicht vom Glauben erhellten Blick, als bloßer Mensch erscheint, aber auch für das Verborgensein von Christi Fleisch und Blut in

36 Vgl. Norbert Kössinger, Johann Anselm Steiger: Art. Flacius Illyricus, Matthias. In: Frühe Neuzeit in Deutschland 1520–1620. Literaturwissenschaftliches Verfasserlexikon. Hg. von Wilhelm Kühlmann, Jan-Dirk Müller, Michael Schilling, Johann Anselm Steiger, Friedrich Vollhardt. Bd. 2. Berlin u. a. 2012, Sp. 383–399.

37 Matthias Flacius Illyricus: CLAVIS SCRIPTVRAE S. seu de Sermone Sacrarum literarum […] PARS PRIMA: IN QVA SINGVLARVM VOCVM, ATQVE locutionum S. Scripturae usus ac ratio Alphabetico ordine explicatur. […]. Basel 1567 (BSB München 2 Exeg. 220–1/2), Sp. 619 f., das Zitat Sp. 620.

38 Vgl. Martin Luther: Werke. Kritische Gesamtausgabe. 73 Bde. Weimar 1883–2009 (fortan zit. Luther, WA mit Angabe von Bd.-, Seiten- und Zeilenzahl), hier Luther, WA 13,659,12–14: »[…] adhuc omnia tantum in verbo latent, est adhuc regnum fidei, sunt omnia in aenigmate, ut inquit Paulus, donec veniat dies, quo revelentur omnia de facie ad faciem.«

Abb. 4: Kanzel in der Kirche zu Vedersø (Mitteljütland).

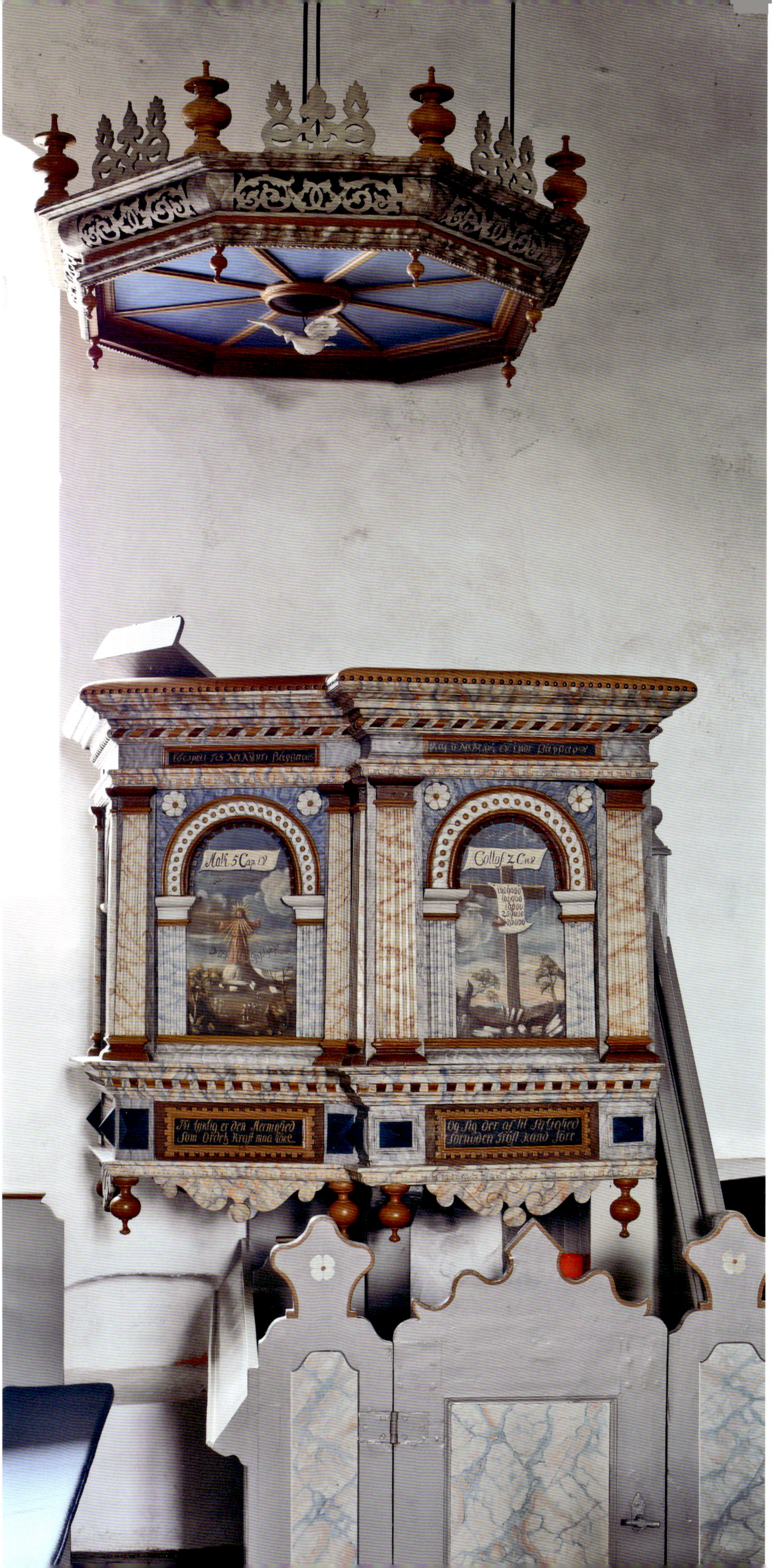
Som Ordets Kraft maa høre
Og Sig der af til Salighed

den Elementen des Abendmahls Brot und Wein[39] sowie für die Verkündigung des Sohnes Gottes, die sich gemäß Matthäus 13,34 f. extensiv der Gleichnisse, mithin der Rätselreden (»retzlin seu aenigmata«[40]), bediente, die notwendigerweise der Dekodierung und Deutung bedürfen. Hinzu kommt, daß es ein Mißverständnis wäre, zu meinen, Luther zufolge sei der verborgene Gott (*Deus absconditus*) allein die in der Unsichtbarkeit verharrende erste trinitarische Person, während der offenbarte Gott (*Deus revelatus*) schlicht mit Christus gleichzusetzen sei. Denn die Offenbarung Gottes in seinem Sohn ist Luther zufolge von einem Höchstmaß an Abskondität und Änigmatizität geprägt, insbesondere was die ›präzise Verborgenheit Gottes‹[41] im leidenden und sterbenden Gekreuzigten anlangt:

> Doch wenn du frisch hindurchdringst und gehest durch den Tod, wirst du sehen, daß Christus da verborgen liegt unter der schwachen Person, kommt und wischt herfür und lässet sich sehen. Das meinet Paulus, da er spricht 1. Korinther 2,2: »Ich hab' mich nicht ausgegeben, daß ich etwas wüßte, denn allein Jesum Christum, den Gekreuzigten«. Was ist das für ein Ruhm, daß er schreibt, er wisse nichts dann den gekreuzigten Christum? Ein solch Ding ist's, daß die Vernunft und kein menschlich' Weisheit begreifen kann, dazu auch nicht, die schon das Euangelion studiert haben. Denn es ist ein' Weisheit, die mächtig, heimlich und verborgen ist und gar nichts scheinet, darum daß er [ge]kreuzigt ist und hat sich geäußert [= entäußert] aller Stärke und Gotteskraft, hänget da wie ein elender verlassner Mensch und scheinet, als woll' ihm Gott nichts helfen. Von dem weiß ich allein zu sagen und [zu] predigen, spricht St. Paul; denn der Christus, der da droben sitzt, treibt Wunder, gehet und bricht herein mit Gewalt, daß jedermann siehet, wer er ist, drum ist's bald gelernet, daß man ihn kenne. Aber daß man den schwachen Christum kenne, der da am Kreuz hängt und im Tod liegt, da gehört großer Verstand zu: Wer es nicht weiß, der muß sich daran stoßen und ärgern.[42]

Insofern gilt dem *Deus relevatus* in Gestalt des *Christus absconditus* das besondere Augenmerk von Luthers Theologie, da »Christus [= Christi] Reich und Macht [...] unter dem Kreuz verborgen« sind, was die mediale Befassung mit eben dieser Faktizität in »Predigen, Lehren und Bekennen«[43] erforderlich macht.

Nicht anders verhält es sich mit dem Heiligen Geist, der in Gestalt einer Taube erscheint, also in einem Medium (»quodam medio«), und durch eine Hülle (»per involucrum«) als Rätsel (»aenigma«) wahrgenommen wird und seine Botschaft medial gebrochen, nämlich mit menschlicher Stimme (»voce humana«[44]) hörbar macht. Doch auch die im irdischen Kontext lebenden Christenmenschen, denen ihres Glaubens halber die Rechtfertigung und die ewige Seligkeit bereits zugesagt ist, existieren – so Luther – in einem Körper, der noch allen möglichen Übeln unterworfen ist, und werden hierdurch paradoxerweise auf das ewige Leben hin bewahrt wie in einem verborgenen Rätsel (»ceu in abscondito aenigmate«[45]), womit der Reformator implizit Bezug nimmt auf Kolosser 3,3, wo davon die Rede ist, das »Leben« des Glaubenden sei »verborgen mit Christo in Gott«. Diesen Schlüsseltext legt Luther anderenorts dahingehend aus, daß die glaubenden und gerechtfertigten Christenmenschen bis zum Jüngsten Tag, was ihre äußerliche Existenz anlangt (»nach dem Fleisch«), »noch mit Christo im Grabe« liegen,

> ob wir wohl Vergebung der Sünden haben, Gottes Kinder und selig sind, doch dasselbe noch nicht vor unsern und der Welt Augen und Sinnen ist, sondern in Christo durch den Glauben verborgen und zugedeckt bis an den Jüngsten Tag. Denn es scheinet und fühlet sich kein' solche Gerechtigkeit, Heiligkeit, Leben und Seligkeit, wie doch das Wort sagt und der Glaube fassen muß. Daher auch St. Paulus Kolosser 3,3 f. spricht [...]: »Euer Leben ist verborgen mit Christo in Gott, wenn aber Christus, euer Leben, sich offenbaret, so werdet auch ihr offenbar werden mit ihm in der Herrlichkeit.«[46]

39 Vgl. Luher, WA 18,143,9 f.
40 Luther, WA 38,565,34 f.
41 Vgl. hierzu Heinrich Assel: Elementare Christologie. Bd. 3: Inkarnation des Menschen und Menschwerdung Gottes. Gütersloh 2020, S. 241.
42 Luther, WA 12,511,1–17. Vgl. zur Sache Johann Anselm Steiger, Heinrich Assel: Art. Hiddenness of God. B. Modern Europe and America. In: Encyclopedia of the Bible and its Reception 11 (2015), Sp. 1025–1031.
43 Luther, WA 38,67,7 f.
44 Luther, WA 39/I,216,31 f.; 217,24.
45 Luther, WA 25,387,8.
46 Luther, WA 22,96,8–17.

Daraus aber folgt: Erstens ist zumindest in diesem Leben jegliche Spielart von vertikaler und horizontaler Medialität und Intermedialität von Änigmatizität bestimmt, die nur partiell und immer neu tentativ zu entschlüsseln ist, woraus in der Frühen Neuzeit allerdings keine Resignation resultierte, sondern im Gegenteil größte Anstrengungen unternommen wurden, um unter Nutzung aller verfügbaren Medien Beiträge zur Entbergung der Mysterien des dreieinigen Gottes und seiner Botschaft zu leisten. Zweitens ist bei jeglicher Enträtselung des Wortes Gottes – selbstredend auch, wenn es in emblematischen Medien vorgetragen wird – seitens desjenigen, der des Rätsels Lösung zu finden bestrebt ist, stets mitzubedenken, daß er selbst ein Rätsel ist.

DE-ÄNIGMATISIERUNG VON EMBLEMATA ALS PROLEPSE ESCHATISCHER ENTRÄTSELUNG

Der Sachverhalt der permanenten Änigmatizität der Emblemata und der hieraus resultierenden Notwendigkeit der stets neu sich stellenden Aufgabe ihrer Enträtselung durch den Interpreten, der selbst ein Rätsel ist, ist nicht nur mit Blick auf die Würdigung und Nutzung der aufeinander bezogenen Medien Text und Bild von Belang, sondern auch hinsichtlich der hiermit reflektierten theologischen Medienkritik. Diese trägt der Tatsache Rechnung, daß kein verfügbares Medium und keine Spielart von Intermedialität – auch nicht die emblematische – das zu Vermittelnde je vollends werden darstellen können, solange die endzeitliche Realisierung der *beata visio a facie ad faciem* (1. Korinther 13,12) – und somit die Wiedererlangung der durch den Sündenfall (*lapsus*) der Erzeltern verloren gegangenen ursprünglichen Gottesbegegnung – noch aussteht. Geistliche Medialität hat mit diesem eschatologischen Vorbehalt, der stets in seinem protologisch-hamartiologischen Kontext reflektiert werden muß, zurande zu kommen und schließt insofern Medienskepsis und Medienkritik stets und notwendigerweise ein, indem sie die Repräsentanz des Göttlichen in den horizontalen Medien als proleptische, d.h. vorläufige begreift. Dies ist u.a. der Tatsache geschuldet, daß sich der *Christus praesens* seit der Himmelfahrt und bis zum Jüngsten Tag der Empirie weitgehend entzieht, weswegen den geistlichen Medien (den Sakramenten, dem *verbum Dei* usw.) im Spannungsfeld von Entzug und Präsenz besonders wichtige und zugleich vorläufige Funktionen zufallen.

Geistliche Intermedialität zielt (dies berücksichtigend) dennoch und paradoxerweise darauf, der in der Inkarnation greifbar gewordenen irdischen Präsenz Gottes ein Maximum an Faßbarkeit zu verleihen und zugleich mit dem Ungenügen horizontaler Medialität umzugehen. Solch Streben nach medialer Repräsentanz des medial (noch) nicht in Gänze Wahrnehmbaren ist Konkretion der Gewißheit, daß letztgültige Evidenz und allumfassende Enträtselung gemäß 1. Korinther 13,12 erst in der *visio beatifica* am Jüngsten Tag zu erlangen ist – zu dem Zeitpunkt mithin, an dem vertikale und horizontale Medialität ineins fallen werden. Es versteht sich von selbst, daß angesichts dieses noch bevorstehenden eschatisch-hermeneutischen Prozesses gänzlicher De-Änigmatisierung der Enträtselung von Emblemata eine proleptische, gewissermaßen präludienartige Funktion zukommt. Diese ist indes von höchster Relevanz, da die Dechiffrierungen von geistlichen Emblemata vorauslaufende Einübungen in die Praxis der Schau Gottes von Angesicht zu Angesicht in der himmlischen Heimat ermöglichen – in eine Schau, die nicht mehr eine »Spiegel-Schau«, sondern eine »Selbst-Schau« sein wird, »da wir ihn [= Christus] nicht mehr abstractive, sondern intuitive vom Angesicht zu Angesicht sehen werden,«[47] wie der in Halle a.d. Saale wirkende lutherische Pastor Andreas Christoph Schubart (1629–1689) formuliert und in diesem Zuge auf 1. Johannes 3,2 hinweist: »Wir sind nun Gottes Kinder; und es ist noch nicht erschie-

47 Andreas Christoph Schubart: Evangelischer Lehr-Tempel/ Jn welchem Auß allen Sonn- und Fest-Tags Evangelien Die Geistliche Sehe-Kunst/ Die Evangel. GOttes-Lehre/ Die allerbesten Kern-Sprüche/ Die sonderbarn Geheimnüß-Bilder/ Die Biblische Mahler-Kunst/ Die Evang. Hertzens-Eröffnung/ Die Schatz-Kammer GOttes/ Die nöthige Seelen-Rettung/ Das innerl. Gewissens-Gerichte/ Der richtige Himmels-Weg/ Die Christliche Höllen-Flucht/ Der Schauplatz des neuen Menschen/ Und die Geistliche Fruchtbringende Gesellschafft/ Nebenst der Christlichen Weisheit-Schule/ auß den gewöhnlichen Sonn- und Fest-TagsEpisteln/ Meistens unter lauter Special-Thematibus auff vorhergehende Vorbereitungen und Eingänge betrachtet werden/ Also/ daß in Vierzehen Lehr-Arthen Uber 900. kürtzlich zusammen gezogene Predigten zu befinden sind/ Wobey ein ANHANG von sechs Predigten/ als: Eine Gast- Prob- zwey Anzugs- Neue-Jahrs- und Feuer-Predigt/ Niemand anders als neu-angehenden Predigern Zu einiger Anleitung auff vielfältiges Begehren durch öffentlichen Druck eröffnet [...]. Halle/S., Leipzig 1672 (HAB Wolfenbüttel 158.7 Theol.), S. 25.

nen, was wir sein werden. Wir wissen aber, wenn es erscheinen wird, daß wir ihm gleich sein werden; denn wir werden ihn sehen, wie er ist.«

Das aber heißt: Erst in der nicht mehr gespiegelten und seitenverkehrten, sondern intuitiv-wesentlichen Schau Christi im ewigen Leben wird durch eben diese auch die Abskondität und Änigmatizität des durch den Glauben bereits neugewordenen Menschen behoben und dessen *regeneratio* vollgültig abgeschlossen. Der Übergang in diesen neuen Status freilich wird mit einem Medienwechsel verbunden sein, wie Luther verdeutlicht, wenn er aus dem paulinischen Wort »wir wandeln im Glauben, und nicht im Schauen« (2. Korinther 5,7) einen eschatologischen Chiasmus generiert, dem zufolge hier der Glaube (*fides*) und nicht die Schau das Medium der Gottesbegegnung ist, während es im ewigen Himmelreich umgekehrt nicht der Glaube, sondern die Schau sein wird: »Istud regnum coelorum est fidei, tum visionis, Schauens. Hic oportet credamus, non videmus, sed tum videbimus, non credemus.«[48] Zugespitzt formuliert heißt das: Der Grundsatz *sola fide* hat seine Gültigkeit bis hin zum Jüngsten Tag, an dem die *visio* an die Stelle des Glaubens tritt.

Eben diese Reflexion über die Aussicht auf die eschatisch-intuitive Schau *ohne* Glauben jedoch ist Bedingung der Möglichkeit für die Näherbestimmung der Schau *des* Glaubens in diesem Leben. Dieser Glaube verfügt über die Fähigkeit, die geistliche Transparenz der Verdeckungen und Änigmata aufzuspüren, d. h. die Herrlichkeit (δόξα) des Herrn (Johannes 1,14) kontrafaktisch unter dem Gegenteil bzw. Gegenbild des die Sünde tragenden Lammes Gottes zu entschlüsseln, auf das Johannes der Täufer deutete (Johannes 1,29.36). Der Glaube ist es, der die innere Erleuchtung (*collustratio interna*) des Menschen bewirkt. Diese befähigt ihn, die Texte der Heiligen Schrift (*liber scripturae*) – auch diejenigen, die sich bildlich-gleichnishafter Sprache bedienen – sowie das Buch der Natur (*liber naturae*) als geistlichen Codex und Thesaurus von Masken (*larvae*) Gottes[49] dem Glauben gemäß (*per analogiam fidei*) zu entschlüsseln. Eben diesem Buch der Natur entlehnen die Emblemkünstler unzählige Bildmotive und reichern dieses Reservoire an mit *picturae*, die von Menschen geschaffene Artefakte repräsentieren und die in diese eingesenkte geistliche Bedeutsamkeit indizieren. Und eben dieser Glaube ist es, der im Angesicht des geschundenen, mit Dornen gekrönten und gestorbenen Christus paradoxerweise die Klarheit Gottes – nicht partiell oder nur einen verminderten Abglanz derselben, sondern »des ganzen Wesens Glanz«[50] – in ihrer Verbergung erblickt. Genau dies zeigen zahlreiche bildliche Golgatha-Darstellungen, die den Gekreuzigten in weitgehend abgeschatteter Szenerie und zugleich mit einem leuchtenden Strahlenkranz, der sein geneigtes Haupt umgibt, vor Augen stellen. Hier wird ikonographisch greifbar, was der Apostel Paulus meint, wenn er sagt: »Denn Gott, der da hieß das Licht aus der Finsternis hervorleuchten, der hat einen hellen Schein in unsere Herzen gegeben, daß durch uns entstünde die Erleuchtung von der Erkenntnis der Klarheit Gottes in dem Angesichte Jesu Christi« (2. Korinther 4,6).

Genau in diesem Spannungsfeld von *absconditas* und *revelatio*, von *obscuritas* und *claritas*, von Rätsel und Enträtselung bzw. Dunkelheit und Klarheit agiert die *ars emblematica* und verfolgt hiermit eine komplexe hermeneutische Konzeption, die besonders prägnant im Titelkupfer der *Lux Evangelica* des Jesuiten Heinrich Engelgrave (1610–1670) zum Ausdruck kommt (Abb. 5). Hier wird im Medium eines Kupferstichs, der nicht nur insgesamt, sondern auch in seinen einzelnen Teilen als emblematisch zu bezeichnen ist, die Programmatik der geistlichen Sinnbildkunst vorgetragen. Der Titel des Werkes, der ankündigt, die *Lux Evangelica* (das evangelische Licht) unter dem Vorhang (*sub velum*) heiliger Embleme darzubieten, ist sinnigerweise auf einem Vorhang notiert. Dieser wird von vier Putti aufgespannt, die je ein Emblem mit sich führen, und verdecken demjenigen potentiellen Betrachter, der sich unmittelbar vor den Vorhang stellt, den Blick auf die Heilige Schrift und auf drei der vier Evangelisten, die durch eine junge Frau sowie durch Löwe, Stier und Adler symbolisiert werden. Daß die Embleme dazu angetan sind, enträtselt zu werden, auf daß das *velum* transparent und somit das von der geöffneten Heiligen Schrift ausgehende Licht perzipierbar werde, macht der Titelkupferstich durch die Anlage der Bildkomposition geschickt sichtbar. Denn der Betrachter wird derart plaziert, daß er nicht von

48 Luther, WA 49,574,8–10.

49 Vgl. Luther, WA 40/I,174,13 f.: »Universa autem creatura est facies et larva Dei.« Vgl. ferner z. B. WA 17/II,192,28 f.

50 Luther, WA 50,276,24.

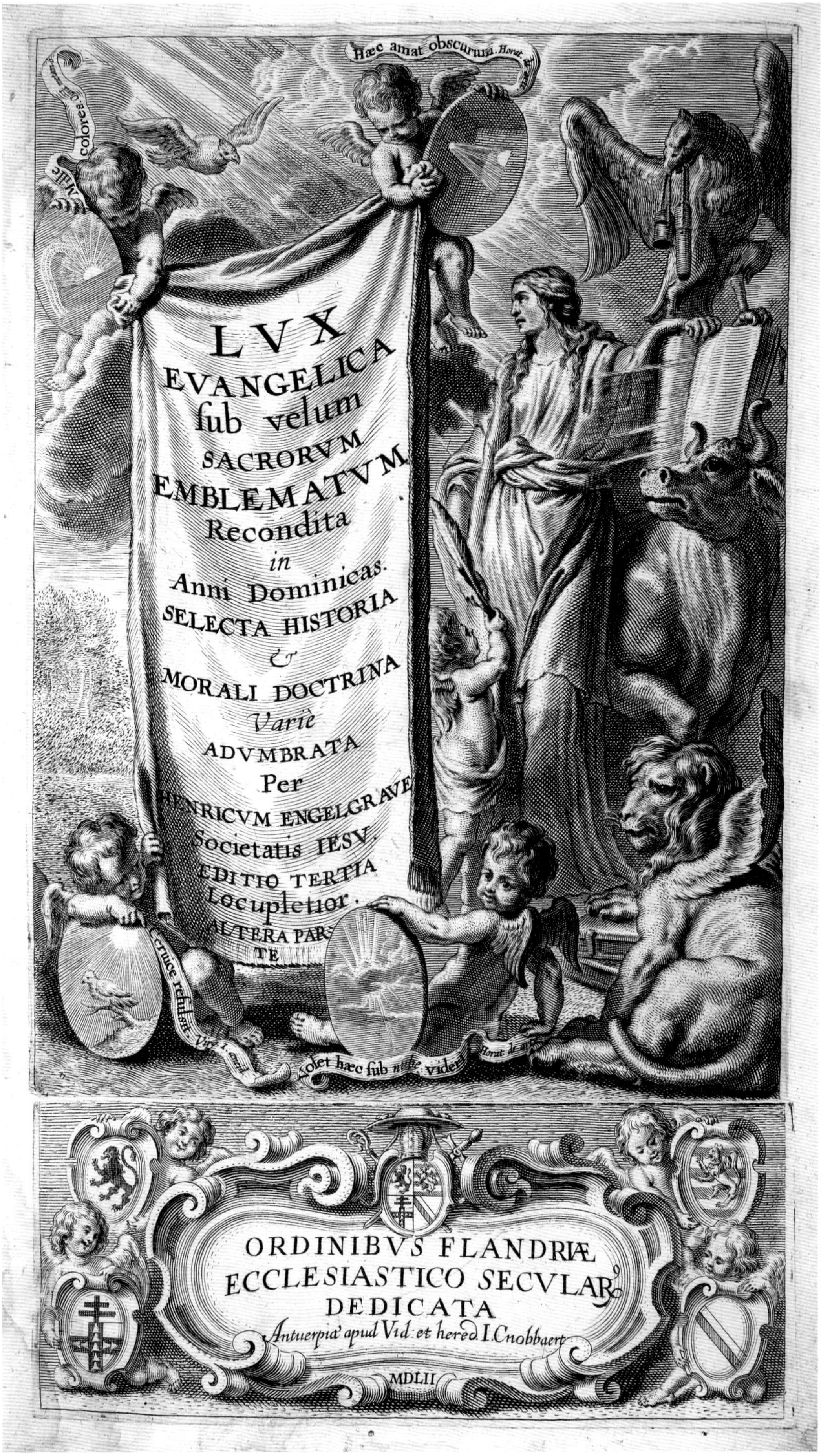

Abb. 5: Heinrich Engelgrave: LVCIS EVANGELICAE, SVB VELVM SACRORVM EMBLEMATVM RECONDITAE PARS TERTIA […]. Pars posterior. Köln 1652 (UB Rostock Fm-13), Titelkupfer.

vorne, sondern seitlich auf die Szenerie schaut, am verbergenden Vorhang vorbeisieht und die in ihrer Verborgenheit offenbar werdenden Evangelistensymbole sowie die aufgeschlagene Heilige Schrift erblickt, von der Strahlen ausgehen. Diese Strahlen korrespondieren mit den Lichtstrahlen, die in den *picturae* der vier Emblem-Medaillons sichtbar sind, welche die Putti bei sich haben. So wird vor Augen gestellt, daß es um die horizontal-intermediale Wechselseitigkeit der Erhellung der Evangelien durch die Emblemata und umgekehrt der Emblemata durch die Evangelientexte geht – mit Hilfe des göttlichen Lichts, welches vertikal-intermedial durch den Heiligen Geist vermittelt wird, der in Gestalt einer Taube oben links vom Himmel herabschwebt und dasjenige Medium zur Verfügung stellt, ohne welches sich die ganze Szenerie in der Finsternis befände und unsichtbar wäre: das göttliche Licht.

Alle vier Embleme befassen sich unter Rekurs auf antik-pagane Texte mit den spannungsreichen Bipolaritäten von Verbergung und Entbergung, Unsichtbarkeit und Sichtbarkeit, sowie Dunkel und Licht. Was hier vorgetragen wird, könnte als Meta-Emblematik bezeichnet werden, denn es ist nichts anderes als eine vierfache emblematische Selbstreflexion der *ars emblematica* und der für sie spezifischen Dialektik. Das Sinnbild links oben stellt eine Sonne und einen Regenbogen dar; das Motto im Schriftband lautet »Mille colores« (›tausend Farben‹), womit auf das sechste Buch der *Metamorphosen* (VI, 65 f.) Bezug genommen wird, wo Ovid (43–17 v. Chr.) ausführt, daß der Regenbogen über tausend sichtbare Farben verfügt. Unsichtbar aber bleibe dem Betrachter der »transitus«, also der Übergang einer Farbe in die nächste. Das im Uhrzeigersinn folgende Emblem setzt die Innenansicht einer *camera obscura* ins Bild, in die durch ein Loch Licht einfällt, wodurch auf der gegenüberliegenden Wand ein kopfstehendes und seitenverkehrtes Bild entsteht. Das Motto »Haec amat obscurum« (›sie liebt das Dunkle‹) ist der Schrift *De arte poetica* des Horaz (65–8 v. Chr.) entnommen (v. 363). Das Zitat findet sich in derjenigen (in der frühneuzeitlichen Poetik überaus häufig herangezogenen[51]) Passage, in der Horaz die Dichtung mit dem Gemälde vergleicht (»ut pictura poesis« [v. 361]) und zwischen dunkleren, schwerer zugänglichen Artefakten einerseits und luzideren andererseits differenziert. Im vorliegenden emblematisch-intermedialen Zusammenhang hat man es mit einer (gewiß beabsichtigten) Doppeldeutigkeit des Mottos zu tun. Denn die Formulierung läßt sich sowohl auf das Licht (*lux*) beziehen, das die Dunkelheit in der Kamera liebt, weil es so in den Stand versetzt wird, ein Bild zu generieren, als auch auf die Kamera, welche die in ihr herrschende Dunkelheit liebt, da sie die Voraussetzung für die Produktion eines Lichtbildes ist – ähnlich wie die *obscuritas* Wesensmerkmal der emblematischen Bilderfindung und -produktion ist.

Das Sinnbild unten rechts zeigt die zwar von einer Wolke verdeckte, aber dennoch Lichtstrahlen von sich gebende Sonne, wobei das ebenfalls aus v. 363 von *De arte poetica* herrührende (und leicht abgewandelte[52]) Motto »Volet haec sub nube videri« (›sie will unter einer Wolke gesehen werden‹) in diesem spezifischen emblematischen Kontext dahingehend zu deuten ist, daß paradoxerweise die Verbergung der Sonne durch eine Wolke die Voraussetzung dafür schafft, in die Sonne blicken zu können, was ohne solche Verdekkung nicht möglich wäre, sondern den Verlust des Augenlichts nach sich zöge. Hierbei mag einem die Dialektik des nicht sichtbaren Gottes in den Sinn kommen, dessen Schau tödlich wäre (vgl. 2. Mose 33,20) und der vermittels seiner Verbergung in dem Gottmenschen Christus offenbar und dem menschlichen Gesichtssinn wahrnehmbar wird (vgl. Johannes 1,18). Das letzte Emblem (unten links) schildert einen auf einem Ast sitzenden Vogel, der von hinten von der Sonne beschienen wird. Das Motto (»Ceruice refulsit« [›es schimmerte ihr Nacken‹]) entstammt Vergils (70–19 v. Chr.) *Aeneis* (I, 402) – einer Textpassage, ohne deren Kenntnis die Deutung des Emblems kaum gelingen kann. Erzählt wird hier von Aeneas, der seiner Mutter, der Liebesgöttin Venus, erstmals – verborgen in der Gestalt eines jagenden Mädchens – begegnet. Aeneas erkennt Venus erst bei deren Abschied, als ihr Nakken von überirdischem Licht rosa erstrahlte (»avertens rosea cervice refulsit«), woraufhin er sie vorwurfsvoll fragt, weswegen sie ihn mit falschen Bildern narrt (»quid natum totiens, crudelis tu quoque, falsis | ludis imaginibus?« [I, 407 f.]).

Der Decodierung bedürfen demnach im Titelkupferstich zu Engelgraves *Lux Evangelica* 1. die vier

51 Vgl. hierzu z. B. Seraina Plotke: Gereimte Bilder. Visuelle Poesie im 17. Jahrhundert. München 2009, S. 111–125.

52 »luce« wurde durch »nube« ersetzt.

Emblem-Medaillons, auch hinsichtlich der Frage, wie deren sämtlich der antik-heidnischen Tradition (Horaz, Vergil, Ovid) entnommenen Motti als Selbstreflexion der Sinnbildkunst zu deuten sind, 2. die Evangelistensymbole, 3. die von diesen präsentierte, Licht spendende Heilige Schrift und 4. der Heilige Geist, der in zu enträtselnder Taubengestalt vom Himmel herabschwebt und das göttliche Licht mit sich bringt, d. h. Erleuchtung stiftet. Die schlechthinnige Voraussetzung für die hermeneutische Bewältigung dieses komplexen Decodierungsprozesses ist demnach das von der dritten trinitarischen Person als *mediator* zur Verfügung gestellte Medium Licht (*lux*). Hinter diesem Wirken des Heiligen Geistes, der allein für sich in Anspruch nehmen kann, für wahre Erleuchtung sorgen zu können, bleibt die auf dem *velum* notierte und im Titel formulierte Wirkabsicht von Engelgraves Werk deutlich zurück. Denn der Titel kündigt an, in vorliegendem Werk werde das unter dem Vorhang heiliger Sinnbilder verborgene evangelische Licht (*lux evangelica*) in den dargebotenen Texten »varie« (verschiedentlich) »adumbrata«, d. h. nicht vollends zum Leuchten gebracht, sondern abgeschattet bzw. skizziert, worin eine eschatologische Reflexion bezüglich der Grenzen der Leistungsfähigkeit und der Vorläufigkeit zum Tragen kommt, mit denen die Bibelexegese bis zum Jüngsten Tag zurande zu kommen hat.

Keineswegs nebensächlich ist übrigens, daß in der Bildkomposition des Titelkupfers nicht auch nur andeutungsweise das römische Lehramt thematisiert wird, dem nach katholischer – insbesondere auch jesuitischer – Auffassung die höchste und damit letztgültige Autorität in Sachen Schriftauslegung zukommt. An keiner Stelle wird überdies die Biblia Vulgata als (gemäß katholischer Überzeugung) kanonische Version der Heiligen Schrift namhaft gemacht, weswegen der Kupferstich als überkonfessionell eingestuft werden kann.

ESCHATISCHE PERMANENZ DER INTERMEDIALITÄT UND DEREN PRÄEXISTENTER GRUND IN DER INNERTRINITARISCHEN INTERMEDIALITÄT

Ein Mißverständnis wäre es, zu meinen, es entstünde gemäß frühneuzeitlicher Sicht der Dinge mit der einstigen Realisierung der *visio beatifica* eine Situation der totalen Unmittelbarkeit, mithin Amedialität bzw. Immedialität, zwischen Gott und den Menschen. Dies ist schon insofern nicht der Fall, als den Medien der Musik und des geistlichen Gesangs sowie mit ihnen verbunden der geistlichen Dichtkunst und selbstverständlich dem Hebräischen als der göttlichen Ursprache eine fortwährend-ewige Relevanz zugeschrieben wird. Hinzu aber kommt ein Aspekt, der bezüglich der spezifisch eschatologisch-geistlichen Intermedialität der *visio beatifica* von basaler Bedeutung ist und insbesondere in der geistlichen Emblematik reflektiert wird:[53] Nach frühneuzeitlicher Überzeugung bleibt in der wechselseitigen Schau Gottes und der Menschen unbeschadet der diese verbindenden *unio mystica*, die als eine relationale (also medial bestimmte) *unio spiritualis* aufgefaßt wird, ein ›Dazwischen‹ (τὸ μεταξύ). Dieses ›Dazwischen‹ wird nicht nur durch den Heiligen Geist als *nexus* mediatorisch überbrückt, sondern entscheidend auch durch die Medien der wechselseitigen Blicke, die durch das Medium des göttlichen Lichtes überhaupt erst ermöglicht werden. Hierbei kommt nach frühneuzeitlicher Auffassung dem kreativen Blick Gottes die Aufgabe zu, die *imago Dei* permanent in den Menschen hineinzuschauen und ihm auf diese Weise ewiges Leben zu gewähren und ihn in demselben zu erhalten, was bedeutet, daß sowohl der Medialität des Blickes als auch derjenigen des Bildes eine fortwährende und grundlegende Relevanz in der Ewigkeit als ›Zeit ohne Zeit‹ zukommt.

Unzweifelhaft schlagen sich hier die facettenreiche Operationalisierung, Theologisierung und Eschatologisierung des letztlich auf Aristoteles zurückgehenden Medienverständnisses nieder, dem gemäß sämtliche Entitäten als Medien gelten, die im aristotelischen Sinne als ›Zwischen‹ (τὸ μεταξύ[54]) fungieren und insofern als schlechthinnige Konstituenten von Vermittlung, Mitteilung und Wahrnehmung anzusehen sind.[55] Hieraus resultiert ein breitangelegtes Medien-

53 Vgl. hierzu Bd. 2, S. 20.
54 Aristoteles, De anima 423a.
55 Vgl. Fritz Heider: Ding und Medium. Berlin 2005 [^{1}1926], S. 32 f. u. ö.

Verständnis, welches von der Überzeugung geprägt ist, daß es gänzlich immaterielle Medien nicht gibt,[56] sondern mit einer Skalierung von medialer Materialität zu rechnen ist. Dies konkretisiert sich darin, daß gemäß aristotelischer und in der Frühen Neuzeit gängiger Ansicht Licht und Luft (als *conditiones sine quibus non* von visueller, auditiver und olfaktorischer Perzeption) und folglich Phainomena wie Klang, Sichtbares, Riechbares und Ertastbares ebenfalls als Medien aufzufassen sind.[57] Dieser Konzeption zufolge steht auch die Medialität des (menschlichen) Körpers nicht in Frage, insofern Aristoteles diesen als τὸ μεταξύ zwischen Tastvermögen und Affektion (πάθος) definiert[58] – eine Auffassung, die in der Spätscholastik sowie in der Frühen Neuzeit stark rezipiert und insbesondere im Rahmen eines theologisch hochvirulenten Diskurses über die leibseelische Einheit des Menschen (auch des zum ewigen Leben auferstandenen) ausformuliert wurde. Diesem Medienverständnis zufolge ist jedenfalls klarzustellen, daß es keine Gott-Unmittelbarkeit (übrigens nicht einmal im innertrinitarischen Prozeß) je geben kann,[59] wenn selbst bezüglich der Definition der himmlischen mystischen Union und der *beata visio* von medialen Gegebenheiten wie göttlichem Licht, Heiligem Geist, Gottebenbildlichkeit, Musik, Gesang und Blicken unhintergehbar die Rede sein muß. Von Belang ist in diesem Zusammenhang auch, daß, wie z. B. Johann Conrad Dannhauer (1603–1666)[60] hervorhebt, die zum ewigen Leben Auferstandenen zwar den Engeln gleich sein werden. So wie die Cherubim in Gottes Thronsaal aber ihre Augen mit zwei ihrer sechs Flügel bedecken müssen, um den Lichtglanz Gottes ertragen und durch die »Decke«, wie Dannhauer sagt, wahrnehmen zu können (Jesaja 6,2), werden auch die Auferstandenen ihre Augen vor der niemals gänzlich perzipierbaren *gloria* (δόξα) Gottes in Schutz zu nehmen haben.[61] Hieraus erhellt, daß die *beata visio* nicht nur die Medialität des wechselseitigen Blickes voraussetzt, sondern überdies von medialer Unterbrechung mitbestimmt ist, innerhalb deren auch die Medialität des menschlichen Körpers von zentralem Belang ist.

Ist demnach die in der Frühen Neuzeit besonders markante und sich intensivierende Kultivierung geistlicher Intermedialität, auch der spezifisch emblematischen, von dem Bestreben bestimmt, der endzeitlichen Enträtselung, die sich in der Schau Gottes einstellen wird, tentativ und proleptisch möglichst nahezukommen, so ist in dieser Vorausschau bereits erkennbar, daß auch die Sozialität und Kommunikativität der zum ewigen Leben Auferstandenen von geistlicher Intermedialität geprägt sein wird – allerdings, wie bereits angesprochen, mit den Unterschieden, daß die Differenz von horizontaler und vertikaler Intermedialität aufgehoben sein wird und die Erkenntnisfähigkeit der Menschen eine ungeahnt höhere und nicht mehr fragmentarische sein wird, da sie (gemäß 1. Korinther 13,12) erkennen werden im Erkanntsein durch Gott, d. h. in gottmenschlicher Interpersonalität.

An dieser Stelle bewahrheitet sich im Rahmen der Eschatologie eine protologische Faktizität, nämlich der Umstand, daß jegliche geistliche Intermedialität ihren Urgrund in der präexistenten innergöttlichen, also inner-trinitarischen Intermedialität hat. Denn das Protomedium Christus ist bereits innerhalb der göttlichen Trinität, in welcher (*ad intra*) die drei Personen (Gottvater, Sohn und Heiliger Geist) in wech-

56 Vgl. Emmanuel Alloa: Metaxy oder: Warum es keine immateriellen Medien gibt. In: Imaginäre Medialität / immaterielle Medien. Hg. von Gertrud Koch, Kirsten Maar, Fiona McGovern. München 2012, S. 13–34, hier S. 20. Vgl. ferner Georg Christoph Tholen: Dazwischen – Die Medialität der Medien. Eine Skizze in vier Abschnitten. In: Medienbewegungen. Praktiken der Bezugnahme. Hg. von Ludwig Jäger, Gisela Fehrmann, Meike Adam. Paderborn 2012 (= Mediologie 18), S. 43–62.

57 Vgl. Aristoteles, De anima 423b.

58 Vgl. ebd.

59 Vgl. hierzu Philipp Stoellger: Gott als Medium und der Traum der Gottunmittelbarkeit. In: Das Letzte – der Erste. Gott denken. Festschrift für Ingolf U. Dalferth zum 70. Geburtstag. Hg. von Hans-Peter Großhans, Michael Moxter, Philipp Stoellger. Tübingen 2018, S. 351–393, bes. S. 392 f. sowie Philipp Stoellger: Reformation als Reformatierung der Medialität im Namen der Gottunmittelbarkeit. In: Reformation und Medien. Zu den intermedialen Wirkungen der Reformation. Hg. von Johann Anselm Steiger. Leipzig 2018 (= Reformation heute 4), S. 35–62, bes. S. 52–59.

60 Vgl. Armin Wenz: Art. Dannhauer, Johann Conrad. In: Frühe Neuzeit in Deutschland 1620–1720. Literaturwissenschaftliches Verfasserlexikon. Hg. von Stefanie Arend, Bernhard Jahn, Jörg Robert, Robert Seidel, Johann Anselm Steiger, Stefan Tilg, Friedrich Vollhardt. Bd. 2. Berlin u. a. 2020, Sp. 460–476. Vgl. ferner Daniel Bolliger: Methodus als Lebensweg bei Johann Conrad Dannhauer. Existentialisierung der Dialektik in der lutherischen Orthodoxie. Berlin u. a. 2020 (= Historia Hermeneutica, Series Studia 15).

61 Johann Conrad Dannhauer: CATECHJSMVS MJLCH Oder Der Erklärung deß Christlichen Catechismi/ Erster Theil/ Begreiffend die Lehr deß Catechismi ins gemein/ vnd die Erste Taffel deß Gesetzes der Heiligen zehen Gebott Gottes/ Zu Straßburg im Münster der Gemeine Gottes vorgetragen/ auffs new vbersehen/ gebessert/ vnd auff begehren in Truck gegeben [...]. Straßburg 1642 (BSB München 2065 e-1/3), S. 282.

selseitigen Relationen zueinander stehen, als eine mediale Entität anzusehen – ähnlich wie der Heilige Geist, nur mit dem Unterschied, daß die zweite trinitarische Person von der ersten von Ewigkeit her generiert (nicht geschaffen) wird, während der Heilige Geist aus der ersten und zweiten Person prozediert (s. u.). Dieser innertrinitarischen Intermedialität wird Rechnung getragen, wenn man Christus mit François Turrettini (1623–1687) als »medius«[62] zwischen Vater und Geist bezeichnet. Eine vergleichbare intermediale Rolle kommt innertrinitarisch dem Heiligen Geist zu, insofern dieser dem (in der Frühen Neuzeit konfessionsübergreifend anerkannten) Ansatz des Aurelius Augustinus (354–430) zufolge als *nexus* bzw. *vinculum* zwischen Vater und Sohn fungiert. Daß mit Blick auf die immanente Trinität die intermediale Logik als in alle Richtungen durchdachte Matrix gelten darf, wird ferner im Theologumenon des Hervorgehens (*processio*) des Geistes aus Vater und Sohn (*filioque*) deutlich. Die benannte intermediale Logik kommt auch in der sogenannten ökonomischen Trinitätslehre zum Tragen – nicht nur, wenn betont wird, daß die drei trinitarischen Personen nach außen (*ad extra*) stets zusammenwirken, sondern auch, wenn z. B. Zacharias Ursinus (1534–1583) den Heiligen Geist als »vinculum [...] intermedium«[63] zwischen dem zur Rechten Gottes sitzenden Christus und den Glaubenden tituliert.

INTERKONFESSIONELLE POLYMORPHIE UND PLURALITÄT DER BUCHEXTERN-GEISTLICHEN EMBLEMATIK

Die in vorliegendem Werk analysierten Emblemzyklen sind von Polymorphie und Pluralität bestimmt – nicht nur hinsichtlich der in ihnen zutage tretenden höchst facettenreichen Bildwelten und Ausprägungen frühneuzeitlicher Gelehrsamkeit (*eruditio*), sondern auch mit Blick auf die konfessionelle Verortung ihrer gedruckten Vorlagen, die nicht nur im Ostseeraum selbst (z. B. in Rostock, Stettin, Kopenhagen und Riga) publiziert wurden, sondern auch in den als Zentren der emblematischen Literaturproduktion anzusehenden Metropolen wie etwa Nürnberg, Augsburg, Frankfurt a. M., Straßburg, Köln und Antwerpen. Selbstverständlich wurden in den in der Frühen Neuzeit (abgesehen vom Dom zu Pelplin) ausnahmslos lutherischen Kirchenräumen, die Gegenstand vorliegender Untersuchungen sind, Emblemata adaptiert, die (bei aller stets in Anschlag zu bringender binnenkonfessioneller Pluralität) aus Druckwerken herrühren, die als lutherisch einzustufen sind. Zu nennen sind hier etwa die einschlägigen Publikationen von Daniel Cramer (1568–1637),[64] Heinrich Müller (1631–1675),[65] Johann Michael Dilherr (1604–1669),[66] Georg Philipp Harsdörffer, Wolf Helmhardt von Hohberg (1612–1688),[67] Erasmus Francisci (1627–1694),[68] Jakob von Bruck-Angermundt (1580 – nach 1645),[69] Johan-

62 François Turrettini: INSTITUTIO THEOLOGIAE ELENCTICAE, IN QUA STATUS CONTROVERSIAE PERSPICUE exponitur, Praecipua ORTHODOXORUM ARGUMENTA proponuntur, & vindicantur, & FONTES SOLUTIONUM aperiuntur. [...] PARS SECUNDA. Leiden, Utrecht 1696 (SUB Göttingen 8 TH TH I, 568/47:2), S. 407.

63 Zacharias Ursinus: Volumen Tractationum Theologicarum: In quibus pleraque Christianae Religionis capita [...] ex Dei verbo explicantur [...]. Omnia nunc primùm, ex ipso autographo autoris, fideliter in lucem edita. [...]. Neustadt 1584 (BSB München 2 Polem. 212), S. 648.

64 Vgl. Sabine Mödersheim: Art. Cramer, Daniel. In: Frühe Neuzeit in Deutschland 1520–1620. Literaturwissenschaftliches Verfasserlexikon. Hg. von Wilhelm Kühlmann, Jan-Dirk Müller, Michael Schilling, Johann Anselm Steiger, Friedrich Vollhardt. Bd. 2. Berlin u. a. 2012, Sp. 23–30.

65 Zu Müller vgl. folgende ausgewählte Lexikon-Artikel: Helmut K. Krausse, Redaktion: Art. Müller, Heinrich. In: Killy Literaturlexikon. Autoren und Werke des deutschsprachigen Kulturraumes. 2., vollständig überarbeitete Auflage. Hg. von Wilhelm Kühlmann u. a. Bd. 8. Berlin u. a. 2010, S. 394–396. Helge bei der Wieden: Art. Müller, Heinrich. In: Biographisches Lexikon für Mecklenburg 1 (1995), S. 170–174. Ders.: Art. Müller, Heinrich. In: Neue Deutsche Biographie 18 (1997), S. 405 f.

66 Vgl. Johann Anselm Steiger: Art. Dilherr, Johann Michael. In: Frühe Neuzeit in Deutschland 1620–1720. Literaturwissenschaftliches Verfasserlexikon. Hg. von Stefanie Arend, Bernhard Jahn, Jörg Robert, Robert Seidel, Johann Anselm Steiger, Stefan Tilg, Friedrich Vollhardt. Bd. 2. Berlin u. a. 2020, Sp. 536–554.

67 Vgl. Ernst Rohmer: Art. Hohberg, Wolf Helmhard von. In: Frühe Neuzeit in Deutschland 1620–1720. Literaturwissenschaftliches Verfasserlexikon. Hg. von Stefanie Arend, Bernhard Jahn, Jörg Robert, Robert Seidel, Johann Anselm Steiger, Stefan Tilg, Friedrich Vollhardt. Bd. 4. Berlin u. a. 2022 (im Druck) sowie Michael Schilling: Art. Hohberg, Wolf Helmhard Frhr. von. In: Killy Literaturlexikon. Autoren und Werke des deutschsprachigen Kulturraumes. 2., vollständig überarbeitete Auflage. Hg. von Wilhelm Kühlmann u. a. Bd. 5. Berlin u. a. 2009, S. 544 f. Vgl. ferner Otto Brunner: Art. Hohberg, Wolf Helmhard Freiherr von. In: Neue Deutsche Biographie 9 (1972), S. 476 f.

68 Christian Meierhofer: Art. Francisci (von Finx), Erasmus. In: Frühe Neuzeit in Deutschland 1620–1720. Literaturwissenschaftliches Verfasserlexikon. Hg. von Stefanie Arend, Bernhard Jahn, Jörg Robert, Robert Seidel, Johann Anselm Steiger, Stefan Tilg, Friedrich Vollhardt. Bd. 3. Berlin u. a. 2021, Sp. 73–87.

69 Aus Bruck-Angermundts *Emblemata Moralia et Bellica* (1615) wurden jüngsten Rechercheergebnissen zufolge in der Kirche zu Ørum (Mitteljütland, Viborg Kommune) 13 Vorlagen (und 15 aus Cramers *Emblemata Sacra*) verwendet. Insofern liegt in Ørum eine skandinavische Synthese Stettiner und Straßburger Emblemtraditionen, bzw. eine Synthese lutherischer (Cramer) und schlesisch-humanistischer (Bruck-Angermundt) Gelehrtenkultur vor. Zu Bruck-Angermundt vgl. Michael

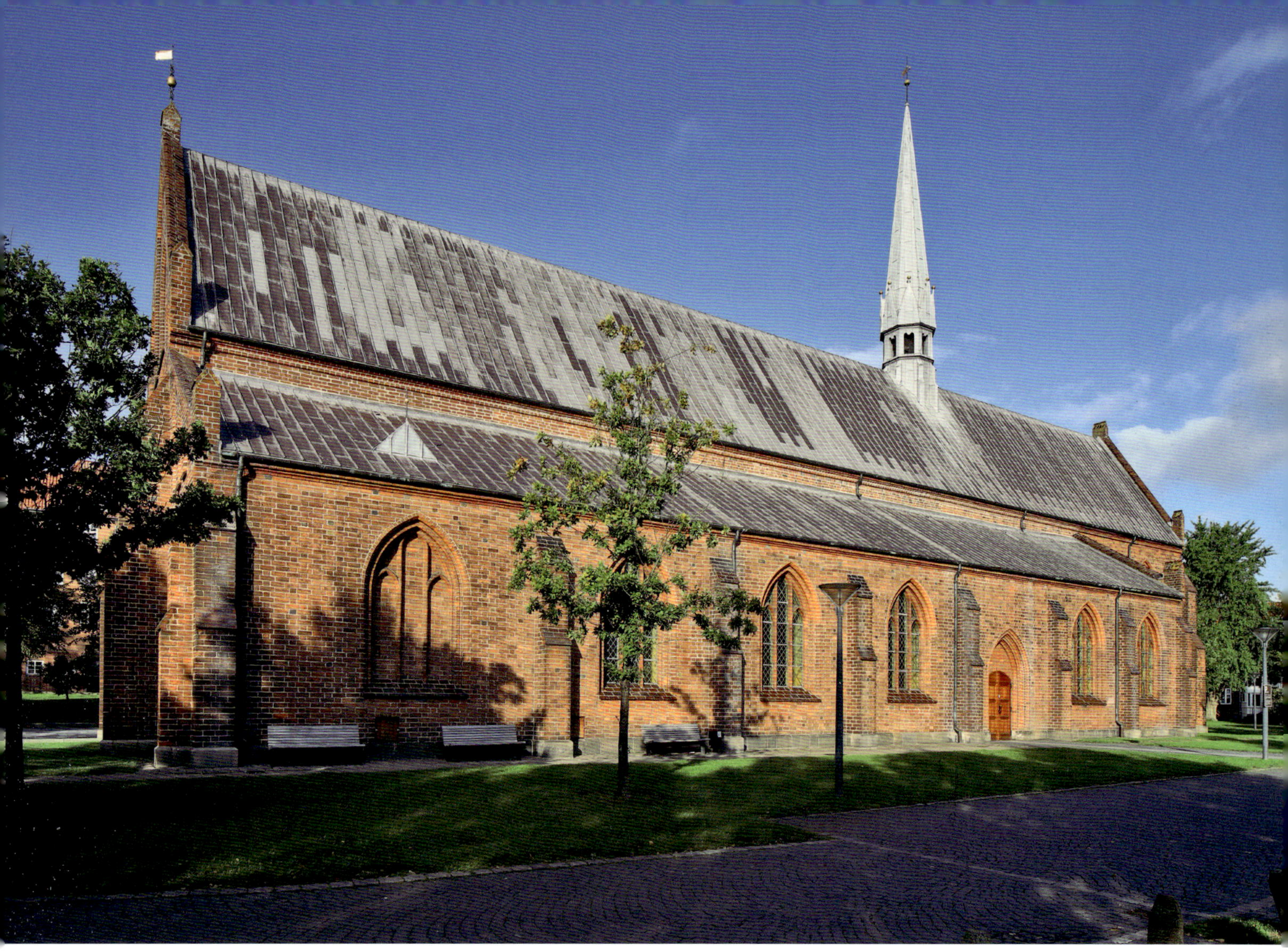

Abb. 6: Klosterkirche zu Horsens (Dänemark, Mitteljütland) von Südwesten.

nes Lassenius (1636–1689)[70] und Johannes Schlemm (1636–1718)[71] (zu Johann Arndt und dessen Sonderrolle s. u.). Es wurden zuweilen allerdings auch Sinnbilder als Vorlagen verwendet, die dem reformierten Kontext zuzurechnen sind – etwa diejenigen aus den *Emblemata christiana* der Georgette de Montenay (ca. 1540 – ca. 1607),[72] die von der katholischen zur reformierten Konfession übergetreten war.[73] Ferner jedoch wurden nicht selten Emblemata aufgegriffen, die direkt aus römisch-katholischen (vorrangig, aber nicht ausschließlich jesuitischen[74]) Andachtswerken übernommen wurden – etwa aus den erstmals 1624 in Antwerpen erschienenen *Pia Desideria* des flämischen Jesuiten Hermann Hugo (1588–1629),[75] aus den

Schilling: Jakob von Bruck-Angermundt und seine Emblembücher. In: Die oberschlesische Literaturlandschaft im 17. Jahrhundert. Hg. von Gerhard Kosellek. Bielefeld 2001 (= Tagungsreihe der Stiftung Haus Oberschlesien 11), S. 135–156 sowie Michael Schilling: Art. Bruck-Angermundt, Jakob von. In: Frühe Neuzeit in Deutschland 1520–1620. Literaturwissenschaftliches Verfasserlexikon. Hg. von Wilhelm Kühlmann, Jan-Dirk Müller, Michael Schilling, Johann Anselm Steiger, Friedrich Vollhardt. Bd. 1. Berlin u. a. 2011, Sp. 350–354.

70 S. Bd. 5, S. 29–31.

71 Vgl. Deutsches Biographisches Archiv I, 1108, 43–47.

72 Vgl. Pascal Joudrier: Un ›miroir‹ Calviniste. ›Les Emblemes, ou Devises chrestiennes‹ de Georgette de Montenay et Pierre Woeiriot, 1567/1571. Genf 2021 (= Cahiers d'humanisme et renaissance 169).

73 S. Bd. 6, S. 59 und 93–99.

74 Vgl. hierzu G. Richard Dimler: Studies in the Jesuit emblem. New York 2007 (= AMS studies in the emblem 18) sowie Peter M. Daly, G. Richard Dimler: The Jesuit emblem in the European context. Philadelphia 2016 (= Early modern catholicism and the visual arts series 14).

75 S. Bd. 5, S. 69–74, 79–91, Bd. 7, S. 121 f., 139, 142–164, 174–195, 199 f. Zu Hermann Hugo vgl. Gabriele Dorothea Rödter: Via piae animae. Grundlagenuntersuchung zur emblematischen Verknüpfung von Bild und Wort in den ›Pia desideria‹ (1624) des Herman Hugo S. J. (1588–1629). Frankfurt a. M. u. a. 1992 (= Mikrokosmos. Beiträge zur Literaturwissenschaft und Bedeutungsforschung 32). Zur Rezeption der Emblemata in Hugos *Pia Desideria* in Norwegen, etwa an einem Epitaph in der Kirche zu Tingvoll, vgl. Henrik van Achen: Visions of the invisible. Seventeenth- and early eighteenth-century emblems in Norway. In: The emblem in Scandinavia and the Baltic. Hg. von Simon McKeown, Mara Wade. Glasgow 2006 (= Glasgow emblem studies 11), S. 1–29, hier S. 18–22.

Schriften des (konvertierten Lutheraners und) Jesuiten Jeremias Drexel (1581–1638)[76] oder aus denjenigen des französischen Jesuiten Étienne Luzvic (1567–1640)[77] bzw. des flämischen Benediktiners Benedictus van Haeften (1588–1648).[78] In der Klosterkirche zu Horsens (Dänemark, Mitteljütland, Abb. 6) wurden – neben solchen aus Werken Cramers, Arndts, Dilherrs u. a. – zahlreiche Sinnbilder aus den *Emblemata Moralia*[79] des spanischen Diplomaten und Verlegers Juan de Borja (1533–1606)[80] sowie – was bislang unentdeckt blieb – acht Vorlagen aus der *Todten-Capelle*[81] des Augustiner-Barfüßers Abraham a Sancta Clara (1644–1709)[82] verarbeitet (zu zwei Beispielen vgl. Abb. 7–10). Oftmals sind in den lutherischen Kirchen des Ostseeraums ferner Sinnbildmotive anzutreffen, die zwar aus Werken lutherischer Provenienz stammen, die jedoch ihrerseits Dokumente eines interkonfessionellen Rezeptionsprozesses darstellen, indem sie Emblemata aus römisch-katholischen Werken aufgriffen.[83]

Überblickt man die Befunde, die sich im Zuge der Analyse der buchexternen geistlichen Emblematik in Kirchenräumen des Ostseeraumes Schritt für Schritt einstellen, so wird jedenfalls exemplarisch greifbar, daß Interkonfessionalität nicht nur ein Phänomen war, das die frühneuzeitlich-lutherische Konfessionalität (auch) zuließ, sondern interkonfessionelle Rezeptions- und Transformationsprozesse als wesentliche Merkmale des barocken Luthertums im Sinne einer Epochensignatur zu gelten haben. Insofern ist es nicht schon damit getan, »confessional silence« in der sich suprakonfessionell positionierenden ›humanistischen‹ Emblemkultur namhaft zu machen, innerhalb deren konfessioneller Dissens schlicht absent war oder stillgestellt wurde.[84] Vielmehr wird man verstärkt die interkonfessionellen Adaptationsprozesse in der geistlichen Sinnbildkunst zu würdigen haben, die dazu führten, daß ein transkonfessionelles Reservoire an Bild-Text-Kombinationen entstand, welches freilich zumeist in klar benennbaren Konfessionskontexten angesiedelt war.

Auf diese Konstellation ist in der bisherigen Forschung bereits recht häufig, wenngleich zumeist *en passant* und ohne die nötige tiefergreifende Analyse hingewiesen worden. Weniger bekannt ist bislang freilich, daß man in einzelnen Fällen in frühneuzeitlich-emblematischen Ausstattungen von lutherischen Kirchen auch der Verwendung von Emblemata begegnet, die aus dem Bereich des mystischen Spiritualismus herrühren, der seinem historischen Selbstverständnis gemäß den Anspruch erhebt, als suprakonfessionelles Phänomen zu fungieren, mithin ein wahres Geistchristentum jenseits jeglicher konfessioneller Polarität zu

76 S. Bd. 6, S. 59, 85–92. Zu Drexel vgl. Toon van Houdt, Stefan Tilg: Art. Drexel, Jeremias. In: Frühe Neuzeit in Deutschland 1620–1720. Literaturwissenschaftliches Verfasserlexikon. Hg. von Stefanie Arend, Bernhard Jahn, Jörg Robert, Robert Seidel, Johann Anselm Steiger, Stefan Tilg, Friedrich Vollhardt. Bd. 2. Berlin u. a. 2020, Sp. 611–626.

77 S. Bd. 6, S. 111–118.

78 Vgl. zur Rezeption von van Haeftens *Schola cordis* im lutherischen Dänemark die Hinweise von: Carsten Bach-Nielsen: Plafonder og paneler. In: Overgaard. Randers 1997, S. 129–145, hier S. 139–143. Zur Hugo- und van Haeften-Rezeption in der Kreuzkirche zu Hamburg-Wilhelmsburg vgl. Ingrid Höpel: Die Embleme in der Wilhelmsburger Kreuzkirche im lokalen und europäischen Kontext. In: Die Insel 2016/17. Hg. vom Museum Elbinsel Wilhelmsburg e. V., S. 13–20. Vgl. ferner Bernhard F. Scholz: Emblematic word-image relations in Benedictus van Haeften's Schola Cordis (Antwerp, 1629) and Christopher Harvey's School of the Heart (London, 1647/1664). In: Anglo-Dutch relations in the field of the emblem. Hg. von Bart Westerweel. Leiden u. a. 1997 (= Symbola et emblemata 8), S. 149–176.

79 Juan de Borja: EMBLEMATA MORALIA, SCRIPTA QUONDAM HISPANICE […], LATINITATE AUTEM DONATA A L. C. C. P. Berlin 1697 (UB Rostock Da-1013).

80 An der östlichen Stirnseite des südlichen Kastengestühls im Mittelschiff sind 14 Emblemgemälde untergebracht, von denen sich 13 auf Vorlagen in de Borjas Werk zurückführen lassen. An der westlichen Stirnseite des südlichen Kastengestühls im Mittelschiff finden sich ebenfalls 14 Emblemgemälde, die sämtlich auf Vorbilder bei de Borja zurückgehen. Vgl. hierzu auch die (allerdings lückenhaften) Angaben in: Birgitte Bøggild Johannsen, Hugo Johannsen, Rikke Ilsted Kristiansen (Bearb.): Danmarks kirker. Bd. 16: Århus Amt. Kopenhagen 2005, S. 5815–5845.

81 Abraham a Sancta Clara: Besonders meublirt- und gezierte Todten-Capelle/ Oder Allgemeiner Todten-Spiegel/ Darinnen Alle Menschen/ wes Standes sie sind/ sich beschauen/ an denen mannigfältigen Sinnreichen Gemählden das MEMENTO MORI zu studiren/ und die Nichtigkeit und Eitelkeit dieses Lebens Democritiçè oder Heraclitiçè, Das ist: Mit lachendem Mund/ oder thränenden Augen/ wie es beliebt/ können betrachten und verachten lernen. Nürnberg 1710 (UB Greifswald 523/Fv 104).

82 Vgl. Franz M. Eybl: Art. Abraham a Sancta Clara. In: Frühe Neuzeit in Deutschland 1620–1720. Literaturwissenschaftliches Verfasserlexikon. Hg. von Stefanie Arend, Bernhard Jahn, Jörg Robert, Robert Seidel, Johann Anselm Steiger, Stefan Tilg, Friedrich Vollhardt. Bd. 1. Berlin u. a. 2019, Sp. 7–28. Eybl weist ebd., Sp. 12 und 19 darauf hin, daß es sich bei der *Todten-Capelle* um eine Schrift handelt, die zwar ihrem »Inhalt« (Sp. 19) nach auf Abraham a Sancta Clara zurückgeht, er jedoch nicht als ihr Autor im engeren Sinne anzusehen ist, weswegen sie den Pseudo-Abrahamiana zuzuweisen sei.

83 S. Bd. 4, S. 93–149.

84 Vgl. Arnoud Visser: Escaping the reformation in the republic of letters. Confessional silence in Latin emblem books. In: Church History and Religious Culture 88 (2008), S. 139–167.

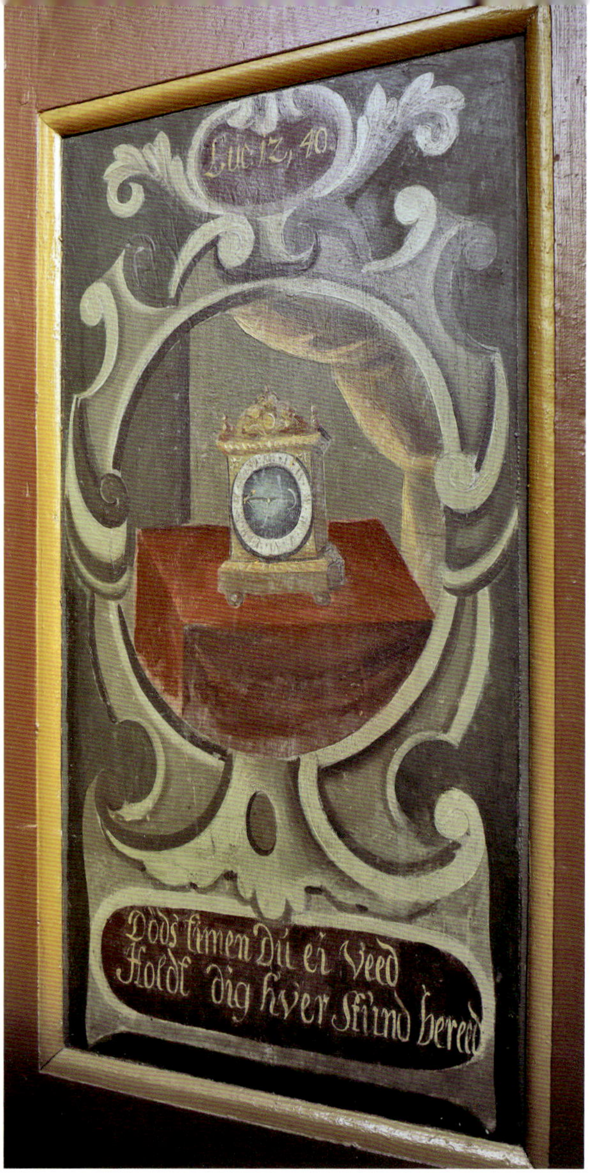

Abb. 7: Emblemgemälde am Gestühl im südlichen Seitenschiff der Klosterkirche zu Horsens.

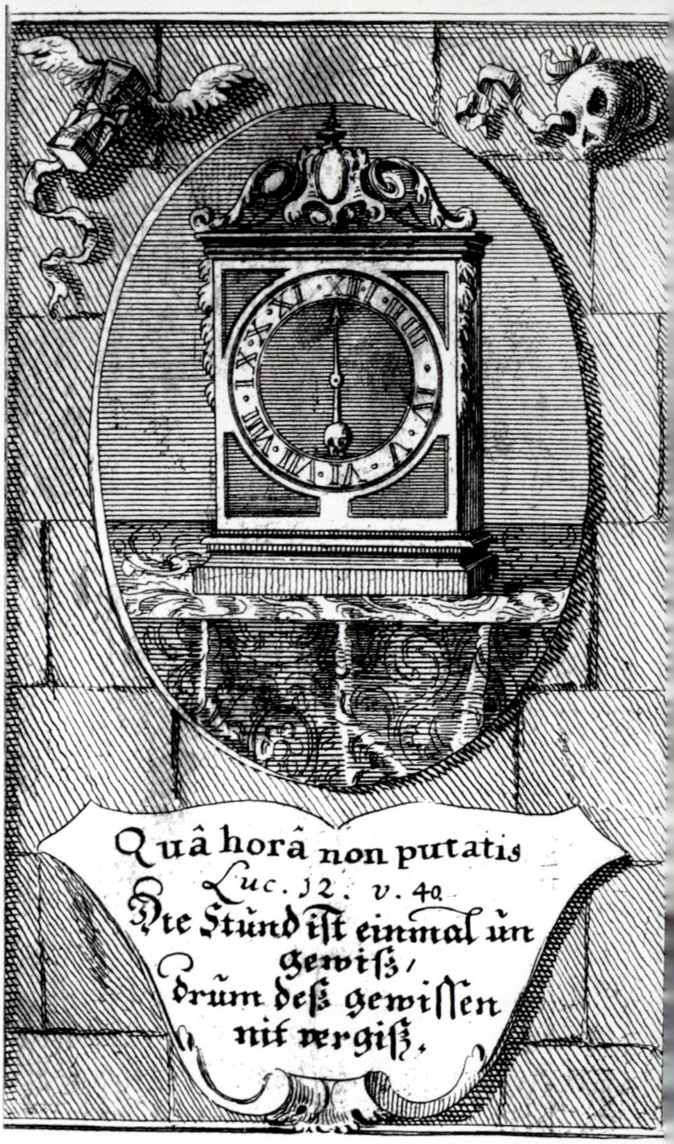

Abb. 8: Abraham a Sancta Clara: Besonders meublirt- und gezierte Todten-Capelle/ Oder Allgemeiner Todten-Spiegel [...]. Nürnberg 1710 (UB Greifswald 523/Fv 104), neben S. 236.

etablieren. Auf derartige lutherische Adaptationen der spiritualistischen Emblematik, wie sie etwa in der Kirche zu Bobbin[85] hinsichtlich einer eindrücklichen Rezeption des emblematischen Schaffens Daniel Sudermanns (1550–1631)[86] greifbar ist, wird die Forschung inskünftig verstärktes Augenmerk zu richten haben.

Daß es sich bei der geistlich-buchexternen Emblematik im Ostseeraum um ein Phänomen frühneuzeitlicher Pluralität handelt, wird ferner durch folgenden Sachverhalt bestätigt. In der buchexternen Rezeption der Emblemata, mit denen nach Johann Arndts (1555–1621)[87] Tod zahlreiche Neudrucke von dessen *Wahrem Christentum* und des *Paradies-Gärtleins* versehen wurden,[88] tritt exemplarisch die unbestreitbar facettenreiche Wirkung von Arndts Frömmigkeitstheologie zutage – und damit eines Autors, der neben seiner lutherischen Prägung bekanntlich heterogene Traditionsbestände v.a. mystisch-spiritualistischer und paracelsistischer Provenienz aufgriff und fortschrieb, was sich zuweilen auch in den Emblemata widerspiegelt, die seinen Werken postum beigegeben wurden. Freilich wird man im Rahmen einer anzustre-

85 S. Bd. 5, S. 7–27.
86 Vgl. Ute Evers: Art. Sudermann, Daniel. In: Frühe Neuzeit in Deutschland 1520–1620. Literaturwissenschaftliches Verfasserlexikon. Hg. von Wilhelm Kühlmann, Jan-Dirk Müller, Michael Schilling, Johann Anselm Steiger, Friedrich Vollhardt. Bd. 6. Berlin u.a. 2017, Sp. 219–229.
87 Vgl. Hans Schneider: Art. Arndt (Aquila), Johann: In: Frühe Neuzeit in Deutschland 1520–1620. Literaturwissenschaftliches Verfasserlexikon. Hg. von Wilhelm Kühlmann, Jan-Dirk Müller, Michael Schilling, Johann Anselm Steiger, Friedrich Vollhardt. Bd. 1. Berlin u.a. 2011, Sp. 146–157.
88 S. Bd. 3, S. 39–76 sowie Bd. 4, S. 10–12.

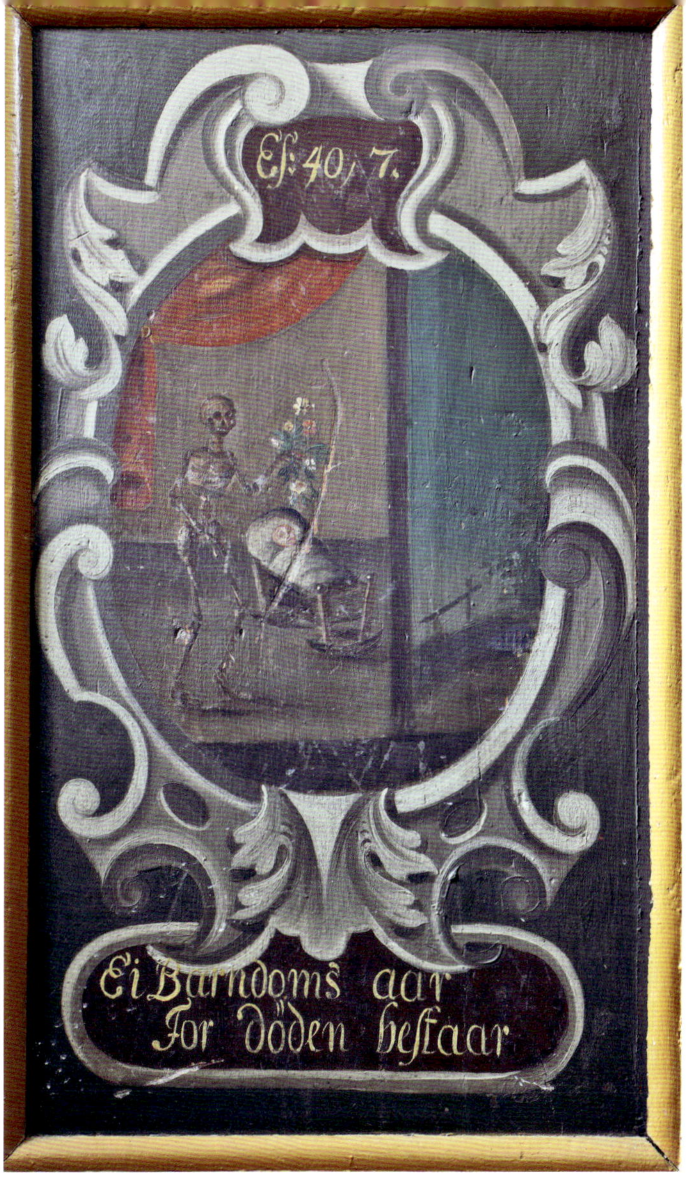

Abb. 9: Emblemgemälde am Gestühl im nördlichen Seitenschiff der Klosterkirche zu Horsens.

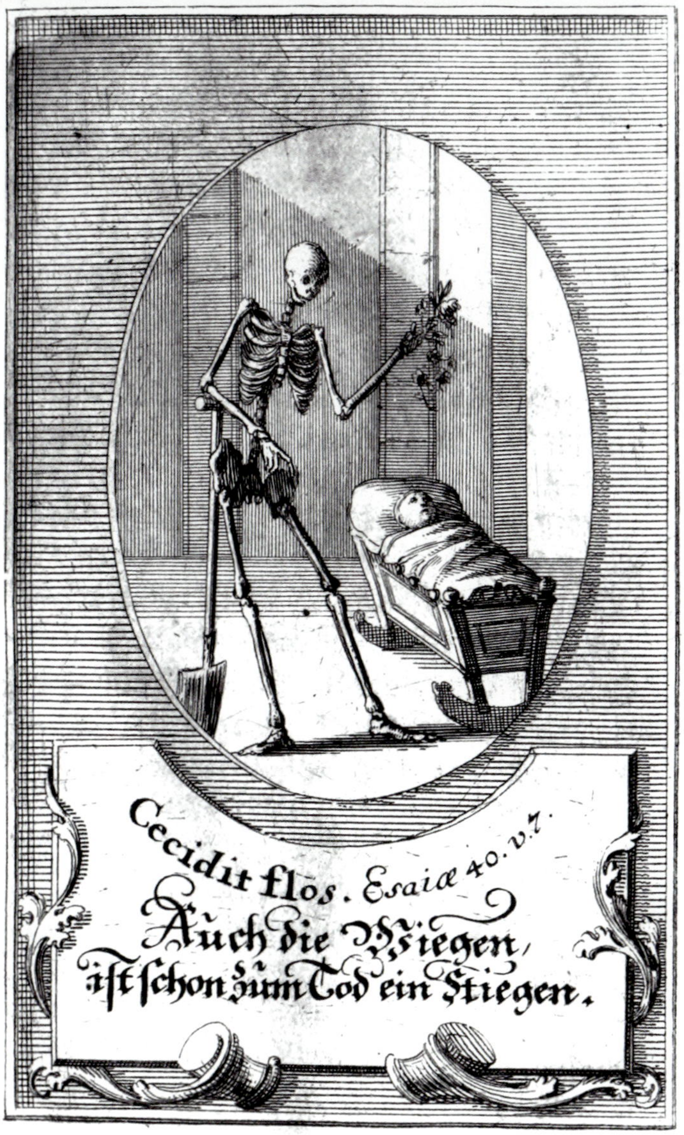

Abb. 10: Abraham a Sancta Clara: Besonders meublirt- und gezierte Todten-Capelle/ Oder Allgemeiner Todten-Spiegel […]. Nürnberg 1710 (UB Greifswald 523/Fv 104), neben S. 108.

benden Gesamtschau der in den Ostseeregionen gegebenen Situation auch verstärkt das schlichte Faktum in die Überlegungen miteinzubeziehen haben, daß die Breitenwirkung der Sinnbilder in den betreffenden Arndt-Drucken weitaus geringer zu veranschlagen ist, als bislang zuweilen suggeriert wurde. Sie war jedenfalls mit Abstand schwächer als die nun erstmals konspektartig greifbar werdende enorme Strahlkraft, welche von den Emblemata ausging, die – z. T. gestochen wohl von Matthäus Merian d. Ä. (1593–1650)[89] – in den einschlägigen Werken des zunächst als Professor am fürstlichen Paedagogium zu Stettin und hernach als Pastor ebenda wirkenden Daniel Cramer enthalten sind. Doch die Emblemserien in den besagten Arndt-Drucken waren überdies deutlich weniger wirkungsträchtig als diejenigen in den betreffenden Publikationen des Rostocker Professors für Theologie und Pastors Heinrich Müller.

Dieses schlichte wirkungshistorische Faktum verdient konsequente Beachtung als Korrektiv bezüglich einer Überpointierung der Rolle Arndts in der bisherigen Forschung zur buchexternen geistlichen Emblematik. Hierbei ist differenzierend (und um der angemessenen Wahrnehmung der binnenkonfessionellen Pluralität des frühneuzeitlichen Luthertums willen) auch der Umstand mitzureflektieren, daß Cramer – und nicht nur er – dem Arndtschen theologischen Ansatz bekanntlich recht kritisch gegenüberstand,

89 Vgl. Sabine Mödersheim: ›Domini doctrina coronat‹. Die geistliche Emblematik Daniel Cramers (1568–1637). Frankfurt a. M. u. a. 1994 (= Mikrokosmos. Beiträge zur Literaturwissenschaft und Bedeutungsforschung 38), S. 131–133.

indem er diesem eine Überbetonung des Aspekts der *imitatio Christi* vorhielt.[90] Müller hingegen adaptierte Arndts Theologie stark – allerdings in einer konsequent lutherischen Linie[91] – und verband sie mit einer auf Schritt und Tritt begegnenden (und häufig nicht explizit belegten) Rezeption der Schriften Luthers. In diesem Duktus betrieb bzw. beförderte Müller (im Anschluß an Cramer sowie zeitgleich mit den Nürnberger Protagonisten, v. a. Dilherr) eine nachhaltige Emblematisierung der lutherischen Glaubenskultur – und dies bereits 20 Jahre bevor[92] die Arndt-Anhänger auf diesem Gebiet (gewissermaßen mit reichlicher ›Verspätung‹) tätig wurden.

Eine nachgelagerte Ausstattung von zuvor bereits erfolgreichen Erbauungsschriften mit Sinnbildern, wie sie bei Arndt begegnet, ist im 17. Jahrhundert übrigens keine Seltenheit. So wurden z. B. auch Johann Gerhards (1582–1637)[93] *Meditationes Sacrae* (Erstdruck 1606),[94] die in zahlreiche europäische Sprachen übersetzt wurden,[95] seit 1665 in nicht wenigen Neuauflagen sowohl der lateinischen als auch der deutschen Fassung mit 51 Sinnbildern ausgestattet.[96] Etwas anders liegen die Dinge mit Blick auf den (selbst nicht mit emblematischen Druckgraphiken versehenen, aber Emblembeschreibungen bietenden[97]) *Seelenschatz* (Erstdruck 1675) des lutherischen Barocktheologen Christian Scriver (1629–1693), dessen Lektüre den in Schareyken (Masuren) wirkenden Pastor Martin Bräuer (gest. 1706)[98] anregte, ein eng an dieses Werk angelehntes Erbauungsbuch mit dem Titel *Müßige Landstunden* (1688)[99] abzufassen und ihm zahlreiche Emblemata beizugeben.

Frühneuzeitlich-emblematische Artefakte werden (nicht nur in Kirchenführern und einschlägigen Publikationen zu Kunstdenkmälern) oftmals als ›pietistisch‹ bezeichnet, was angesichts der in den betreffenden Emblemzyklen rezipierten und adaptierten Quellen als weitgehend irreführend, weil ahistorisch zu bezeichnen ist. Abgesehen von wenigen Ausnahmen wie etwa der Rigaer emblematischen Ausgabe von Arndts *Wahrem Christentum*, deren Initiator, der Rigaer Generalsuperintendent Johann Fischer (1636–1705),[100] anders als Arndt selbst (s. u.) in der Tat der pietistischen Frömmigkeitsbewegung zuzurechnen ist, stammen die als Vorlagenspender für buchexterne geistliche Sinnbildprogramme in Kirchenräumen des

90 Vgl. ebd., S. 62.

91 Vgl. Thomas Illg: Heinrich Müller als Rezipient der Frömmigkeitsliteratur Johann Arndts. In: Reformatio Baltica. Kulturwirkungen der Reformation in den Metropolen des Ostseeraums. Hg. von Heinrich Assel, Johann Anselm Steiger, Axel E. Walter. Berlin u. a. 2018 (= Metropolis. Texte und Studien zu Zentren der Kultur in der europäischen Neuzeit 2), S. 417–429.

92 Bezogen auf die Rigaer Ausgabe des *Wahren Christentums*. Allerdings publizierte Johann Valentin Andreae anonym bereits im Jahre 1621 in Straßburg die ›SIMILIA EX CHRISTIANISMO GENUINO JOH. ARNDII &c. Theologi insignis, Collecta‹ (ULB Halle/S. AB 153551 [2]). Das knappe Werk entwirft in lateinischer Sprache denkbare *picturae* zu ausgewählten Kapiteln von Arndts *Wahrem Christentum*, allerdings ohne emblematische Motti und ohne entsprechende Druckgraphiken. Vgl. hierzu Greschat (wie Anm. 103), bes. S. 157–159.

93 Vgl. Johann Anselm Steiger: Art. Gerhard, Johann. In: Frühe Neuzeit in Deutschland 1520–1620. Literaturwissenschaftliches Verfasserlexikon. Hg. von Wilhelm Kühlmann, Jan-Dirk Müller, Michael Schilling, Johann Anselm Steiger, Friedrich Vollhardt. Bd. 2. Berlin u. a. 2012, Sp. 557–571.

94 Johann Gerhard: Meditationes Sacrae (1606/7). Lateinisch-deutsch. Kritisch hg. und kommentiert von Johann Anselm Steiger. Stuttgart-Bad Cannstatt 2000 (= Doctrina et Pietas I, 3).

95 Vgl. Bibliographia Gerhardina (1601–2002). Verzeichnis der Druckschriften Johann Gerhards (1582–1637) sowie ihrer Neuausgaben, Bearbeitungen und Übersetzungen. Bearb. von Johann Anselm Steiger unter Mitwirkung von Peter Fiers. Stuttgart-Bad Cannstatt 2003 (= Doctrina et Pietas I, 11). Hier sind 242 Drucke der ›Meditationes Sacrae‹ in 15 Sprachen verzeichnet. Weitere vier Drucke (sowie 14 Teildrucke) sind nachgewiesen in: Bibliographia Gerhardina. Addenda. Ergänzungen zum Verzeichnis der Druckschriften des lutherischen Barocktheologen Johann Gerhard (1582–1637) sowie ihrer Neuausgaben, Übersetzungen und Bearbeitungen. Bearb. von Johann Anselm Steiger. Passau 2013.

96 Johann Gerhard: Ein und Funfftzig Christliche Andachten/ Zur Ubung wahrer Gottseeligkeit. Aus dem Lateinischen ins Teutsche übersetzet/ und mit schönen Sinnbildern geziehret. Auf vielfältiges Begehren also herauß gegeben […]. Jena 1665 (UB Wrocław 329423). Die Emblemata werden dargeboten in: Johann Gerhard: Ein vnd Fünfftzig Gottselige/ Christliche Evangelische Andachten/ oder Geistreiche Betrachtungen. Poetisch bearbeitet von Burcard Großmann (1608). Hg. von Johann Anselm Steiger. Stuttgart-Bad Cannstatt 2001 (= Doctrina et Pietas I, 4), S. 537–587.

97 Vgl. Dietmar Peil: Zur ›angewandten Emblematik‹ in protestantischen Erbauungsbüchern. Dilherr – Arndt – Francisci – Scriver. Heidelberg 1978 (= Beihefte zum Euphorion 11), S. 78.

98 Vgl. Karl August Hennicke: Beiträge zur Ergänzung und Berichtigung des Jöcher'schen Allgemeinen Gelehrten Lexikon's und des Meusel'schen Lexikon's der von 1750 bis 1800 verstorbenen teutschen Schriftsteller. Drittes Stück. Leipzig 1812, S. 31 f. sowie Johann Heinrich Zedler: Großes vollständiges Universal-Lexikon. 64 Bde. und 4 Supplementbde. Halle/S., Leipzig 1732–1754 (Reprint Graz 1961–1964), hier Supplementbd. 4, Sp. 446.

99 Martin Bräuer: Müssige Land-Stunden/ Oder Hundert kurtze Gottselige Betrachtungen/ So viel Oerter und Sprüche der Heil. Schrifft/ und sonderlich der Epistel an die Römer/ Nützlich zur Lehre/ Trost und Auffrichtung des lebendigen Erkäntniß Christi unter den heutigen Christen/ Mit Historien und Sinnbildern gezieret/ Bey müßiger Zeit/ nach Anleitung des hochberühmten Mannes Hn. M. Christian Scrivers, auffgesetzt […]. Königsberg 1688 (FB Gotha Theol. 8° 662/8). Das Werk wurde 1698 nochmals in erweiterter Fassung gedruckt.

100 S. Bd. 4, S. 12.

Ostseeraums verwendeten Werke allesamt nicht von pietistischen Autoren. Generell wird man sagen dürfen, daß der Pietismus der Emblematik und der mit ihr verbundenen Gelehrsamkeit (wie anderen Ausprägungen der Repräsentanz von ›weltweisheitlicher‹ *eruditio* innerhalb der Theologie wie etwa der *rhetorica sacra*) mit recht starkem Vorbehalt begegnete[101] – deutlich anders als dies im barocken Luthertum und in der zeitgenössischen römisch-katholischen, insbesondere jesuitischen Frömmigkeitskultur der Fall war. Was die Schriften Arndts anlangt, den die jüngere Forschung verstärkt als lutherischen Theologen eigenständiger Physiognomie profiliert hat, in dessen Œuvre sich (durchaus nicht spannungsfrei) heterogene, z. T. auch heterodoxe Traditionslinien verbanden,[102] ist zu konstatieren, daß infolge von Arndts (immer auch paracelsisch bestimmter) Hochschätzung des Mediums Bild und der Kreaturen als Offenbarungsmedien Gottes im Sinne der Hermeneutik des *liber naturae* gewisse emblematische Ansätze gegeben sind,[103] die sich freilich stets lediglich literarisch-ekphrastisch manifestierten. Diese emblematische Affinität dürfte mit dazu beigetragen haben, daß es plausibel erschien, Arndts bereits genannte Werke postum mit Emblemata auszustatten. Arndt selbst jedoch ist – anders als Johann Saubert (1592–1646),[104] Johann Michael Dilherr, Heinrich Müller, Johannes Lassenius, Erasmus Francisci u. a. – niemals selbst als Inventor von Emblemen oder als Konzeptor von Sinnbildprogrammen oder gar als emblematischer Publizist in Erscheinung getreten. Insofern sich die Forschung mittlerweile zurecht von der letztlich anachronistischen Titulierung Arndts als des ›Begründers‹ bzw. ›Vaters‹ des Pietismus verabschiedet,[105] erweist sich auch die bisweilen vorgetragene Argumentation, die Emblematik sei etwas pietistisches, insofern Arndts Texte auch mit Sinnbildern publiziert wurden, als fragwürdig, wenn nicht obsolet.

Näher zu erforschen bleibt auch die Frage, wie stark die Rezeption der geistlichen Emblematik in Kirchenräumen unzweifelhaft vom Pietismus geprägter Territorien tatsächlich war. Dabei wäre auch der Frage nachzugehen, ob ggf. die mutmaßlich, allerdings nicht erwiesenermaßen von Philipp Jakob Spener (1635–1705) begleitete Schaffung der emblematischen Gemäldeausstattung von St. Katharinen in Frankfurt a. M.[106] eher eine Ausnahme darstellt. Nicht aus den Augen verloren werden sollte ferner der Umstand, daß man für diese Ausmalung nicht genuin pietistische Vorlagen wählte oder solche gar neu schuf, sondern bezeichnenderweise auf Vorbilder aus dem Rigaer Druck von Arndts *Wahrem Christentum*, aus Heinrich Müllers Werken sowie aus Hugos *Pia Desideria* zurückgriff.[107] Eine viel breiter als in Frankfurt angelegte Rezeption diverser und auch konfessionell heterogener Emblemtraditionen läßt sich in der Schloßkapelle zu Stetten beobachten, die im Jahre 1682 eingeweiht wurde. Für deren Ausgestaltung mit 83 Emblemgemälden wurde die (nur schwerlich dem Pietismus zuzurechnende[108]) Herzogin Magdalena Sibylla von Württem-

101 Vgl. hierzu etwa schon Paul Grünberg: Philipp Jakob Spener. Bd. 1. Göttingen 1893, S. 27 f. Grünberg hegt große Sympathie für Speners Vorbehalte gegen den vermeintlichen lutherisch-orthodoxen Doktrinarismus sowie gegen die Emblematik, die Grünberg, dem *mainstream* des 19. Jahrhunderts folgend, ignoranterweise als Ausweis von fehlender Gelehrsamkeit und Geschmacksverirrung bezeichnet, etwa wenn er zur lutherischen Predigtpraxis im 17. Jahrhundert ausführt (ebd., S. 27): »Häufig waren jedenfalls in den Predigten allerhand Allotria, Skurrilitäten, Salopperieen, allegorische und ›emblematische‹ Spielereien, abergläubische Zuthaten, persönliche Invektiven, unzeitige Gelehrsamkeit, Geschmack- und Formlosigkeit aller Art.«

102 Vgl. Thomas Illg: Ein anderer Mensch werden. Johann Arndts Verständnis der imitatio Christi als Anleitung zu einem wahren Christentum. Göttingen 2011 (= Studien zur Kirchengeschichte Niedersachsens 44). Johann Anselm Steiger: Nachwort. In: Johann Arndt: Ikonographia (1597). Kritisch hg., kommentiert und mit einem Nachwort versehen von Johann Anselm Steiger. Hildesheim u. a. 2014 (= Johann Arndt-Archiv III), S. 181–207. Wilhelm Kühlmann: Johann Arndt und der Paracelsismus. Ein Grundriß. In: Ebd., S. 209–231.

103 Vgl. Martin Greschat: Die Funktion des Emblems in Johann Arnds »Wahrem Christentum«. In: Zeitschrift für Religions- und Geistesgeschichte 20 (1968), S. 154–174. Elke Müller-Mees: Die Rolle der Emblematik im Erbauungsbuch aufgezeigt an Johann Arndts »4 Büchern vom wahren Christenthum«. Diss. phil. Köln. Düsseldorf 1974.

104 Vgl. Renate Jürgensen, Redaktion: Art. Saubert, Johann. In: Killy Literaturlexikon. Autoren und Werke des deutschsprachigen Kulturraumes. 2., vollständig überarbeitete Auflage. Hg. von Wilhelm Kühlmann u. a. Bd. 10. Berlin u. a. 2011, S. 209 f. Wolfgang Sommer: Art. Saubert, Johann. In: Religion in Geschichte und Gegenwart[4] 7 (2004), Sp. 849.

105 Vgl. Thomas Illg: Pietismus und Johann Arndt (1555–1621). In: Pietismus Handbuch. Hg. von Wolfgang Breul in Zusammenarbeit mit Thomas Hahn-Bruckart. Tübingen 2021, S. 55–64, bes. S. 62–64.

106 Vgl. Joachim Proescholdt: Emporenmalerei aus St. Katharinen. Ein Frankfurter Kleinod. Mit einem kunsthistorischen Beitrag von Gerhard Kölsch. Frankfurt a. M. 2007 (= Studien zur Frankfurter Geschichte 56).

107 Vgl. ebd., S. 63–96.

108 So auch Reinhard Lieske: Die Emporenbilder in Freudental und ihre Einordnung in den Rahmen evangelischer geistlicher Emblematik. In: Fides et pietas. Festschrift Martin Brecht zum 70. Geburtstag. Hg. von Christian Peters, Jürgen Kampmann. Münster i. W. 2003 (= Historia profana et ecclesiastica 8), S. 87–106, hier S. 97. Auch diesbezüglich hilft der Terminus »Frühpietismus« (Westphal [wie Anm. 1], S. VII u.. ö.) nicht weiter.

berg (1652–1712) durch die Sinnbildausstattung der schwedischen Hofkapelle in Jakobsdal angeregt, die sie in ihrer Jugend kennengelernt hatte.[109] Die äußerst gebildete Magdalena Sibylla trat als versierte geistliche Schriftstellerin, Verfasserin von geistlichen Liedern und offenbar auch als Inventorin von Sinnbildern in Erscheinung und kooperierte u.a. mit der Augsburger Kupferstecherin Johanna Sibylla Krausin, geb. Küsel (ca. 1650–1717).[110] Das Œuvre Magdalena Sibyllas bedürfte (trotz in der jüngeren Vergangenheit erzielter Fortschritte[111]) dringend eingehender Erforschung. Ob es in Sakralbauten unzweifelhaft vom Pietismus geprägter Höfe Emblemprogramme je gegeben hat, die (und sei es nur annähernd) mit dem Stettener Sinnbildzyklus vergleichbar sind, bedürfte der Klärung.

Die weitreichende emblematische Abstinenz des Pietismus läßt sich nicht zuletzt anhand der weitestgehenden Absenz von Emblemata in den Druckwerken pietistischer Autoren im engeren Sinne ablesen, aber auch daran, daß emblematische Frontispize bzw. Titelkupfer nur selten begegnen, wobei die unterschiedlichen Ausgaben von Johann Heinrich Reitz' *Historie der Wiedergeborenen* Ausnahmen darstellen, deren Frontispize in Anlehnung an[112] bzw. als Übernahme[113] von Emblemata in Hermann Hugos *Pia Desideria* gestaltet wurden. Freilich scheint das Bedürfnis nach erbaulicher Literatur mit Emblemausstattungen auf seiten der Rezipienten im Pietismus ungebrochen gewesen zu sein, woraus sich erklärt, daß die betreffenden Schriften Johann Arndts, Heinrich Müllers und anderer (selbst nicht dem Pietismus zuzurechnender) Autoren häufig nachgedruckt wurden und offenbar starken Absatz fanden.[114] Derartige Nachnutzungen von emblematischen Werken nicht-pietistischer Provenienz lassen sich auch im Kontext des reformierten Pietismus feststellen. Die von Gerrit Tersteegen (1697–1769) im Jahre 1751 erstmals publizierte Übersetzung[115] der Erbauungsschrift mit dem Titel *L'Ame amante de son Dieu* (1717) aus der Feder der römisch-katholischen Mystikerin Madame Guyon (Jeanne-Marie Bouvier de La Motte Guyon [1648–1717])[116] dürfte diesbezüglich das prominenteste Beispiel sein. Guyons häufig gedruckte und weit verbreitete Publikation, welche Hermann Hugos *Pia Desideria* und Otto van Veens (1556–1629) *Amoris Divini Emblemata* rezipierte, ist insbesondere mit Blick auf die diesen Werken entnommenen und nachgestochenen Embleme und deren ganzseitige Darbietung von einer hohen Druckqualität bestimmt. Ähnliches läßt sich bezüglich Tersteegens Ausgabe und ihrer sehr vereinfachten Wiedergabe der Sinnbilder, die zudem stark verkleinert in Vierergruppen auf eine Druckseite ›geklemmt‹ wurden, keineswegs behaupten.

Das zumindest ambivalente Verhältnis des Pietismus zur *ars emblematica* tritt selbst im *Biblischen und Emblematischen Wörterbuch* (1776)[117] Friedrich

109 Vgl. Westphal (Anm. 1), S. 10.

110 Diese Kooperation manifestiert sich in [Magdalena Sibylla von Württemberg:] Geistliche Krancken Apotheck: Das ist Christliche und Schrifftmässige Unterweisung/ Wie Krancke und Sterbende/ Jhr von GOtt zugeschicktes Creutz gedultig tragen/ Der Forcht deß Todtes mit kräfftigem Trost begegnen/ und Jn ihrem letzten Stündlein durch Hülff und Beystand ihres HErrn JEsu/ seelig hinfahren können; [...]. Mit annehmlichen Kupffern gezieret. Stuttgart o. J. [1703] (Staats- und Stadtbibliothek Augsburg Th Pr 1423).

111 Vgl. Westphal (Anm. 1), v.a. S. 16–32.

112 Vgl. z.B. [Johann Heinrich Reitz:] Historie Der Wiedergebohrnen/ Oder Exempel gottseliger/ so bekandt- und benant- als unbenanter Christen/ Männlichen und Weiblichen Geschlechts/ Jn Allerley Ständen/ Wie Dieselbe erst von Gott gezogen und bekehret/ und nach vielem Kämpfen und Aengsten/ durch Gottes Geist und Wort/ zum Glauben und Ruh ihres Gewissens gebracht seynd. II. Theil. o. O. 1701 (SB Berlin Du 17312–1/3).

113 Vgl. Johann Heinrich Reitz: Historie Der Wiedergebohrnen/ Oder Exempel gottseliger/ so bekannt- und benannt- als unbekannt- und unbenannter Christen/ Männlichen und Weiblichen Geschlechts/ Jn allerley Ständen/ Wie Dieselbe erst von GOTT gezogen und bekehret/ und nach vielen Kämpffen und Aengsten/ durch GOttes Geist und Wort/ zum Glauben und Ruh ihres Gewissens gebracht seynd. [...] Sechste Edition. Berleburg 1740 (UB Tübingen Gh 3273–1/6).

114 Vgl. Christian Soboth: Erbauungsliteratur. In: Pietismus Handbuch. Hg. von Wolfgang Breul in Zusammenarbeit mit Thomas Hahn-Bruckart. Tübingen 2021, S. 435–446, bes. S. 438f.

115 Jeanne-Marie Bouvier de La Motte Guyon, Gerrit Tersteegen (Übers., Hg.): Die Heilige Liebe GOttes, Und die Unheilige Natur-Liebe; Nach ihren unterschiedenen Wirckungen, Jn XLIV. anmuthigen Sinn-Bildern Und Erbaulichen Versen vorgestellet: Aus dem Frantzösischen [...] treulich verteutschet, Und mit Ferneren Betrachtungen, Aus ihren sämtlichen Biblischen Schriften erläutert [...]. Solingen, Essen 1751 (SB Berlin Ct 3052).

116 Vgl. Hans-Jürgen Schrader: Madame Guyon, Pietismus und deutschsprachige Literatur. In: Ders.: Literatur und Sprache des Pietismus. Ausgewählte Studien. Hg. von Markus Matthias u.a. Göttingen 2019 (= Arbeiten zur Geschichte des Pietismus 63), S. 419–456.

117 Friedrich Christoph Oetinger: Biblisches und Emblematisches Wörterbuch, dem Tellerischen Wörterbuch und Anderer falschen Schrifterklärungen entgegen gesezt. o. O. 1776 (Reprint. Hg. von Dmitrij Tschižewskij. Hildesheim 1969 [= Emblematisches Cabinett 9]). Vgl. auch Friedrich Christoph Oetinger: Biblisches und Emblematisches Wörterbuch. 2 Teile. Hg. von Gerhard Schäfer, Otto Betz, Martin Brecht. Berlin u.a. 1999 (= Texte zur Geschichte des Pietismus Abt. 7, 3).

Christoph Oetingers (1702–1782) zutage, denn es ist ganz entgegen den durch den Titelwortlaut geweckten Erwartungen als ein Zeugnis der im ausgehenden 18. Jahrhundert um sich greifenden Ent-Emblematisierung und De-Intermedialisierung (s. u.) einzustufen: Das *Wörterbuch* enthält keinen einzigen Emblemkupferstich und (abgesehen von einer konventionellen Titelvignette) auch sonst keinerlei Druckgraphik.

Anders als im Pietismus liegen die Dinge freilich mit Blick auf die Werke mancher Autoren aus dem Bereich des frühneuzeitlich-mystischen Spiritualismus wie etwa Christian Hoburgs (1607–1675) – eines Literaten, der wie andere spiritualistische Dissidenten nicht vorschnell als Vertreter des Pietismus gewissermaßen großkirchlich zu vereinnahmen ist, wozu die Forschung allerdings z. T. immer noch neigt. Hoburgs *Lebendige Hertzens-Theologie*[118] legt Zeugnis von einer interkonfessionellen Adaptation der Herzemblemserie *COR IESV AMANTI SACRVM* des (selbst offenbar der reformierten Konfession zugehörigen) Kupferstechers Antonie Wierix II. (ca. 1552 – ca. 1604) ab. Diese Serie fand v. a. im zeitgenössischen Katholizismus enorme Verbreitung und wurde durch die *inventio* von zusätzlichen christologisch-herzemblematischen Text-Bild-Kombinationen fortgeschrieben, etwa in *Le coeur dévot throsne royal de Jesus* (1626)[119] aus der Feder des französischen Jesuiten Étienne Luzvic[120] – einem Werk, das innerhalb kürzester Zeit durch Übersetzungen ins Lateinische sowie in zahlreiche europäische Sprachen und durch viele Neudrucke weite konfessionsübergreifende Verbreitung fand. Eine ebenfalls eindrückliche – und nicht zuletzt durch Luzvics Buch vermittelte – Wirkung der Wierixschen Herzemblemserie ist indes auch im Luthertum zu beobachten. Dies ist besonders prominent im sehr häufig gedruckten *Himmlischen Freuden-Mahl* (Erstausgabe 1683) des Helmstedter lutherischen Pastors Johann Rittmeyer (1636–1698) der Fall.[121]

ZUR ÜBERLIEFERUNGSSITUATION DER EMBLEMATIK IN SAKRALBAUTEN DES OSTSEERAUMS

Was die Überlieferungssituation der buchexternen Emblematik in frühneuzeitlichen Kirchenausstattungen anlangt, so ist erstaunlich, wie reichhaltig und breit gestreut man die einschlägigen Artefakte noch heute in den Kirchen des Ostseeraums antrifft – freilich nicht selten in einem Zustand dringenden Restaurierungsbedarfs. Daß emblematische Kunstwerke in Kirchen derart zahlreich vorhanden sind, ist auch dem Umstand geschuldet, daß diese Kunstform, die seit der Publikation des *Emblematum liber* (1531) des Mailänder Rechtsgelehrten Andrea Alciato (1492–1550) einen europaweiten (und vermittelt durch Missionare z. B. auch fernöstlichen[122]) Siegeszug zeitigte, sich in Kirchenräumen erst mit deutlicher Verzögerung von mehr als einem Jahrhundert verstärkt niederschlug, wobei Schwerpunkte im ausgehenden 17., vor allem aber in der ersten Hälfte des 18. Jahrhunderts auszumachen sind. Eine Vorreiterrolle kam diesbezüglich der Metropole Danzig zu, wo man bereits im Jahre 1639 damit begann, den Innenraum von St. Marien mit Emblemprogrammen auszustatten.[123] Die stärkste Konjunktur erfuhr die Emblematik in den Sakralräumen des Ostseeraums allerdings zwischen ca. 1660 und 1730. In diesem Zeitraum gehörten die in nicht wenigen Territorien des Ostseeraums grundstürzenden Verwüstungen durch den Dreißigjährigen Krieg und recht zahlreiche Folgekriege bis hin zum sogenannten Großen Nordischen Krieg (1700–1721) zumeist bereits der Vergangenheit an. Die Emblematisierung der Kirchenräume wird man an vielen Orten gar als (zuweilen wiederum zeitversetzte) Konkretionen der Behebung von Kriegsschäden sowie des mühsamen und langwierigen Wiederaufbaus zu begreifen haben.

118 Christian Hoburg: Lebendige HErtzens-Theologie/ Das ist: Andächtige Betrachtung/ wie Jesus im Hertzen inwohne und würcke/ und im Hertzen der Liebhabenden sey ALLES. Mit schönen Bildern und artigen Kupfferstücken vor diesem vorgestellet: Jetzo aber auß Liebe mit Versen/ Soliloquien und Seufftzern vermehret […]. Amsterdam 1661 (UB Amsterdam OTM: OK 06–1576 [2]).

119 Mir war die offenbar zweite Auflage des 1626 erstmals gedruckten Werkes zugänglich: Étienne Luzvic: LE COEVR DEVOT THROSNE ROYAL DE IESVS Pacifique Salomon. […]. Douai 1627 (google books).

120 S. Bd. 6, S. 111 und die dort verzeichnete Literatur.

121 S. Bd. 6, S. 111.

122 Vgl. z. B. Eugenio Menegon: Jesuit emblematica in China. The use of European allegorical images in Flemish engravings described in the Kouduo Richao (ca. 1640). In: Monumenta Serica 55 (2007), S. 389–437.

123 S. Bd. 6, S. 53.

Freilich ist angesichts der recht breit erscheinenden Überlieferungslage mitzubedenken, daß zahlreiche Emblemzyklen in Kirchenräumen die Zeitläufte nicht überdauert haben. Wesentliche Verluste brachten die Auswirkungen des von deutschem Boden ausgegangenen Zweiten Weltkriegs mit sich – insbesondere im Zuge von Bombardements, die z. B. den teils auf textilen Trägermedien dargebotenen Emblemprogrammen der Danziger Kirchen[124] (bis auf immer noch eindrückliche Reste[125]) den fast gänzlichen Garaus bereiteten, und während des Vorrückens der Roten Armee nach Westen. Weitere Verluste zeitigten Abriß, Verwahrlosung oder Umnutzung der Kirchengebäude v. a. in der Oblast Kaliningrad nach dem Ende des Krieges. Vor diesem Hintergrund ist es als ein Glücksfall anzusehen, daß es die Quellenlage erlaubte, erstmals den kleineren Emblemzyklus in der untergegangenen Kirche zu Schönwalde in Ostpreußen (heute Jaroslawskoje) zu rekonstruieren.[126] Ähnliches gelang bezüglich der fragmentarisch überlieferten, ehedem sehr reichhaltigen Sinnbildausstattung der Kirche in Mühlhausen (heute Gwardeiskoje), deren Emblemzyklen freilich nicht erst nach 1945 zum Teil zerstört wurden, sondern bereits im 19. Jahrhundert im Zuge einer Renovierung des Gebäudes erheblich dezimiert worden waren.[127] Auch bezüglich zweier im August 1944 vernichteter Königsberger Sinnbildserien sowie der im März 1945 ausgelöschten Emblemzyklen in St. Marien zu Danzig konnten neue Erkenntnisse gewonnen bzw. ältere Forschungsergebnisse vertieft und erweitert werden.[128]

Die Gründe für den Verlust von buchexternen Emblemzyklen in Sakralräumen sind also vielschichtig und nicht allein auf die Auswirkungen des Zweiten Weltkriegs zurückzuführen. Denn schon zuvor hatte man an vielen Orten zahlreiche Artefakte aus dem 16. bis frühen 18. Jahrhundert beseitigt, wobei sich solche Eingriffe insbesondere im ausgehenden 18. und im 19. Jahrhundert ereigneten. Die mentalitätshistorischen und theologischen Motivationen für diesen ›aufgeklärten‹ und neuprotestantischen Ikonoklasmus[129] und dessen Manifestationen, die u. a. in der Neogotisierung vieler Kirchenausstattungen bzw. ganzer Kirchengebäude Gestalt gewannen, sind nicht einmal im Ansatz erforscht, geschweige denn aufgearbeitet. Klar aber ist, daß hier eine Geisteshaltung übertünchend bzw. zerstörend am Werke war, die mit der Emblematik und ihrer ureigenen Hermeneutik der Verrätselung und Enträtselung, der geistlichen Transparentmachung von Kreatürlichem und Gegenständlichem insgesamt sowie mit der konsequenten Unterstellung, daß jeder *res* bis in alle Verästelungen des empirisch wahrnehmbaren Makro- und Mikrokosmos hinein ein überschießender geistlicher Sinn abzugewinnen ist, aufgrund rationalistischer Vereindeutigungstendenzen nichts mehr abgewinnen konnte. Daß hiermit nicht nur »eine ganze Welt der Formen und Zeichen versank«[130] und ein einschneidender geistiger und geistlicher Verlust verbunden war, sondern auch ein solcher bezüglich der frühneuzeitlich-kirchenraumgebundenen Materialkultur, wird von der immer noch (nicht zuletzt in der kirchenhistorischen Disziplin) üblichen Fortschrittsgeschichtsschreibung zumeist ausgeblendet.

Die sich seit der Mitte des 18. Jahrhunderts – befördert u. a. von Johann Joachim Winckelmann (1717–1768) und dessen Ablehnung der emblematischen »Bimedialität«[131] – ausbreitende anti-emblematische Idiosynkrasie schlug sich u. a. in einem im 19. und bis hinein in das 20. Jahrhundert vorherrschenden Kunstverständnis nieder, das nachreformatorische und inbesondere emblematische Artefakte (sehr im Gegensatz zu mittelalterlichen Kunstwerken) zumeist geringschätzte und massiv abwertete, weswegen man ersteren in den einschlägigen (oft höchst detailliert gearbeiteten Inventaren) entweder keine oder nur marginale Beachtung schenkte oder sie, wenn man denn auf sie zu sprechen kam, regelmäßig als minderwertig, ›unschön‹ oder unbedeutend abtat.

124 Vgl. hierzu Katarzyna Cieślak: Emblematic programmes in seventeenth-century Gdańsk churches in the light of contemporary protestantism. An essay and documentation. In: Emblematica. An Interdisciplinary Journal for Emblem Studies 9 (1995), S. 21–44.

125 Vgl. Johann Anselm Steiger: Gedächtnisorte der Reformation. Sakrale Kunst im Norden (16. bis 18. Jahrhundert). 2 Bde. Regensburg 2016, S. 202–204, 221–224.

126 S. Bd. 7, S. 41–68.

127 S. Bd. 7, S. 107–200.

128 S. Bd. 6, S. 55–99 und Bd. 7, S. 71–104.

129 Eike Wolgast: Die Reformation im Herzogtum Mecklenburg und das Schicksal der Kirchenausstattungen. In: Die bewahrende Kraft des Luthertums. Mittelalterliche Kunstwerke in evangelischen Kirchen. Hg. von Johann Michael Fritz. Regensburg 1997, S. 54–70, hier S. 67 spricht zurecht mit Blick auf Mecklenburg von einem »Bildersturm [...] im 19. Jahrhundert«.

130 Warncke, Symbol (wie Anm. 1), S. 8.

131 Wolfgang Neuber: ›Sinn-Bilder‹: Emblematik in der Frühen Neuzeit. In: Handbuch Literatur & Visuelle Kultur. Hg. von Claudia Benthien, Brigitte Weingart. Berlin u. a. 2014, S. 341–356.

Allerdings sind im späten 18. Jahrhundert auch (und keineswegs selten) gegenläufige Tendenzen zu beobachten. Dies zeigen eindrücklich der frühestens 1760 geschaffene Emblemzyklus in der Kirche zu Kummerow,[132] die Emblemausstattungen der beiden lutherischen Kirchen in Tvis und Hjerm (Jütland) aus den Jahren 1767 bzw. 1770 sowie der Dominikaner-Klosterkirche in Pasiene (Lettland). Die Gewölbe des letztgenannten Sakralbaus weisen 20 emblematische Gemälde auf, welche ebenfalls in den 60er oder 70er Jahren des 18. Jahrhunderts angefertigt wurden.[133] Die lutherische Kirche im lettischen Lēdurga (Loddiger) wurde sogar noch zu Beginn des 19. Jahrhunderts mit Deckenemblemen ausgestattet,[134] worin sich in der Tat ein »Einfluß der romantischen Ästhetik«[135] manifestieren könnte. Denn an der Wende vom 18. zum 19. Jahrhundert ist, worauf die Forschung zurecht aufmerksam gemacht hat, insbesondere innerhalb der Romantik – nicht zuletzt in den Gemälden Caspar David Friedrichs (1774–1840)[136] und Philipp Otto Runges (1777–1810) – eine »Wiederkehr des Emblems«,[137] d. h. vor allem emblematischer Bildsujets, zu beobachten. Ein vergleichbares Fortwirken bzw. eine Reaktivierung emblematischer Topoi und Fakturen ist – in je unterschiedlicher, komparativ noch zu untersuchender Ausprägung – in Barthold Hinrich Brockes' (1680–1747) *Irdischem Vergnügen in Gott*,[138] in Friedrich Gottlieb Klopstocks (1724–1803) *Messias*[139] und – worauf bereits Walter Benjamin (1892–1940) hinwies – in Jean Pauls (1763–1825) literarischem Schaffen,[140] aber auch in demjenigen Matthias Claudius' (1740–1815)[141] sowie Johann Wolfgang von Goethes (1749–1832) und Johann Peter Hebels (1760–1826) zu beobachten.[142] Das Fortwirken der emblematischen Hermeneutik läßt sich überdies in Johann Jakob Breitingers (1698–1783) vermutlich zu weit gehender Ineinssetzung von Emblematik und Hieroglyphik[143] sowie in Johann Georg Hamanns (1730–1788) und Johann Gottfried Herders (1744–1803) Analogisierung der Schöpfungswerke mit Hie-

132 S. Bd. 5, S. 9–90.

133 Zu Tvis und Hjerm vgl. Bd. 8, S. 101. Zu Pasiene vgl. Ojārs Spārītis: Dominican pedagogy in the emblematic ceiling paintings of the Pasiene church, Latvia. In: The Emblem in Scandinavia and the Baltic. Hg. von Simon McKeown, Mara Wade. Glasgow 2006 (= Glasgow emblem studies 11), S. 231–261, hier S. 234–261.

134 Vgl. Ojārs Spārītis: Embleme in der Kultur Lettlands zwischen protestantischer und katholischer Tradition. In: Polyvalenz und Multifunktionalität der Emblematik. Multivalence and multifunctionality of the emblem. Akten des 5. Internationalen Kongresses der Society for Emblem Studies. Proceedings of the 5th international conference of the Society for Emblem Studies. Hg. von Wolfgang Harms, Dietmar Peil. 2 Teile. Frankfurt a. M. 2002 (= Mikrokosmos 65), S. 187–209, hier S. 208.

135 Ebd., S. 209.

136 Vgl. Christian Scholl: Romantische Malerei als neue Sinnbildkunst. Studien zur Bedeutungsgebung bei Philipp Otto Runge, Caspar David Friedrich und den Nazarenern. München u. a. 2007 (= Kunstwissenschaftliche Studien 138). Johannes Grave: Caspar David Friedrich. Glaubensbild und Bildkritik. Zürich 2011.

137 Ulrich Kuder: Die Wiederkehr des Emblems in der Moderne. In: Emblematic tendencies in the art and literature of the twentieth century. Hg. von Anthony J. Harper, Ingrid Höpel. Glasgow 2005 (= Glasgow emblem studies 10), S. 1–24. Vgl. ferner Thomas Noll: Die Landschaftsmalerei von Caspar David Friedrich. Physikotheologie, Wirkungsästhetik und Emblematik. Voraussetzungen und Deutung. München 2006. Karl Möseneder: C. D. Friedrichs ›Kreidefelsen auf Rügen‹ und ein barockes Emblem in der romantischen Malerei. In: Zeitschrift für Kunstgeschichte 46 (1983), S. 313–320. Jan Harasimowicz: Protestantismus und bildende Kunst. In: Ders.: Sichtbares Wort. Die Kunst als Medium der Konfessionalisierung und Intensivierung des Glaubens in der Frühen Neuzeit. Regensburg 2017 (= Kunst und Konfession in der Frühen Neuzeit 1), S. 43–58, hier S. 57 f.

138 Vgl. Schöne, Emblematik und Drama (wie Anm. 15), S. 31 f. sowie Bernhard Jahn, Jörg Robert: Art. Brockes, Barthold Heinrich. In: Frühe Neuzeit in Deutschland 1620–1720. Literaturwissenschaftliches Verfasserlexikon. Hg. von Stefanie Arend, Bernhard Jahn, Jörg Robert, Robert Seidel, Johann Anselm Steiger, Stefan Tilg, Friedrich Vollhardt. Bd. 1. Berlin u. a. 2019, Sp. 851–878, hier Sp. 858. Zur Blume als »lehrend Sinn-Bild« vgl. Barthold Hinrich Brockes: Jrdisches Vergnügen in GOTT, bestehend in Physicalisch- und Moralischen Gedichten, Vierter Theil, mit einer Vorrede zum Druck befördert von Michael Richey. Hamburg 1732 (SUB Hamburg A/334554), S. 31.

139 Vgl. Jörn Dräger: Typologie und Emblematik in Klopstocks ›Messias‹. Diss. phil. Göttingen 1971.

140 Vgl. Andreas Böhn: Das Formzitat. Bestimmung einer Textstrategie im Spannungsfeld zwischen Intertextualitätsforschung und Gattungstheorie. Berlin 2001 (= Philologische Studien und Quellen 170), S. 113.

141 Vgl. die Hinweise bei Wolfgang Frühwald: Der Sonne und des Mondes Philosoph. Matthias Claudius in seiner Zeit. In: Matthias Claudius. 250 Jahre. Werk und Wirkung. Symposium der Joachim Jungius-Gesellschaft der Wissenschaften Hamburg 31. August – 2. September 1990. Hg. von Friedhelm Debus. Göttingen 1991 (= Veröffentlichungen der Joachim Jungius-Gesellschaft 66), S. 13–40, hier S. 26. Vgl. ferner Annelen Kranefuß: Die Gedichte des Wandsbecker Boten. Göttingen 1973 (= Palaestra 260), S. 135.

142 Vgl. Hans-Jürgen Schrader: »Da ist das Liebchen doppelt gefährdet.« Emblematische Reflexe im West-östlichen Divan. In: Goethe medial. Aspekte einer vieldeutigen Beziehung. Hg. von Magrit Wyder u. a. Berlin u. a. 2021, S. 195–223 und Johann Anselm Steiger: Unverhofftes Wiedersehen mit Johann Peter Hebel. Studien zur poetischen und narrativen Theologie Hebels. Heidelberg 1998, S. 18.

143 Vgl. z. B. Johann Jakob Breitinger: Fortsetzung Der Critischen Dichtkunst Worinnen die Poetische Mahlerey Jn Absicht auf den Ausdruck und die Farben abgehandelt wird [...]. Zürich 1740 (UB Greifswald 520/Bn 52a[2]), S. 313. Vgl. dazu Peter-André Alt: Begriffsbilder. Studien zur literarischen Allegorie zwischen Opitz und Schiller. Tübingen 1995 (= Studien zur deutschen Literatur 131), S. 387.

roglyphen greifen[144] wie auch (in nochmals anderer Spielart) in Gotthold Ephraim Lessings (1729–1781) neologiekritischer Hochschätzung und Handhabung der Fabel[145] einschließlich seiner berühmten Definition der Affinität und der Differenz zwischen Emblem und Fabel.[146]

Nicht wenige ehedem durch Übermalung unkenntlich gemachte Emblemzyklen, wie etwa derjenige in der Kirche zu Steinhagen (Vorpommern), aber auch solche in dänischen Kirchen, sind mittlerweile dankenswerterweise von Übertünchungen befreit und wiederhergestellt worden. Es steht völlig außer Frage, daß eine restauratorische Kampagne, die zunächst im Sinne einer Bestandsaufnahme zum Ziel haben müßte, frühneuzeitliche Emporenbrüstungen, Kanzeln etc. mittels Infrarotreflektographie, Multispektralphotographie oder anderer geeigneter Verfahren zu untersuchen, um festzustellen, ob sich ggf. emblematische (oder andere) Bemalungen unter später aufgetragenen Farbschichten befinden, manche emblematische Schätze zutage fördern würde, die sodann in einem zweiten Schritt zu heben, d. h. zu restaurieren und schließlich zu erforschen wären.

Getragen werden die vorliegenden Analysen der jeweiligen buchexternen geistlichen Emblemzyklen von dem Bewußtsein, daß nur eine kontextualisierende Tiefenerschließung geeignet ist, den betreffenden Artefakten und deren Semantik historisch angemessen auf den Grund zu gehen. Völlig außer Frage steht hierbei, daß entsprechende Analysen und Deutungen weiterer Sinnbildprogramme in Kirchenräumen Desiderate der Forschung sind, die in Angriff zu nehmen vorliegende Publikation ausdrücklich anregen möchte. Mit der neubegründeten und selbstredend auf Fortsetzung hin angelegten Reihe *Geistliche Intermedialität in der Frühen Neuzeit* jedenfalls ist eine Plattform zur Veröffentlichung zukünftiger Forschungsergebnisse gegeben – auch zur buchexternen geistlichen *ars emblematica* im europäischen Ostseeraum und darüber hinaus.

ZUR ZITATIONSWEISE

Abschließend seien einige Bemerkungen zur Zitationsweise der frühneuzeitlichen Quellen gestattet: Die Wiedergabe der Inschriften der analysierten Artefakte erfolgt (in Anlehnung an die im Rahmen des Akademie-Projektes »Die Deutschen Inschriften« geübte editorische Praxis) weitgehend vorlagengetreu, d. h. unter Wahrung der Groß- und Kleinschreibung sowie der jeweils spezifischen frühneuzeitlichen Orthographie. Abkürzungen werden in eckigen Klammern [] aufgelöst, soweit es sich nicht um gängige Abbreviaturen (etwa für biblische Bücher) handelt. Die in der Frühen Neuzeit (auch in Handschriften und Drucken) üblichen Kürzel wie z. B. Geminationsstriche werden stillschweigend aufgelöst. Emendierende Texteingriffe werden durch eckige Klammern bzw. innerhalb solcher notierten Erläuterungen kenntlich gemacht. Irrtümliche Bibelstellenangaben werden in kurzen Bemerkungen richtiggestellt. Auf in den Inschriften nicht selten begegnende Textfehler, die auch Irrtümern im Zuge von Restaurierungen geschuldet sein können, wird mit der im Textfluß untergebrachten Bemerkung [so!] aufmerksam gemacht. Verzichtet wird auf die Darbietung von in frühneuzeitlichen Inschriften häufig begegnenden Worttrennungspunkten und die Kennzeichnung von Zeilenumbrüchen. Handelt es sich hingegen um lyrische Texte, werden Verse mittels senkrechter Striche (»|«) voneinander getrennt. Die im Fließtext angeführten Zitate aus frühneuzeitlichen Texten werden der leichteren Lesbarkeit halber in modernisierter Form dargeboten. Heute schwer verständliche Lexeme bzw. Passagen werden in eckig geklammerten Bemerkungen knapp erläutert.

144 Vgl. Sven Aage Jørgensen: Querdenker der Aufklärung. Studien zu Johann Georg Hamann. Göttingen 2013, S. 187 f. u. ö. sowie zur emblematischen Ausrichtung von Hamanns Ansatz Christian Senkel: Johann Georg Hamann. Aesthetica.in.nuce. Eine Rhapsodie in kabbalistischer Prose (1762). In: Handbuch der Bibelhermeneutiken. Von Origenes bis zur Gegenwart. Hg. von Oda Wischmeyer. Berlin u. a. 2016, S. 677–689, hier S. 683 f.

145 Vgl. Friedrich Vollhardt: Gotthold Ephraim Lessing. Epoche und Werk. Göttingen 2018, S. 146–153, bes. S. 153

146 Vgl. Gotthold Ephraim Lessing: Von dem Wesen der Fabel. In: Ders.: Werke. Bd. 5: Literaturkritik. Poetik und Philologie. Hg. von Herbert G. Göpfert. Bearb. von Jörg Schönert. Darmstadt 1996 [^{1}1973], S. 355–385, hier S. 367: »Ein jedes Gleichnis, ein jedes Emblema würde eine Fabel sein, wenn sie nicht eine Mannigfaltigkeit von Bildern, und zwar zu Einem Zwecke übereinstimmenden Bildern; wenn sie, mit einem Worte, nicht das notwendig erforderte, was wir durch das Wort Handlung ausdrücken.«

DANK

Die Erarbeitung erheblicher Teile sowie die Fertigstellung des vorliegenden Werkes wurden ermöglicht durch die großzügige Gewährung eines Fellowship im akademischen Jahr 2021/22 durch das Alfried Krupp Wissenschaftskolleg Greifswald. Dem Wissenschaftskolleg, insbesondere seiner Direktorin, Frau Prof. Dr. Ulla Bonas, seinem wissenschaftlichen Geschäftsführer, Herrn Dr. Christian Suhm, sowie der Alfried Krupp von Bohlen und Halbach-Stiftung gilt mein genauso aufrichtiger wie herzlicher Dank für die Förderung des Projekts und die in wissenschaftlicher wie in kollegial-menschlicher Hinsicht äußerst bereichernde Zeit im Kolleg. Einige Aspekte der nun vorliegenden Studien konnte ich dankenswerterweise in Form eines Vortrags im Kolleg, im Rahmen der Eröffnung des Sommersemesters 2022 durch die Theologische Fakultät der Universität Greifswald in St. Jacobi sowie im Kontext der internationalen Tagung zum Thema »Geistliche Intermedialität und Interkonfessionalität in Danzig, Polnisch Preußen und Herzoglich Preußen (16. bis 18. Jahrhundert)« präsentieren und zur Diskussion stellen. Diese ertragreiche Tagung wurde im höchst ersprießlichen Zusammenwirken des Alfried Krupp Wissenschaftskollegs mit dem DFG-Graduiertenkolleg 2008 *Interkonfessionalität in der Frühen Neuzeit* und der DFG-Forschungsgruppe 5138 *Geistliche Intermedialität in der Frühen Neuzeit* im September 2022 veranstaltet. Die Drucklegung der hiermit der Öffentlichkeit übergebenen Bände wurde dankenswerterweise durch Zuschüsse der Evangelisch-Lutherischen Kirche in Norddeutschland, des Evangelisch-Lutherischen Kirchenkreises Plön-Segeberg sowie der Deutschen Forschungsgemeinschaft befördert. Dr. Mareike Woortmann und Prof. Dr. Konrad Küster danke ich für Hinweise bezüglich der Übersetzung der dänischen und lateinischen bzw. der dänischen Inschriften und PD Dr. Piotr Kociumbas für seine Hilfe bei der Beschaffung historischer Photographien aus polnischen Sammlungen.

SINNBILDER AM FLÜGELALTAR

Das sakramentstheologische Emblemprogramm
am Altarretabel in St. Marien zu Bad Segeberg

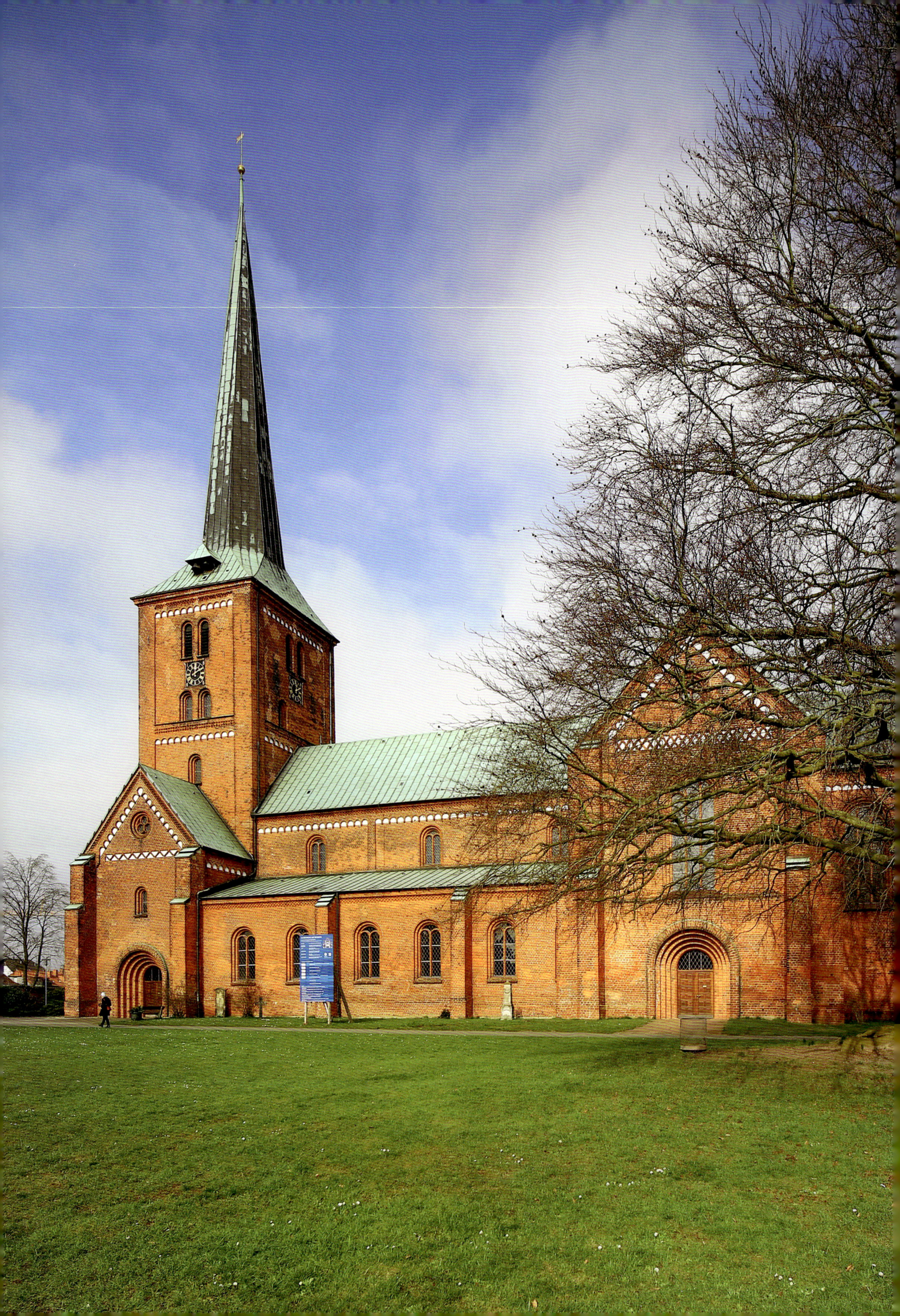

I. EINLEITUNG

Der Flügelaltar[1] in St. Marien zu Bad Segeberg[2] ist ein herausragendes Beispiel sowohl für die Weiternutzung und Transformation spätmittelalterlicher Artefakte im Protestantismus als auch für die frühneuzeitliche Sinnbildkunst in Kirchenräumen. Es handelt sich um ein Altarretabel mit vier klappbaren Flügeln, ein sogenanntes Pentaptychon, das im Zeitraum von 1515 und 1520 – wohl im Auftrag der damals in Segeberg ansässigen Augustiner-Chorherren – und höchstwahrscheinlich von einem Lübecker Schnitzer geschaffen wurde.[3] In ganz geöffnetem Zustand, also in der zweiten Wandlung, erblickt man Schnitzwerk (Abb. 5):[4] Gezeigt werden hauptsächlich Szenen aus der Passion Christi, welche durch Darstellungen seiner Auferstehung, Höllenfahrt sowie der Geistausgießung an Pfingsten und des Jüngsten Gerichts ergänzt werden. Im Zentrum des Bildprogramms steht am feststehenden mittleren Altarblatt eine vielfigurige Golgathaszene, die sich von den übrigen Szenen auch dadurch abhebt, daß mehr als doppelt so große Figuren Verwendung fanden. Welcher Art die Bemalung derjenigen Flügel war, die man ursprünglich im geschlossenen Zustand des Altars und in der ersten Wandlung sah, entzieht sich leider unserer Kenntnis.

Nach der Einführung der Reformation in den Herzogtümern Schleswig und Holstein leerte sich das Segeberger Augustiner-Chorherren-Stift zusehends, so daß es am 27. Juni 1564 (vielleicht aber auch erst ein oder zwei Jahre später) aufgelöst wurde. Bereits seit 1528 wirkte Gerhard Keiser (Lebensdaten unermittelt) als ein der Reformationsbewegung verpflichteter Pastor in Segeberg. Seit 1555 leitete Heinrich Rantzau (1526–1598)[5] das Amt Segeberg, der ein entschiedener Anhänger der Reformation war und seit 1554 königlich-dänischer Rat sowie seit 1556 als königlicher Statthalter der dänischen Teile von Schleswig und Holstein fungierte.[6] Jedoch wurde das Altarretabel nach der Auflösung des Stifts nicht beseitigt, sondern von der nun protestantischen Gemeinde weiter genutzt – ein Phänomen, das sich bis heute in zahlreichen lutherischen Kirchen beobachten läßt. Im Jahre 1668, mithin mehr als ein Jahrhundert später, stiftete der Segeberger königlich-dänische Amtsschreiber Nico-

1 Vgl. Karl Werner Bachmann u. a.: Art. Flügelretabel. In: www.rdklabor.de/wiki/Flügelretabel (eingesehen am 7.1.2022).

2 Vgl. die Kurzbeschreibung in: Kunst-Topographie Schleswig-Holstein. Bearb. im Landesamt für Denkmalpflege Schleswig-Holstein und im Amt für Denkmalpflege der Hansestadt Lübeck. Neumünster 1969 (= Die Kunstdenkmäler des Landes Schleswig-Holstein o. Nr.), S. 746 f. Die bislang detaillierteste Studie zur Bemalung des Altars aus dem 17. Jahrhundert hat vorgelegt: Ingrid Höpel: Ein Emblemprogramm zum Abendmahl am Flügelaltar der Marienkirche in Segeberg. In: Architektur als Ort für Embleme. Beiträge zu einer Tagung des Kunsthistorischen Instituts der Christian-Albrechts-Universität zu Kiel am 26.01.2013. Hg. von ders. Kiel 2014 (= Mundus Symbolicus 2), S. 88–101.

3 Vgl. Yanine Esquivel, Enno Bünz: Segeberg, Augustiner-Chorherren, 3. Archäologie, Bau- und Kunstgeschichte. In: Klosterbuch Schleswig-Holstein und Hamburg. Klöster, Stifte und Konvente von den Anfängen bis zur Reformation. Hg. von Oliver Auge, Katja Hillebrand. 2 Bde. Regensburg 2020, Bd. 2, S. 702–716, hier S. 711.

4 Vgl. Claudia Schöning: Das Hochaltar-Retabel der St. Marien-Kirche in Bad Segeberg. Magisterarbeit (masch.). Kiel 1999.

5 Vgl. Dieter Lohmeier: Heinrich Rantzau. Humanismus und Renaissance in Schleswig-Holstein. Heide 2000 (= Kleine Schleswig-Holstein-Bücher 50). Wolfgang Harms: Art. Rantzau, Heinrich. In: Killy Literaturlexikon. Autoren und Werke des deutschsprachigen Kulturraumes. 2., vollständig überarbeitete Auflage. Hg. von Wilhelm Kühlmann u. a. Bd. 9. Berlin u. a. 2010, S. 424 f.

6 Vgl. Enno Bünz: Segeberg, Augustiner-Chorherren, 2. Geschichte. In: Klosterbuch Schleswig-Holstein und Hamburg. Klöster, Stifte und Konvente von den Anfängen bis zur Reformation. Hg. von Oliver Auge, Katja Hillebrand. 2 Bde. Regensburg 2020, Bd. 2, S. 677–702, hier S. 685.

Abb. 1: St. Marien von Südosten.

laus Brüggemann (1632–1687)[7] gemeinsam mit seiner Ehefrau Gese (ca. 1649–1672) eine Neubemalung der Altarflügel und der Rückseite des Altarretabels sowie der Predella. Nur das Schnitzwerk der zweiten Wandlung und deren Inschriften blieben unangetastet. Es darf vermutet werden, daß sich unter der frühneuzeitlichen Neubemalung noch die älteren spätmittelalterlichen Malschichten bzw. Reste davon befinden. Ob es sich dabei um Bildmotive handelt, die das Leben der Muttergottes Maria, die *vita Christi* und/oder Heiligenlegenden thematisieren, muß bis zum Zeitpunkt der Auswertung einer unbedingt wünschenswerten Untersuchung mittels Infrarotreflektographie bzw. verwandter Verfahren einstweilen offenbleiben.

Erarbeitet wurde für die Neufassung des Segeberger Flügelaltars ein emblematisches Bild- und Inschriftenprogramm, das in vielerlei Hinsicht als einzigartige Konkretion der sogenannten buchexternen Emblematik[8] bezeichnet werden darf[9] – auch aufgrund des Umstands, daß nicht ein bereits (in Buchform oder/und als Serie von Einzelblattdrucken) vorhandenes Sinnbildprogramm übernommen wurde. Vielmehr bestand das Ziel offenbar darin, eine spezifische, konsequent auf die Abendmahlsthematik bezogene Serie von Sinnbildern zu schaffen und hierbei möglichst viele der äußerst zahlreichen einschlägigen (vorrangig sakramentstheologischen) Aspekte zu berücksichtigen. Zwar griff der Konzeptor des Emblemprogramms zuweilen Bildsujets sowie lateinische Motti auf, die auch sonst in der frühneuzeitlichen Sinnbildkunst (*ars emblematica*) begegnen, doch tat er dies in höchst selbständiger Weise. Dies spiegelt sich u. a. in dem Umstand, daß sich in keinem einzigen Fall eine direkt aus einem Emblembuch o. ä. übernommene Vorlage ermitteln ließ. Unbekannt ist, wer der Konzeptor der emblematischen Bemalung des Altarretabels war. In der fraglichen Zeit waren in den Jahren 1627 bis 1667 Balthasar Schröder und hernach von 1667 bis 1686 dessen Sohn Johann Schröder als Pastoren an St. Marien tätig.[10] Daß diese an der Erarbeitung des Emblemprogramms mitgewirkt haben, könnte vermutet werden; belegbar ist es nicht. Ferner wissen wir nicht, wer der Maler war, der die Arbeiten ausführte, oder ob es sich um eine Gruppe von Künstlern gehandelt hat.

Das Programm des gesamten Altars umfaßt 32 Emblemata. Ausnahmslos haben sie lateinische Motti als Bildüberschriften, während alle Bildunterschriften frühneuhochdeutsch sind. In geöffnetem Zustand, also in der ersten Wandlung (auf der sogenannten grünen Seite), sind 16 Emblemata zu erblicken (Abb. 3). Die Bildunterschriften sind sämtlich biblischen Ursprungs und stammen alle aus dem Neuen Testament. Elf von 16 *subscriptiones* sind Zitate aus den Briefen des Paulus (einschließlich des Kolosserbriefs), zwei rühren aus der Offenbarung des Johannes her, ebenfalls zwei aus dem Johannes-Evangelium; und ein Zitat wurde dem Matthäus-Evangelium entlehnt.

Alle übrigen Bildunterschriften, die im geschlossenen Zustand des Altars (auf der sogenannten roten Seite; Abb. 4) sowie auf der Rückseite des Schreins sichtbar sind, entstammen nicht der Bibel und sind in Versform gefaßt. Die meisten von ihnen, dreizehn an der Zahl, wurden offenbar für die Verwendung am Segeberger Altar eigens gedichtet, wobei wir nicht wissen, von wem. Drei der lyrischen Texte geben Teile von Kirchenliedstrophen – zwei von Johann Franck und eine von Martin Moller – wieder.

Was die Bildsujets angeht, so beziehen sich nur acht der 32 *picturae* auf Erzählzusammenhänge der Heiligen Schrift, wobei fünf auf alttestamentlichen Texten und drei auf neutestamentlichen fußen. Hinzu kommt die (nicht-emblematische) Darstellung der im Neuen Testament überlieferten Berichte von der Feier des Letzten Abendmahls Jesu mit seinen Jüngern in

7 Zu Nicolaus Brüggemanns Vita vgl. da.wikipedia.org/wiki/Nicolaus_Brügmann (eingesehen am 1.4.2022). Im Jahre 1668 pachtete Brüggemann gemeinsam mit Daniel Haußmann die Oldesloer Saline, die in einer harten Konkurrenz mit der Lüneburger Salzproduktion stand, und investierte sieben Jahre lang hohe Geldsummen in Bohrungen. Vgl. Paul von Hedemann-Heespen: Ein Gang durch das Gewerbe unserer Vergangenheit. In: Zeitschrift der Gesellschaft für Schleswig-Holsteinische Geschichte 48 (1918), S. 1–195, hier S. 84. Sylvina Zander: Oldesloe. Die Stadt, die Trave und das Wasser. Neumünster 2008, S. 98. Vgl. ferner Gottfried Ernst Hoffmann, Klauspeter Reumann, Hermann Kellenbenz: Geschichte Schleswig-Holsteins. Bd. 5: Die Herzogtümer von der Landesteilung 1544 bis zur Wiedervereinigung Schleswigs 1721. Neumünster 1986, S. 371. Dieser Nicolaus Brüggemann ist nicht zu verwechseln mit dem gleichnamigen Stralsunder Lehrer (gest. 1675). Zu ihm Ernst Heinrich Zober: Urkundliche Geschichte des Stralsunder Gymnasiums von seiner Stiftung 1560 bis 1860. In sechs Beiträgen. Stralsund 1860.

8 S. o. S. 7 f., Anm. 1.

9 Adelbert Matthaei: Werke der Holzplastik in Schleswig-Holstein bis zum Jahre 1530. Ein Beitrag zur Entwicklungsgeschichte der deutschen Plastik. Leipzig 1901, Bd. 1, S. 192 spricht hingegen dilettantischerweise von einer durch Brüggemann »im Jahre 1668 veranlassten Verunzierung des Werkes«.

10 Vgl. Otto Frederik Arends: Gejstligheden i Slesvig og Holsten fra Reformationen til 1864. 3 Bde. Kopenhagen 1932, Bd. 2, S. 243 und 247 sowie Bd. 3, S. 157.

Abb. 2: Inneres nach Osten.

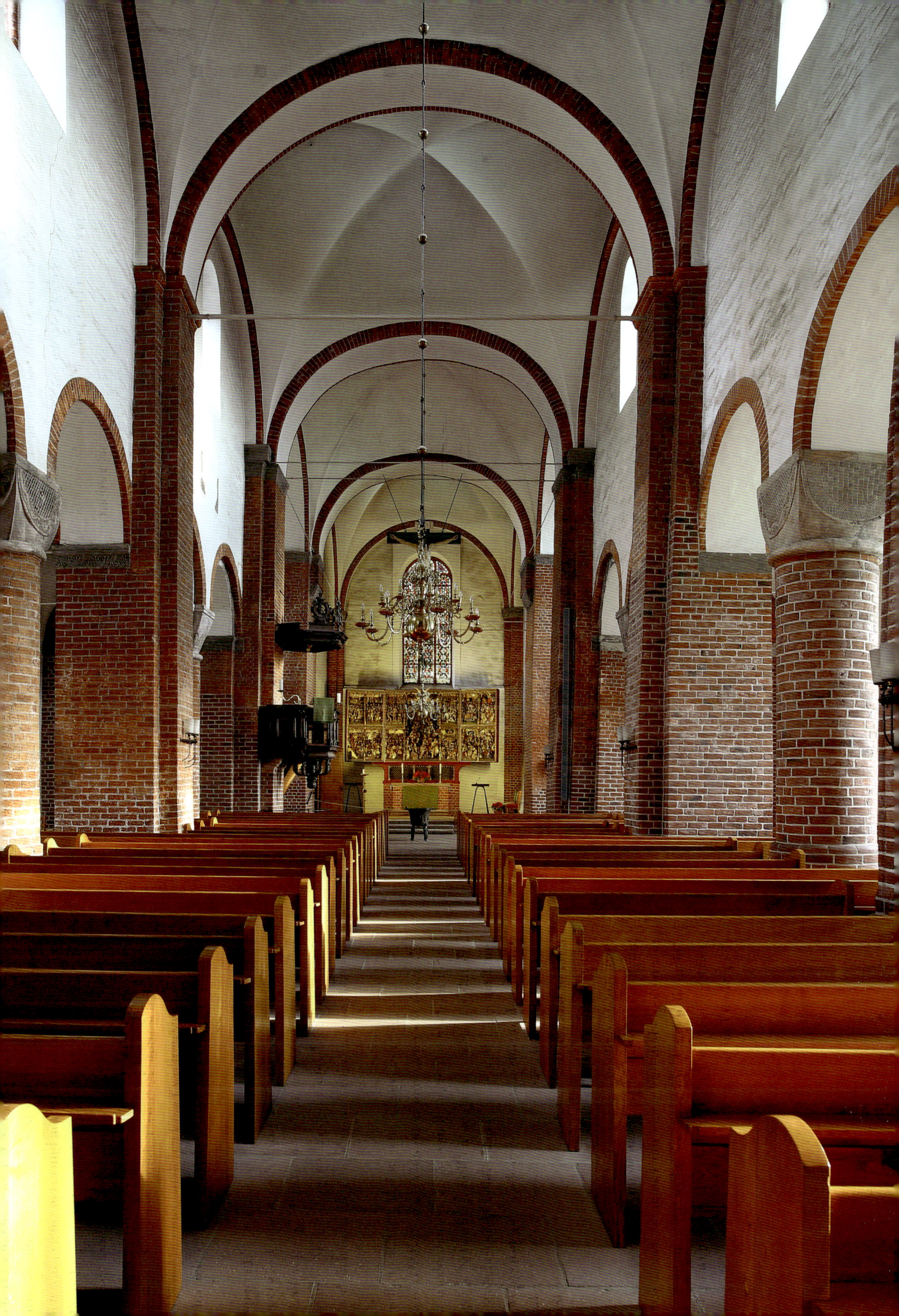

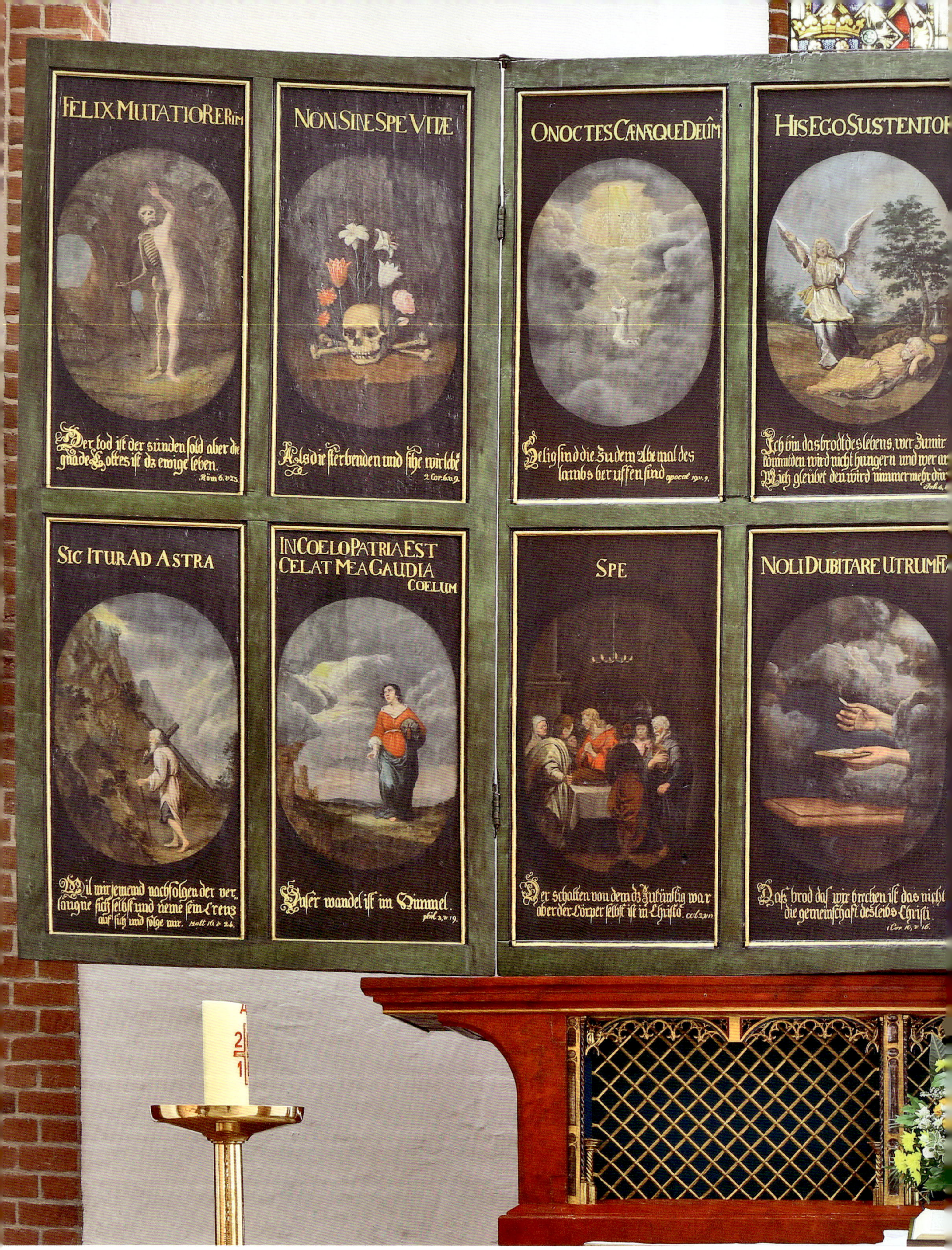

Abb. 3: Erste Wandlung: Die »grüne Seite« des Altars.

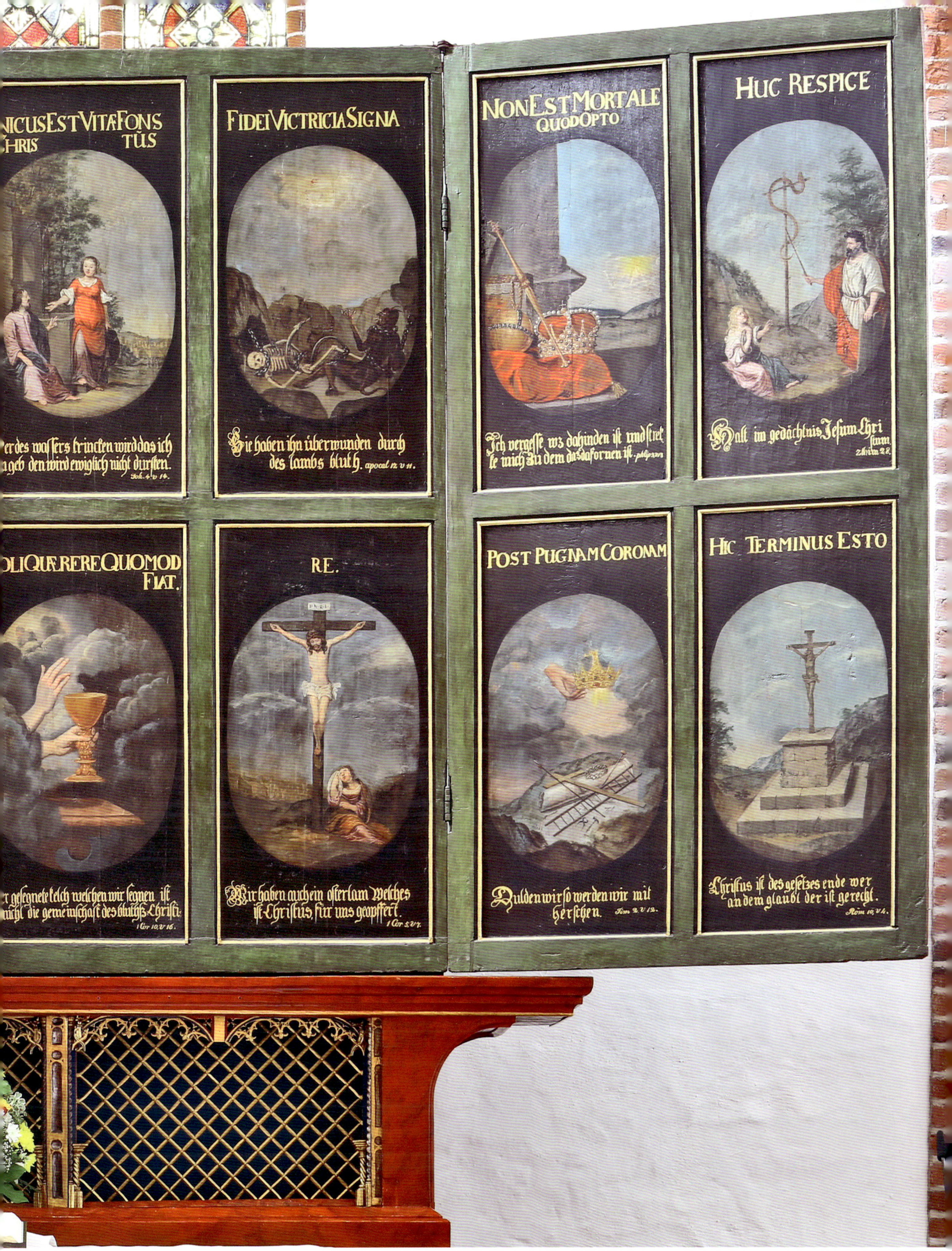
NICUS EST VITÆ FONS
CHRIS TUS
er des wassers trincken wird das ich
geb den wird ewiglich nicht dursten.
Joh. 4 v 14.
FIDEI VICTRICIA SIGNA
Sie haben ihn überwunden durch
des lambs bluth. apocal 12 v 11.
NON EST MORTALE
QUOD OPTO
Ich vergesse wz dahinden ist und strek
ke mich zu dem das daforne ist.
HUC RESPICE
Halt im gedächtnis Jesum Christum.
OLI QUÆRERE QUOMOD
FIAT.
r gesegnete kelch welchen wir segnen ist
nicht die gemeinschaft des bluths Christi.
1 Cor 10. v 16.
RE.
INRI
Wir haben auch ein osterlam welches
ist Christus, für uns geopffert.
1 Cor 5. v 7.
POST PUGNAM CORONAM
Dulden wir so werden wir mit
herschen.
HIC TERMINUS ESTO
Christus ist des gesetzes ende wer
an dem glaubt der ist gerecht.
Röm 10. v 4.

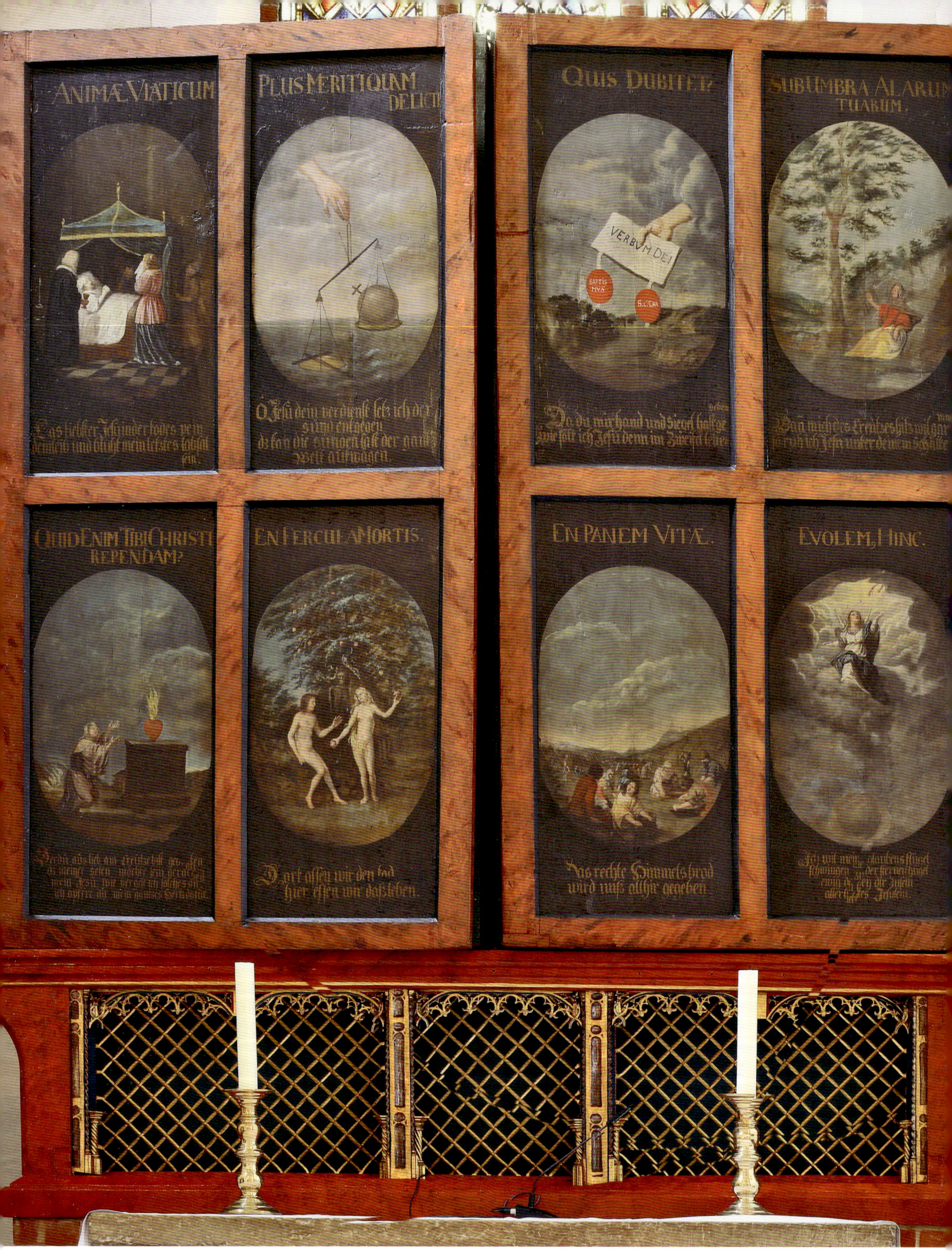

Abb. 4: Geschlossener Zustand: Die »rote Seite« des Altars.

der Predella des Altars. Alle anderen Bildmotive sind typisch emblematischer Natur – bis auf die beiden Bildnisse des Stifters bzw. der Stifterin (IX, 7 und 8), die infolge der ihnen beigegebenen Über- und Unterschriften allerdings ebenfalls eine emblematische Affinität aufweisen.[11]

Alles deutet darauf hin, daß das 1668 fertiggestellte emblematische Inschriften- und Bildprogramm komplett erhalten ist. Allerdings ist offenbar eine Inschrift verlorengegangen, die ursprünglich – vielleicht in Form einer auf dem Altar mittig angebrachten Kartusche – vorhanden gewesen sein muß. Denn Johann Gottlieb Laurentii (1706–1765) berichtet im Jahre 1753:

> Die äußerliche Malerei an den zwei Türen des Altars sind allerlei Sinnbilder, und oben in der Höhe stehet mit goldenen Buchstaben geschrieben: Certe est Jehovah in hoc loco.[12]

Der Wortlaut dieser verlorenen Inschrift basiert auf 1. Mose 28,16 (Luther: »Gewißlich ist der Herr an diesem Ort«[13]), weicht aber von demjenigen in der lateinischen Bibel (Biblia Vulgata) ab, wo es heißt: »Vere Dominus est in loco isto«. Es handelt sich um diejenigen Worte, die der Erzvater Jakob äußerte, nachdem er im Traum Engel auf einer Himmelsleiter auf- und absteigen gesehen und von Gott die Verheißung erhalten hatte, daß seine Nachfahren zahlreich sein sollen und in ihnen »alle Geschlecht[er] auf Erden gesegnet werden« (1. Mose 28,14). Hernach verlieh Jakob diesem Ort den Namen Bethel, der Haus Gottes bedeutet (1. Mose 28,18 f.). Der Bericht von der Vision des Erzvaters Jakob in Bethel wurde häufig als Grundlage für diejenigen Predigten gewählt, die anläßlich der Einweihung von Kirchen oder kirchlichen Ausstattungsgegenständen gehalten wurden.[14] Naheliegenderweise finden sich Zitate von 1. Mose 28,16 bzw. 28,17 oftmals an oder in frühneuzeitlichen Kirchen, weil auch diese als Orte der Gegenwart Gottes, als Gotteshäuser eben, angesehen wurden.

11 Vgl. zur Thematik der emblematischen Selbstdarstellungen von Auftraggebern Wolfgang Harms: Die emblematische Selbstdarstellung des Auftraggebers in Pommersfelden. In: Außerliterarische Wirkungen barocker Emblembücher. Emblematik in Ludwigsburg, Gaarz und Pommersfelden. Hg. von dems., Hartmut Freytag. München 1975, S. 135–154.

12 Johann Gottlieb Laurentii: Abhandlung von den Kriegsgerichten der alten Deutschen, besonders in Ansehung der peinlichen Gerichtsbarkeit, von den ältesten Zeiten an bis zu dem zehnten Jahrhunderte; mit nöthigen Anmerkungen, Beweisen und Registern versehen. Gotha 1753 (BSB München Germ. g. 252 u), S. 115.

13 Bibelzitate richten sich nach Luthers Bibelübersetzung 1545/46 und werden dargeboten laut Martin Luther: Die gantze Heilige Schrifft Deudsch. Wittenberg 1545. Letzte zu Luthers Lebzeiten erschienene Ausgabe. Hg. von Hans Volz unter Mitarbeit von Heinz Blanke. Textredaktion Friedrich Kur. München 1972.

14 Vgl. Johann Anselm Steiger: Gedächtnisorte der Reformation. Sakrale Kunst im Norden (16. bis 18. Jahrhundert). 2 Bde. Regensburg 2016, S. 784–786.

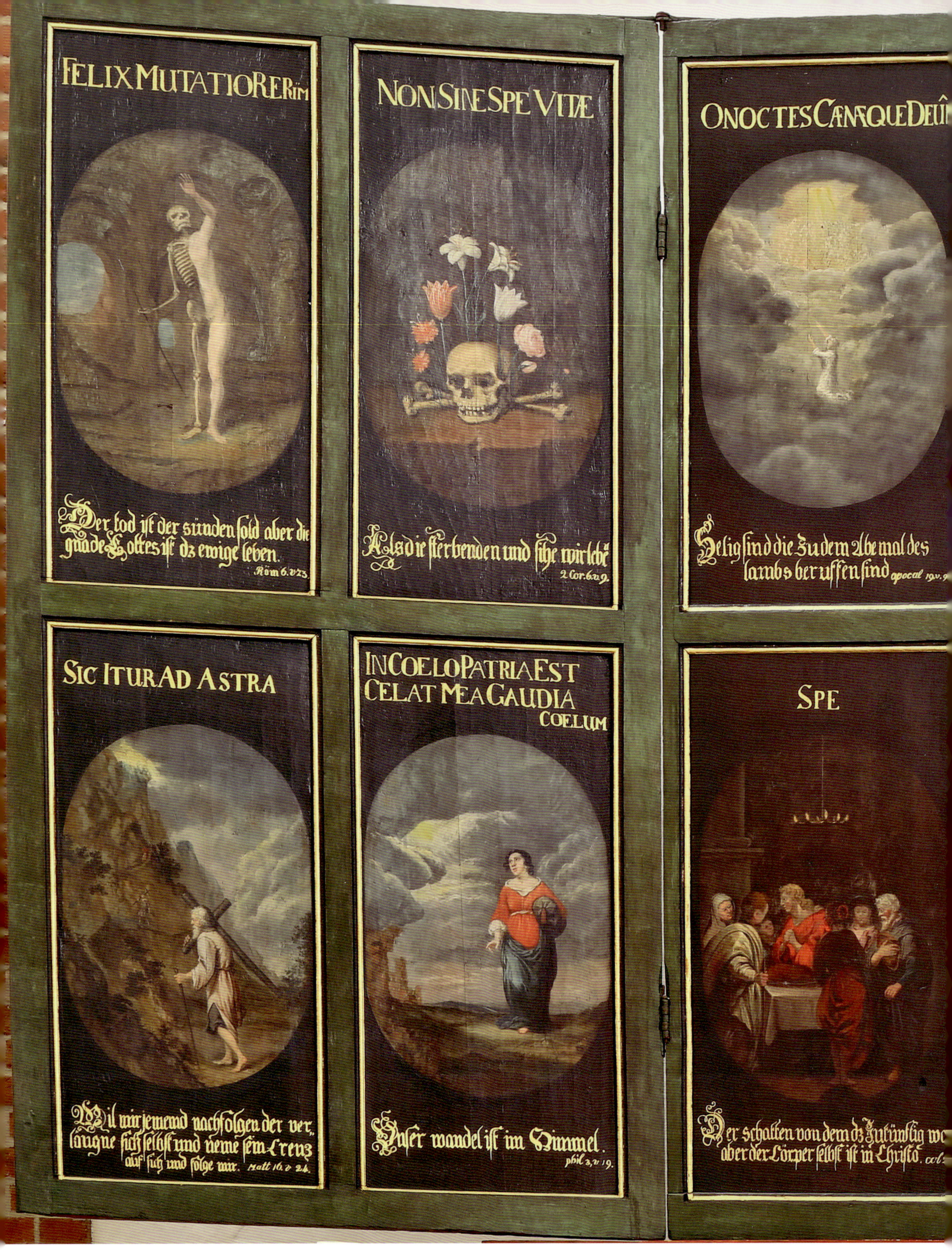

Abb. 5: Rechts geschlossen, links in erster Wandlung.

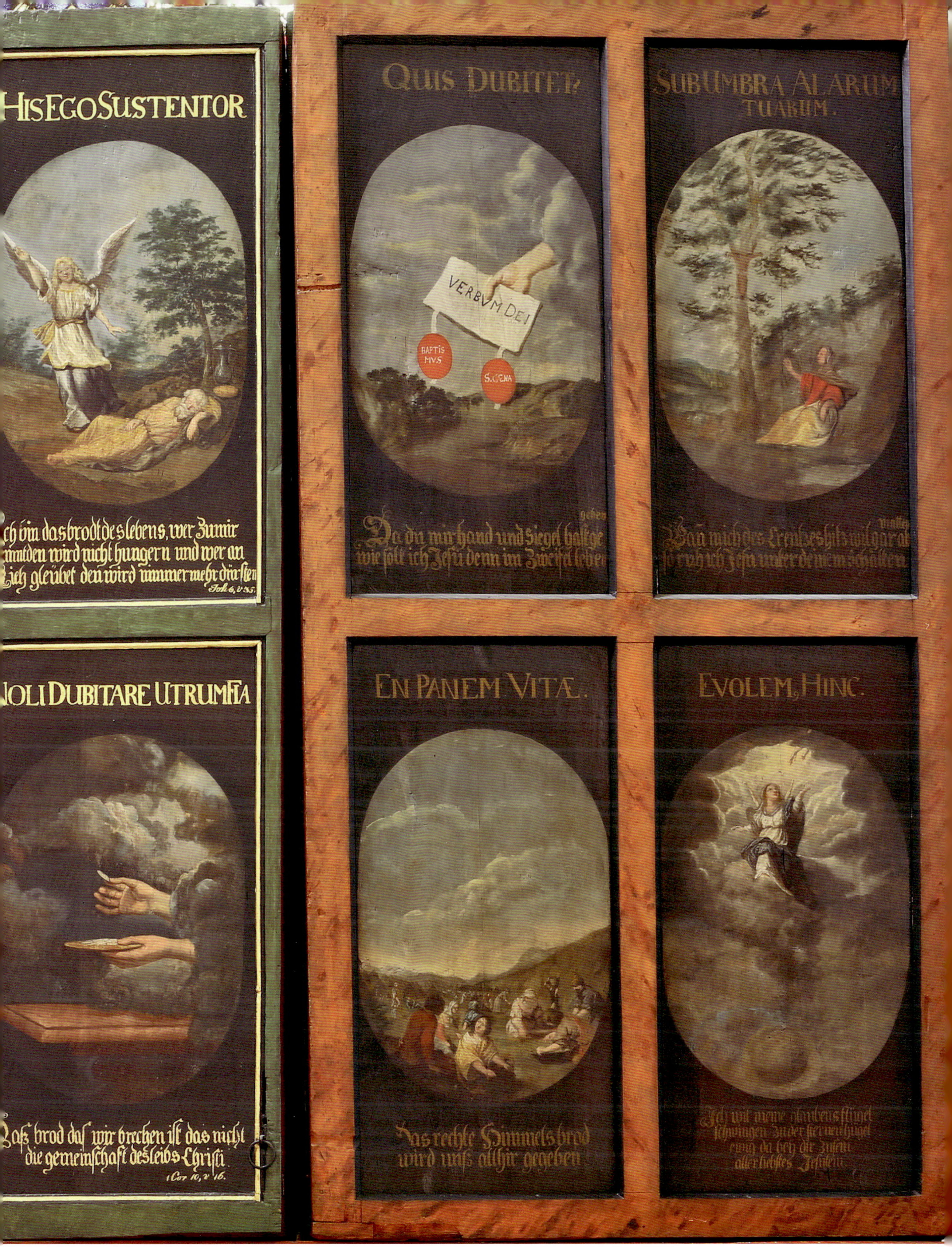

HIS EGO SUSTENTOR
QUIS DUBITET?
SUB UMBRA ALARUM TUARUM.
VERBUM DEI
BAPTIS MVS
S. CŒNA
Da du mir hand und Siegel hast gegeben
wie soll ich Jesu denn im Zweifel leben
Joh. 6, v. 35.
NOLI DUBITARE UTRUM
EN PANEM VITÆ.
EVOLEM, HINC.
die gemeinschaft des leibs Christi
1 Cor 10, v 16.
Das rechte Himmelsbrod
wird unß allhir gegeben

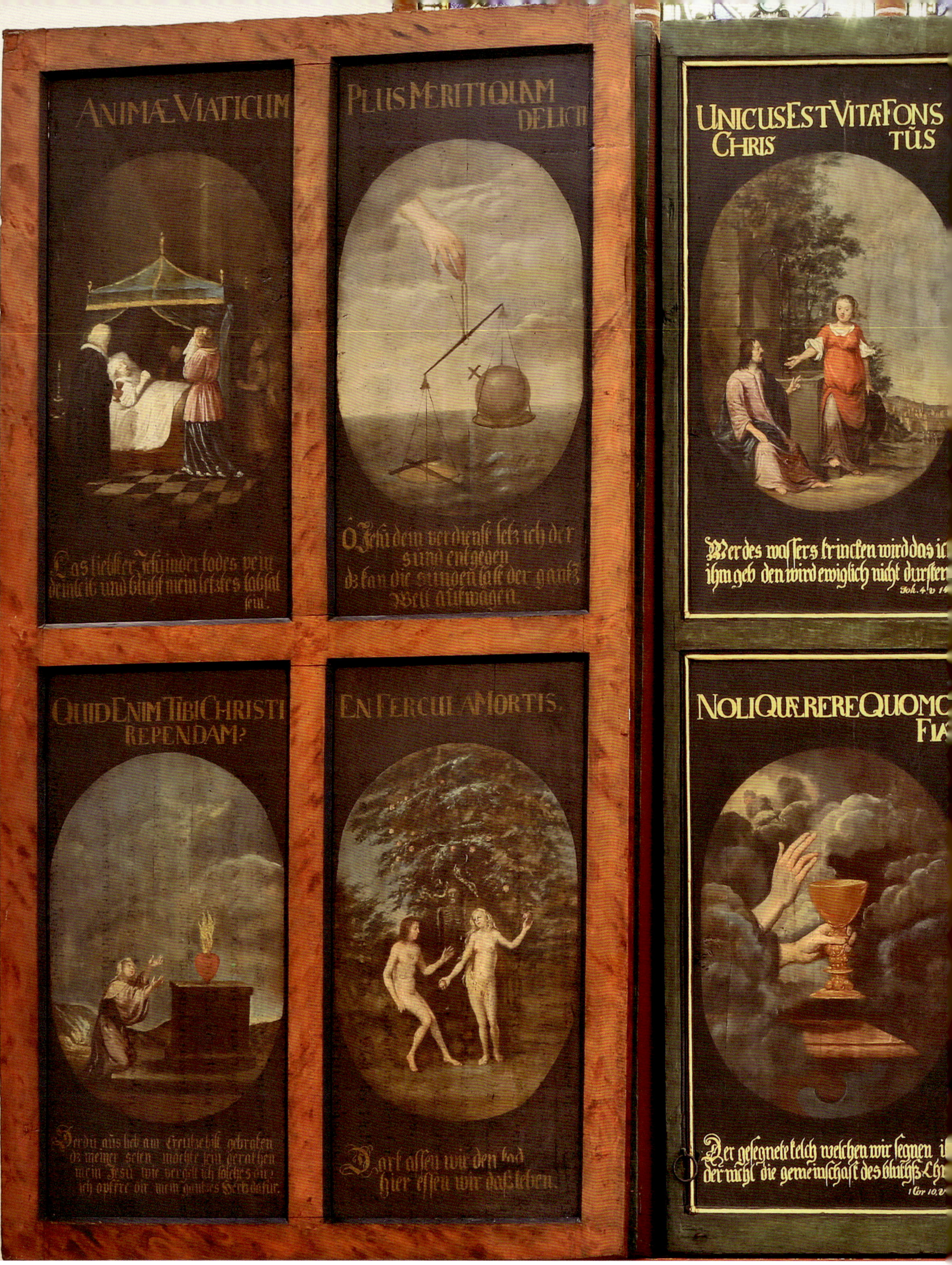

Abb. 6: Links geschlossen, rechts in erster Wandlung.

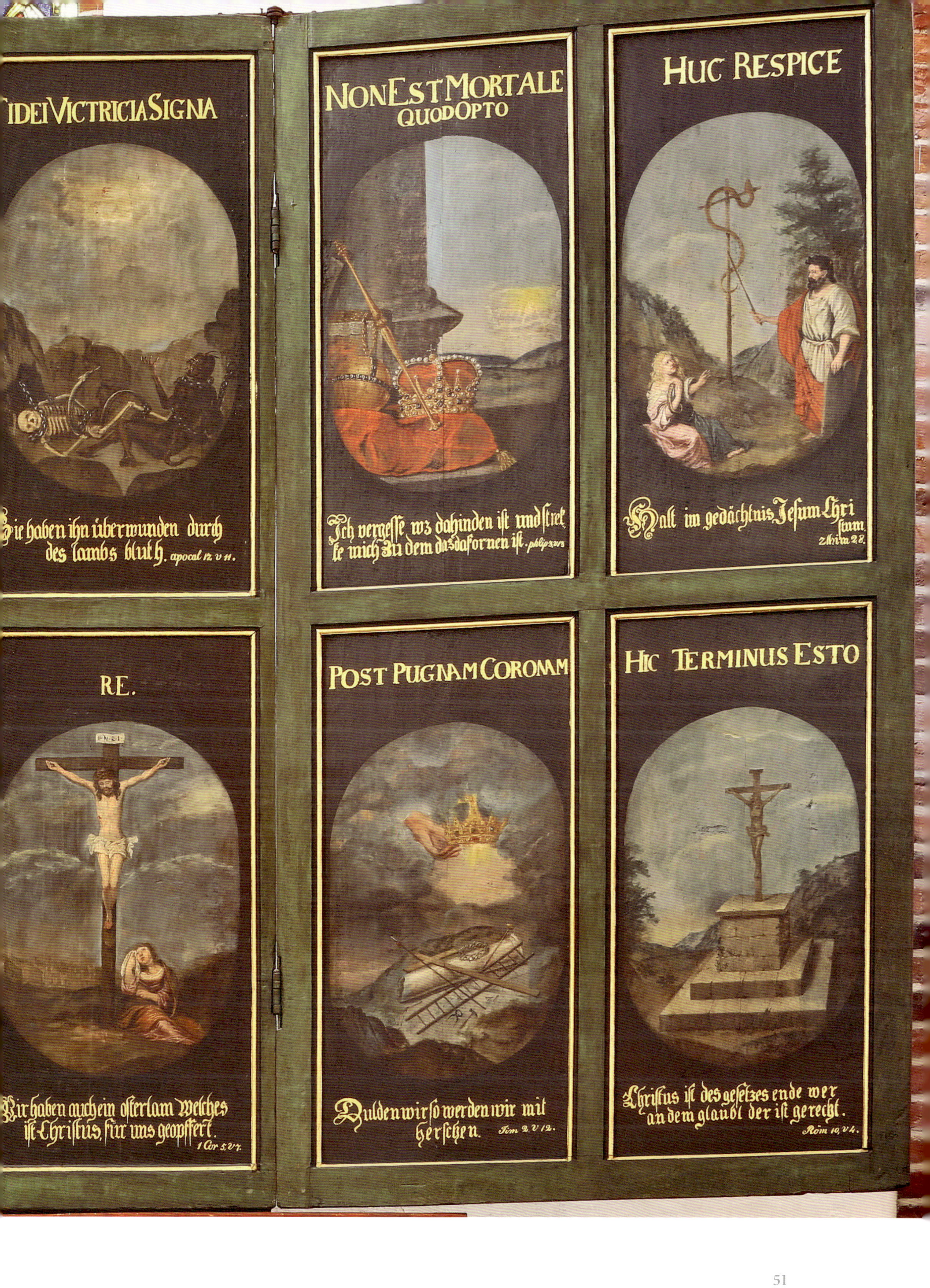

FIDEI VICTRICIA SIGNA
Sie haben ihn überwunden durch des lambs bluth. apocal 12 v 11.
NON EST MORTALE QUOD OPTO
Ich vergesse wz dahinden ist und streke mich zu dem daz dafornen ist. philip 3 v 13
HUC RESPICE
Halt im gedächtnis Jesum Christum.
RE.
Wir haben auch ein osterlam welches ist Christus, für uns geopffert. 1 Cor 5 v 7.
POST PUGNAM CORONAM
Dulden wir so werden wir mit herschen. Tim 2 v 12.
HIC TERMINUS ESTO
Christus ist des gesetzes ende wer an dem glaubt der ist gerecht. Röm 10 v 4.

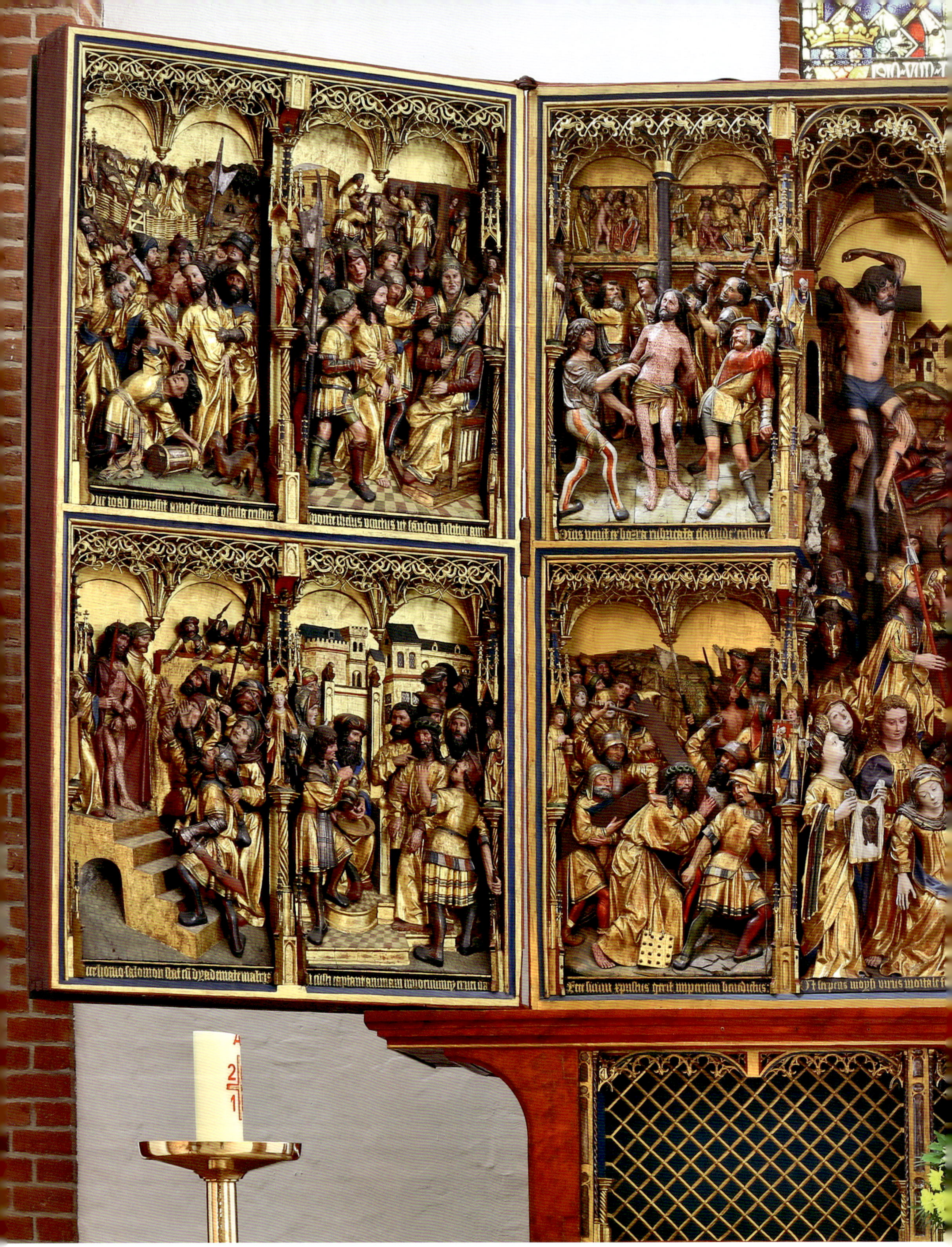

Abb. 7: Zweite Wandlung: Der spätmittelalterliche Schnitzaltarschrein.

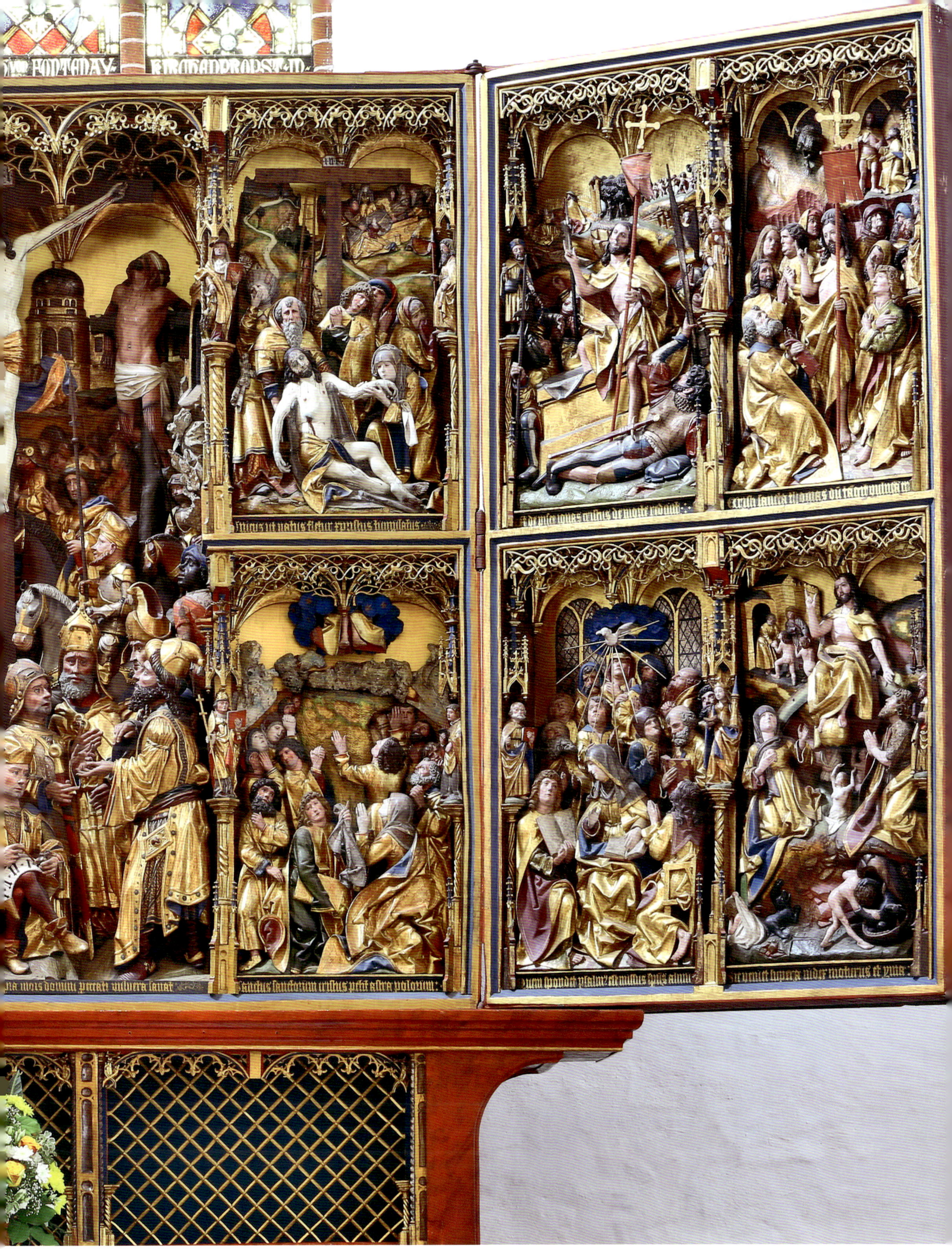

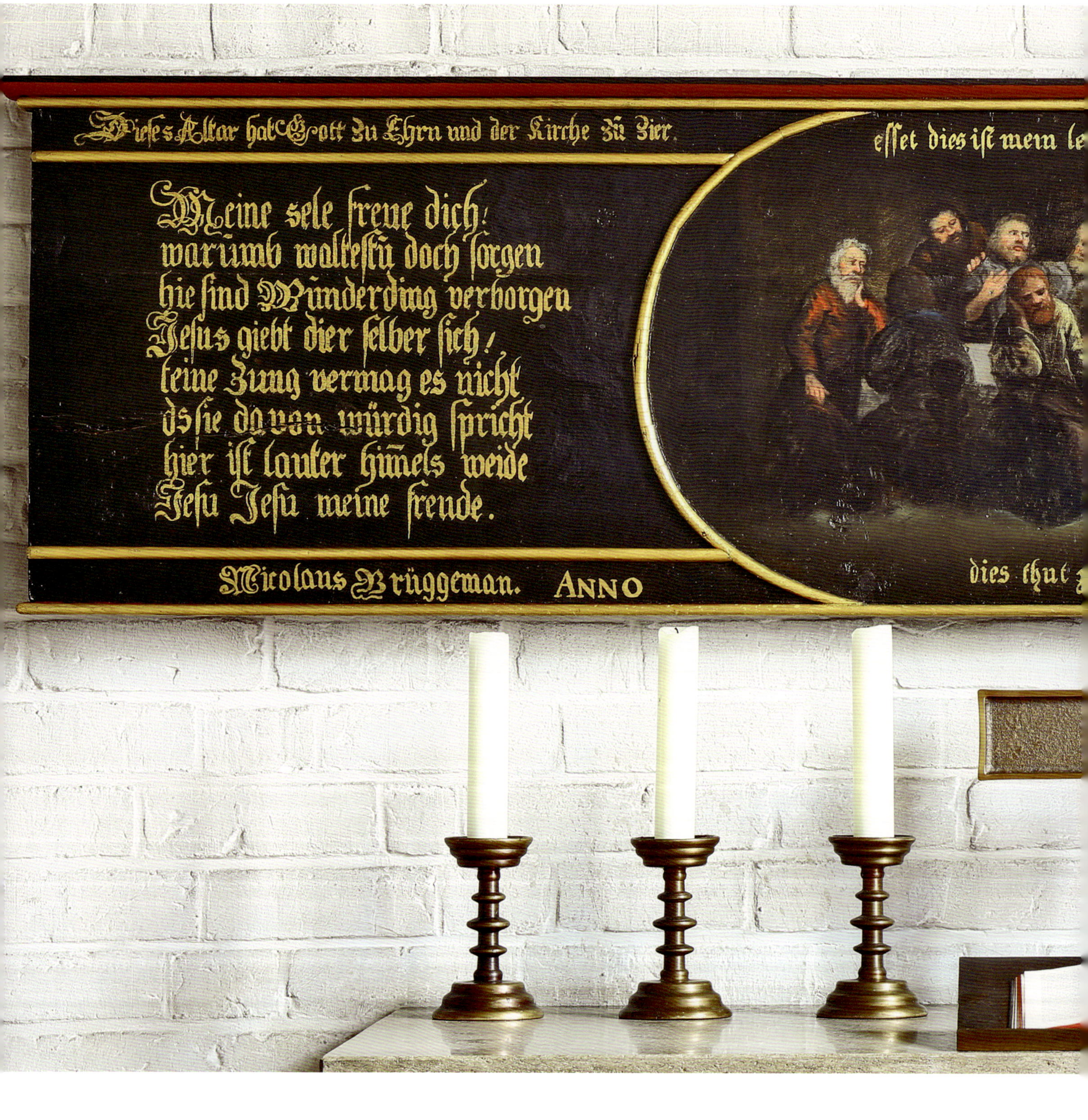

Abb. 1: Predellenwand des Altars, heute in der Johanneskapelle.

II. PREDELLENWAND

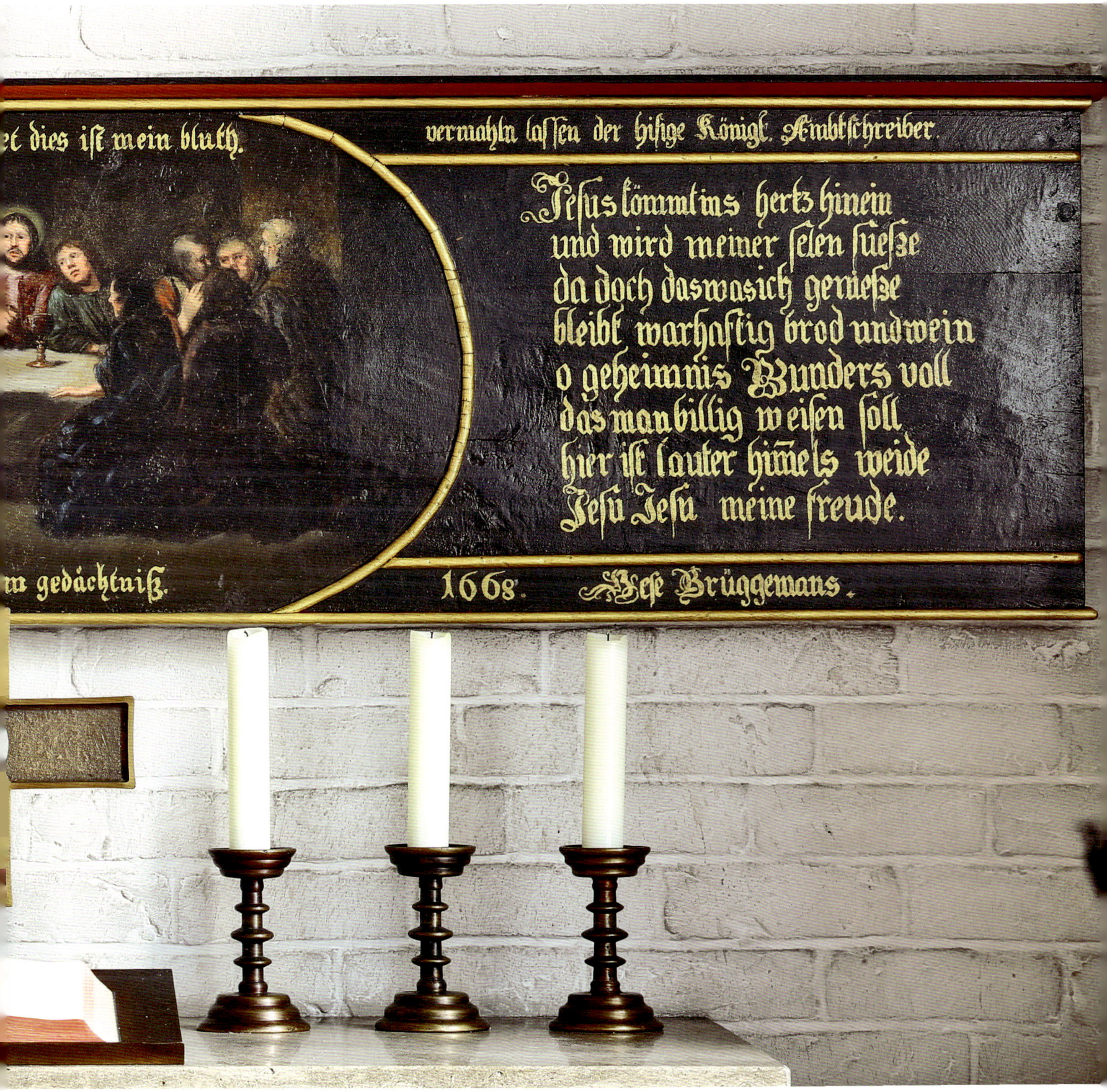

Bild: Jesu Christi Letztes Abendmahl mit seinen Jüngern
Bildinschrift oben: esset dies ist mein leib dies ist mein bluth.
Bildinschrift unten: dies thut zu meinem gedächtniß.
Stifterinschrift: Dieses Altar hat Gott zu Ehrn und der Kirche zu Zier vermahln lassen der hisige Königl. Ambtschreiber. Nicolaus Brüggeman. ANNO 1668. Gese Brüggemans.

Das mittig plazierte Gemälde wird eingerahmt von zwei Strophen:

> Meine sele freue dich!
> warumb woltestu doch sorgen
> hie sind Wunderding verborgen
> Jesus giebt dier selber sich!
> keine Zung vermag es nicht
> d[a]s sie davon würdig spricht
> hier ist lauter himmels weide
> Jesu Jesu meine freude.
>
> Jesus kömmt ins hertz hinein
> und wird meiner selen sueße
> da doch das was ich genieße
> bleibt warhaftig brod und wein
> o geheimnis Wunders voll
> das man billig weisen soll
> hier ist lauter himmels weide
> Jesu Jesu meine freude.

Bei dem heute in der Johanneskapelle befindlichen Stück handelt es sich um die Predellenwand des 1668 umgearbeiteten Altarretabels (Abb. 1). Das querovale Gemälde (Abb. 2) an der Predellenwand stellt das Letzte Abendmahl des Sohnes Gottes mit seinen Jüngern an Gründonnerstag dar und enthält eine Inschrift, welche die Einsetzungsworte Jesu in Kurzform wiedergibt. Mittig ist der Sohn Gottes plaziert, in beiden Händen je ein Stück Brot haltend; leicht versetzt vor ihm steht auf dem Tisch ein Kelch. Der sogenannte Lieblingsjünger sitzt zu Jesu Linken und lehnt sich an den Herrn an. Von den anderen Jüngern und von Jesus abgewandt ist Judas ins Bild gesetzt, der seinen Herrn wenig später verraten wird und den Blick nach unten richtet.

Das in Rede stehende Bildmotiv begegnet in Predellen von Altarretabeln lutherischer Kirchen außerordentlich häufig. Dies dürfte unter anderem dem Umstand geschuldet sein, daß Luther im Jahre 1530 genau diese ikonographische Ausstattung nachdrücklich empfohlen hatte, um auch den Gesichtssinn in das Lob Gottes einzubeziehen:

> Wer hier Lust hätte, [Bild-]Tafeln auf den Altar lassen zu setzen, der sollte lassen das Abendmahl Christi malen und diese zwei Verse ›Der gnädige und barmherzige Herr hat ein Gedächtnis seiner Wunder gestiftet‹ mit großen goldenen Buchstaben umher schreiben, daß sie vor den Augen dastünden, damit das Herz dran gedächte, ja auch die Augen mit dem Lesen Gott loben und danken müßten. Denn weil der Altar dazu geordnet ist, daß man das Sakrament darauf handeln solle, so könnte man kein besser Gemälde dran machen. Die andern Bilder von Gott oder Christo mögen wohl sonst an andern Orten gemalet stehen.[15]

Dieser Rat des Reformators wurde – jedenfalls, was das von ihm vorgeschlagene Bildsujet anlangt – nicht nur im Zuge der Schaffung neuer Altäre oftmals beherzigt, sondern führte auch dazu, daß man dementsprechend bereits vorhandene Bildprogramme an aus mittelalterlicher Zeit stammenden Altären aktualisierte. Es ist anzunehmen, daß sich auch am Segeberger Altar in der Predellenzone ursprünglich andere Bildmotive bzw. ein Tabernakel und/oder ein Reliquienschrein befanden.

Die beiden auf der Predella zu lesenden Strophen stammen nicht aus einem Kirchenlied, sondern wurden womöglich für die Verwendung am Altarretabel eigens gedichtet. Der Autor ist nicht bekannt. Regiert wird der Text von der Selbstaufforderung des lyrischen Ich zur Freude angesichts der von Christus im Sakrament des Altars dargebotenen geistlichen Güter und von der Bezeichnung Jesu als Personifikation der Freude in den beiden jeweils letzten Versen (»Jesu Jesu meine freude«). Beide Strophen thematisieren das Wunder und die Unaussprechbarkeit (*ineffabilitas*) der wahrhaften, d. h. leiblichen Gegenwart des Sohnes Gottes im Abendmahl, welche die Voraussetzung dafür ist, ihn, Christus, selbst zu empfangen (»Jesus giebt dier selber sich!«). Wenn in der zweiten Strophe

15 Luther, WA 31/I,415,23–31.

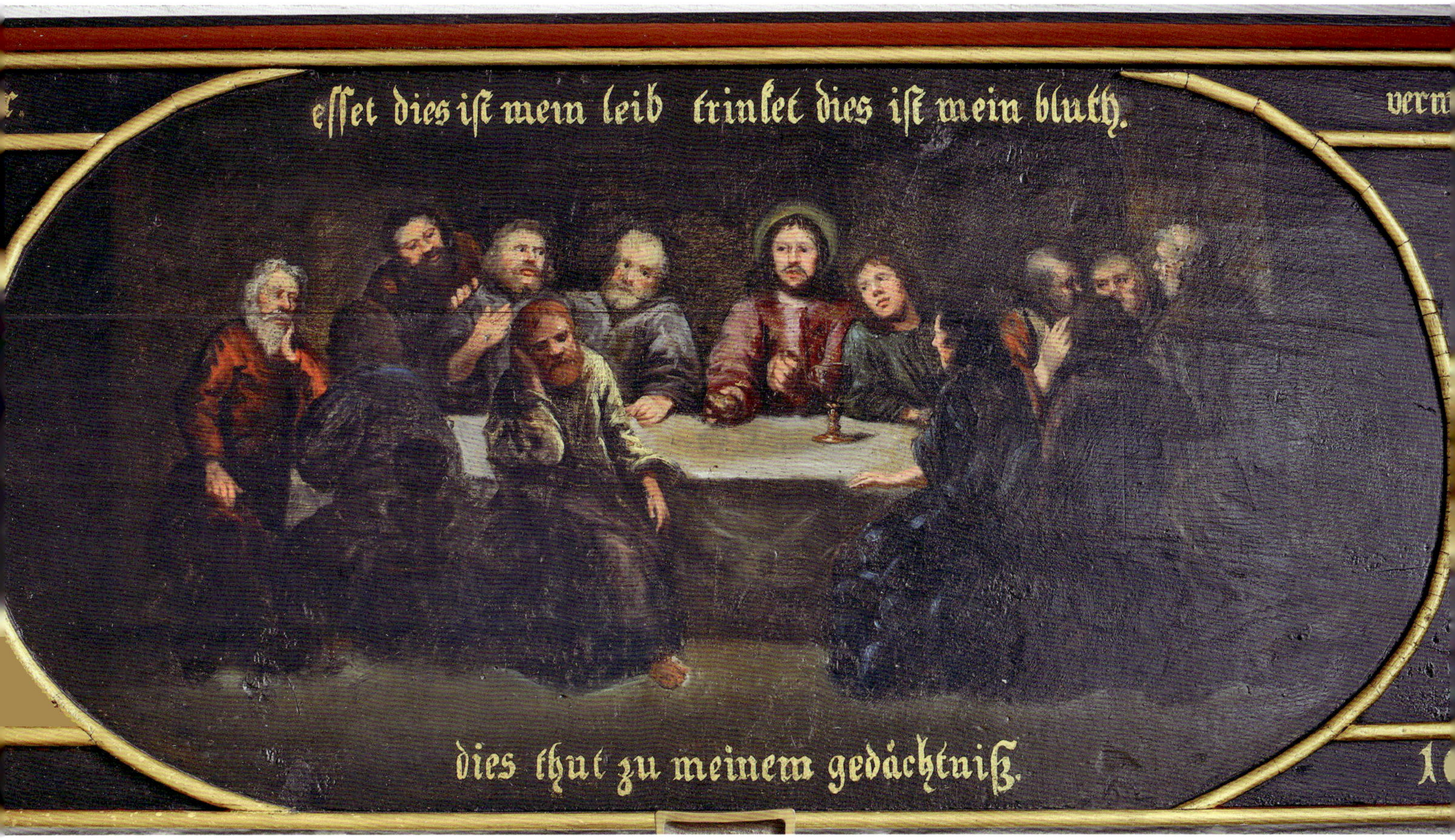

Abb. 2: Ausschnitt.

hervorgehoben wird, daß »das was ich genieße | bleibt warhaftig brod und wein«, wird äußerst präzise formuliert, insofern gemäß lutherischer Sicht der Dinge die römisch-katholische Lehre von der Transsubstantiation abzulehnen ist, die besagt, daß zum Zeitpunkt der Konsekration der Abendmahlselemente die Substanzen von Brot und Wein in die Substanzen Leib und Blut Christi verwandelt werden, ohne daß sich die Akzidentien von Brot und Wein (Aussehen, Geschmack etc.) ändern.[16] Die zweimalige Feststellung »hier ist lauter himmels weide« (in den jeweils vorletzten Versen) ruft die Topik des Guten Hirten Christus auf (vgl. Johannes 10,11.14), der seine Schafe, mithin die Glaubenden, zur Weide führt und ihnen geistliche Ernährung gewährt.

Darüber hinaus greift die zweite Strophe einen Topos auf, der sowohl bei Luther als auch (verstärkt) im lutherischen Sakramentsverständnis des 17. Jahrhunderts begegnet, daß nämlich durch die Nießung des in, mit und unter Brot und Wein gegenwärtigen Leibes und Blutes Christi eine sowohl geistliche als auch leibliche Union Christi mit den Glaubenden aufgerichtet wird (»Jesus kömmt ins hertz hinein«)[17] – d.h. eine mystische Vereinigung Platz greift, innerhalb deren die am Abendmahl Teilnehmenden Christi »Süße« (*dulcedo*) zu schmecken bekommen (»und wird meiner selen sueße«), womit eine Topik aufgegriffen wird, die bereits in der mittelalterlichen Tradition, insbesondere in der Mystik, gängig war.[18]

16 Vgl. Johann Anselm Steiger: Art. Transsubstantiation. In: Religion in Geschichte und Gegenwart[4] 8 (2005), Sp. 539.
17 Vgl. Luther, WA 23,256,24–28 sowie u. S. 153.
18 Vgl. Friedrich Ohly: Süße Nägel der Passion. Ein Beitrag zur theologischen Semantik. Baden-Baden 1989 (= Saecula spiritalia 21), bes. S. 79–83

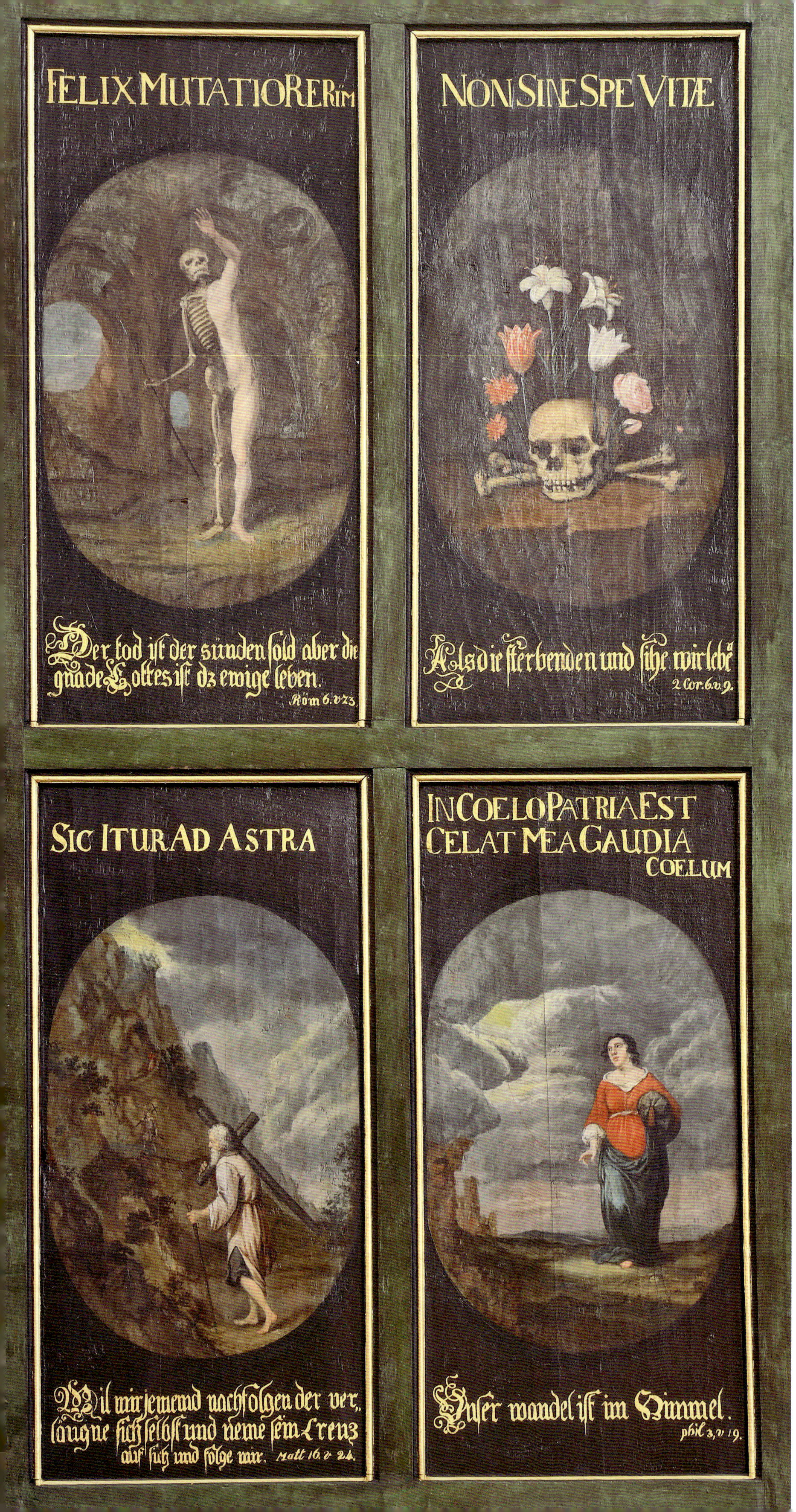

Abb. 1: Erste Wandlung, linker Flügel.

III. ERSTE WANDLUNG, LINKER FLÜGEL

III, 1

> Bild: Eine Gestalt – halb Skelett, halb Mensch – steht mit einem Pfeil und erhobener linker Hand in einer Höhle.
> Bildüberschrift: FELIX MUTATIO RERIM [richtig: RERUM] (Glückliche Veränderung der Dinge)
> Bildunterschrift: Der tod ist der sünden sold aber die gnade Gottes ist dz ewige leben. Röm 6. v 23

Dieses Emblemgemälde (Abb. 2) zeigt eine Gestalt, die halb Skelett und halb Mensch ist und mit einem Pfeil bzw. Spieß in der rechten Hand und erhobener Linker in einer Höhle steht. Die Bildüberschrift »FELIX MUTATIO RERUM« dürfte darauf hinweisen, daß es sich um einen von den Toten Auferstandenen handelt, dessen Überkleidung mit neuem (unverweslichem) Fleisch noch nicht abgeschlossen ist. Das Gemälde kann aber auch dahingehend gedeutet werden, daß es den Menschen darstellt, dem um seines Glaubens willen die Sünden vergeben sind, der durch die Taufe bereits wiedergeboren ist, dem die Verheißung des ewigen Lebens gilt, der zugleich aber bis zum Jüngsten Tag noch Sünder ist und von der Existenz des alten Adam bestimmt ist. In dieser Perspektive betrachtet, wäre es dem Gemälde darum zu tun, das Zugleich von neuem Sein in Christus und alter, sündlicher Existenz dadurch vor Augen zu stellen, daß der Mensch teils als lebendiges (nacktes) Wesen, teils als Skelett visualisiert wird. Bemerkenswerterweise findet sich in einer der Predigten Luthers aus dem Jahre 1528 eine der Segeberger Bildüberschrift verwandte Formulierung. Im Rahmen einer fingierten Rede (*oratio ficta*) läßt Luther hier Jesus Christus auftreten, der den Menschen direkt anspricht und ihm die tröstliche Botschaft vorträgt, daß sich infolge seines Versöhnungswerks eine »felix mutatio« ereignet, sich die Verhältnisse mithin umkehren, indem der Sohn Gottes all das auf sich nimmt, was den sündigen Menschen bestimmt, und diesem im Gegenzug all das übereignet, was sein ist:

> Ich bin deine Sünde, dein ist meine Gerechtigkeit, Tod ist Leben, Tapferkeit Schwachheit. So sei die Umwandlung eine glückliche. (Ego sum tuum peccatum, tua mea iustitia, mors vita, fortitudo schwachheit. Sic sit felix mutatio.)[19]

Noch näher kommt dem lateinischen Segeberger Bildmotto eine Passage aus dem Psalmenkommentar des italienischen Benediktiners Giovanni Battista Folengo (1490–1559), die sich auf die Auferstehung Christi bezieht:

> Siehe, welch glückliche Änderung der Dinge ist ins Werk gesetzt durch Christi Ausgang aus dem Grab. (En quam felix rerum mutatio facta est per Christi ergressum e sepulchro […].[20]

19 Luther, WA 27,122,37 f.
20 Giovanni Battista Folengo: IN PSALTERIVM Dauidis Israelitarum regis & uatis diuinissimi […] commentarij, summa fide, mira luce, grata breuitate, ex ipsa Hebraica ueritate confecti & absoluti. Basel 1549 (BSB München 2 Exeg. 227), fol. 285r.

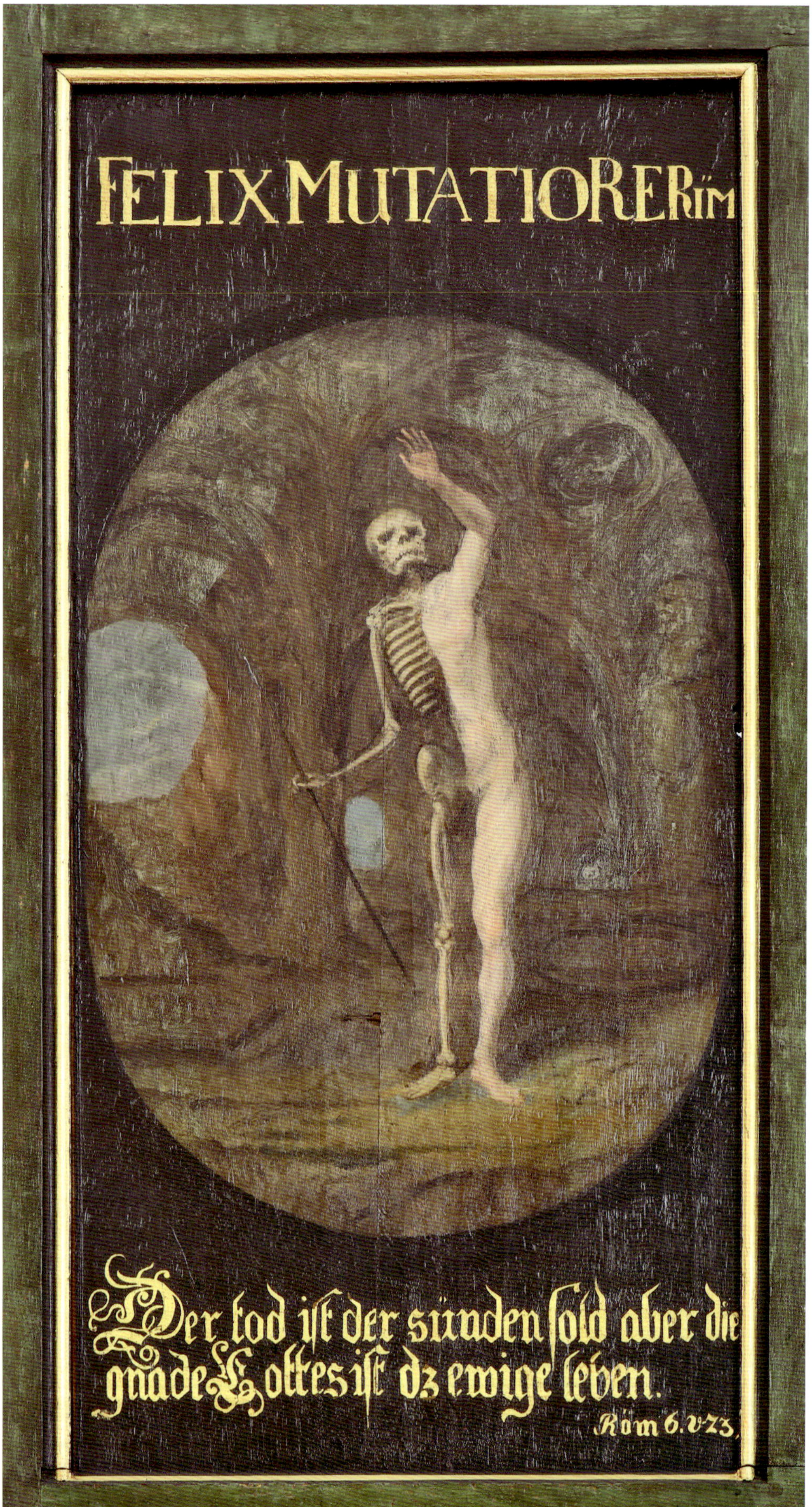

Abb. 2: Erste Wandlung, linker Flügel, Emblemgemälde Nr. 1.

Eine dem Segeberger Emblemgemälde artverwandte bildliche Darstellung findet sich in Heinrich Müllers (1631–1675)[21] Erbauungsschrift *Geistlicher Dank-Altar*, in welcher der Rostocker Theologe und Pastor an St. Marien recht ausführlich auf die bis zum Jüngsten Tag statthabende Doppelexistenz des gerechtfertigten Sünders eingeht, etwa wenn er über diesen schon neugewordenen Menschen, der aber zugleich noch ganz der alte ist, ausführt:

> Er [scil. Christus] führt die Seinen aus aller Todesgefahr. Erstlich läßt er sie in die Gefahr geraten und steckt sie gleichsam dem Tod in den Rachen hinein, der Tod muß sie verfolgen aller Orten [...]. Wann dann keine Hoffnung einziger Rettung mehr da ist, so tritt er [hin]zu und reißt sie dem Tode wieder aus dem Rachen heraus. Da sind sie gleich den Sterbenden und die doch leben [vgl. 2. Korinther 6,9], aus Todesgefahr wunderbarlich errettet.[22]

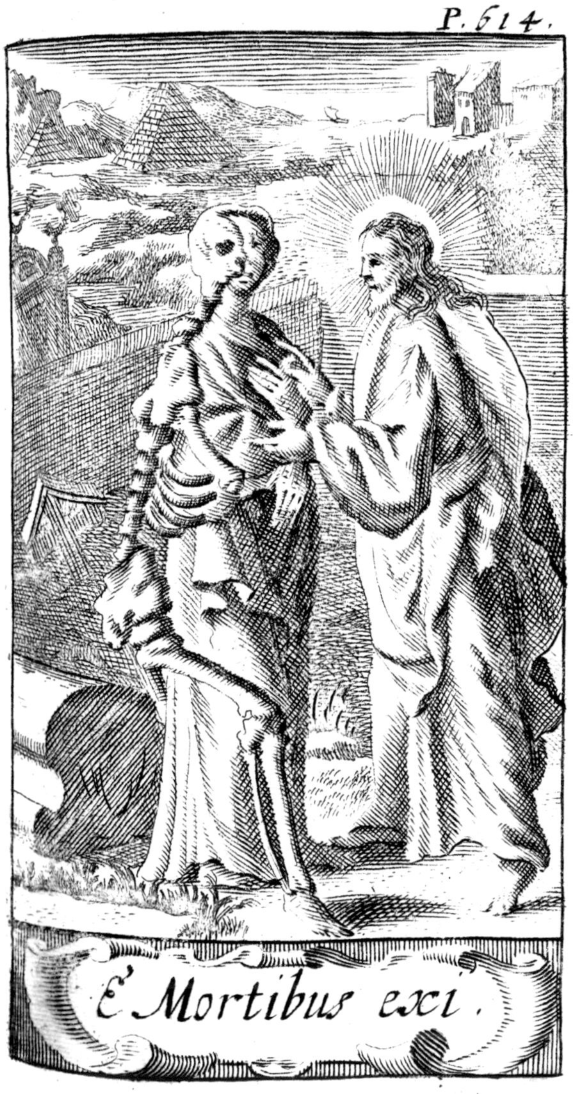

Abb. 3: Heinrich Müller: Geistlicher Danck-Altar [...]. Frankfurt a.M. 1673 [[1]1670] (UB Rostock Fm-3516), neben S. 614.

Begleitet werden diese Ausführungen von einem Kupferstich (Abb. 3), der eine weibliche Person darstellt, welche zugleich ein (bekleidetes) menschliches Wesen und ein Skelett ist. Im Unterschied zum Segeberger Gemälde insinuiert diese Druckgraphik, daß der gerechtfertigte, doch immer noch sündige und dem Tod verfallene Mensch beides ganz ist: neue und alte Kreatur. Dies folgt der Lutherschen Sicht der Dinge, der gemäß der Glaubende bis zum Jüngsten Tag zugleich ganz Sünder und ganz Gerechtfertigter ist (*simul iustus et peccator*), konsequenter als es im Segeberger Altargemälde der Fall ist.

Klar ist, daß das Emblemgemälde III, 1 sowohl mit Blick auf die in ihm traktierte Thematik von Tod und neuem Leben als auch ikonographisch (Präsentation eines halben Skeletts) mit dem rechts daneben stehenden Sinnbild III, 2 (Knochen und Totenschädel, aus dem Blumen hervorsprießen), das es im folgenden zu deuten gilt, eng verschaltet ist. Hinzu kommt eine Korrelation mit dem Emblemgemälde VII, 4, in dem nicht ein halbes, sondern ein komplettes Skelett in seiner Funktion als Stamm des Baumes der Erkenntnis im Paradies zu sehen ist.

21 Zu Müller vgl. folgende ausgewählte Lexikon-Artikel: Helmut K. Krausse, Redaktion: Art. Müller, Heinrich. In: Killy Literaturlexikon. Autoren und Werke des deutschsprachigen Kulturraumes. 2., vollständig überarbeitete Auflage. Hg. von Wilhelm Kühlmann u.a. Bd. 8. Berlin u.a. 2010, S. 394–396. Helge bei der Wieden: Art. Müller, Heinrich. In: Biographisches Lexikon für Mecklenburg 1 (1995), S. 170–174. Ders.: Art. Müller, Heinrich. In: Neue Deutsche Biographie 18 (1997), S. 405f.

22 Heinrich Müller: Geistlicher Danck-Altar/ Zum täglichen Lob-Opffer der Christen/ Mit vielen Kupffern gezieret. Benebenst Einem Anhang zweyer Theologischer Fragen. I. Ob ein Christ in gewissen Fällen für seinen Nähesten das Leben zu lassen schuldig seye? II. Ob ein Christ/ von einem Trunckenbold überfallen/ lieber tödten sol/ oder sich tödten lassen? [...]. Frankfurt a.M. 1670 (UB Rostock Fm-3082), S. 617.

III, 2

> Bild: Zwei gekreuzte Knochen und ein Totenschädel, aus dem Blumen hervorsprießen
> Bildüberschrift: NON SINE SPE VITAE (Nicht ohne Hoffnung auf das Leben)
> Bildunterschrift: Als die sterbenden und sihe wir leben 2 Cor. 6. v. 9.

Das Gemälde (Abb. 1) zeigt einen Totenschädel, der auf zwei gekreuzten Knochen ruht und aus dem unterschiedliche Blumen – jeweils zwei Lilien (oben), Tulpen (darunter mittig), Rosen (rechts unten) und vermutlich Nelken (links unten) – hervorsprießen. Hierbei handelt es sich um ein Bildmotiv, das in der Frühen Neuzeit sehr verbreitet war und z. B. auf Epitaphien, Grabsteinen, in Leichenpredigtdrucken und in der Emblematik häufig begegnet. Allerdings sind es zumeist nicht Blumen, sondern Ähren, die aus dem Totenkopf hervorwachsen, womit üblicherweise auf 1. Korinther 15,36–38 Bezug genommen wird, wo der Apostel Paulus Tod und Begräbnis mit der Aussaat vergleicht: So wie ein Saatkorn nur Frucht bringen kann, wenn es in die Erde fällt und gleichsam stirbt, so ist auch das Begräbnis nichts anderes als ein Schritt hin zur dereinstigen Auferstehung des Fleisches:

> Was du säst, wird nicht lebendig, es sterbe denn. Und was du säst, ist ja nicht der Leib, der werden soll, sondern ein bloßes Korn, nämlich Weizen oder der andern eines. Gott aber gibt ihm einen Leib, wie er will, und einem jeglichen von dem Samen seinen eigenen Leib.

Daß der Segeberger Konzeptor für das Sinnbild nicht Kornähren, sondern Blumen wählte, erhöht die Komplexität der betreffenden emblematischen Komposition. Denn in voller Blüte stehende Blumen gelten in der frühneuzeitlichen Ikonographie sowohl als Gleichnisse der leiblichen Auferstehung am Jüngsten Tag als auch als Sinnbilder der Vergänglichkeit. Als biblischer Bezugstext wird in der Frühen Neuzeit mit Blick auf letzteren Aspekt gerne Jesaja 40,7 f. angeführt: »Das Heu verdorret, die Blume verwelket, denn des Herrn Geist bläset drein. Ja, das Volk ist das Heu, das Heu verdorret, die Blume verwelkt, aber das Wort unsers Gottes bleibet ewiglich.«

Zwar ist der Bildtypus des Totenschädels mit Blumen seltener als derjenige mit Kornähren, er ist jedoch auch in der zeitgenössischen geistlichen Emblematik durchaus präsent, wie anhand eines Kupferstichs im *Heilig-Epistolischen Bericht* des Nürnberger Theologen und Hauptpastors an St. Sebald Johann Michael Dilherr (1604–1669)[23] exemplarisch sichtbar wird (Abb. 2). Im Unterschied zum Segeberger Gemälde steht hier der Totenschädel, aus dem eine prächtige Blume hervorwächst, allerdings Kopf und wird von einem heranschwebenden Engel mit Hilfe eines Kruges bewässert. Die eigenartige Form der verlängerten Fruchtstempel der Blüte erklärt sich gemäß der Erläuterung des Emblems daraus, daß hier eingepfropfte »Reislein«, also Zweiglein, zu erblicken sind, welche für die Glaubenden stehen. »Wir müssen ihm [= Christus] durch wahren Glauben einverleibt und gleichsam eingepfropfet werden.«[24] Bemerkenswerterweise wird eben diese Thematik auch am Segeberger Altar traktiert: in Emblem IX, 2.

Die Unterschrift zum Segeberger Gemälde nimmt freilich nicht auf 1. Korinther 15 Bezug, sondern auf 2. Korinther 6,9, einen Text der, wie u. a. Luther betont,[25] in den Vordergund hebt, daß der Tod den Glaubenden wunderbarerweise nichts anhaben kann, da sie dereinst von den Toten auferstehen und des ewigen Lebens teilhaftig werden, auch wenn sie ihre irdische Existenz mit dem Gang ins Grab (vorübergehend) beenden.

In diese Richtung weist auch die Segeberger Bildüberschrift »NON SINE SPE VITAE«, die auf eine

23 Vgl. Johann Anselm Steiger: Art. Dilherr, Johann Michael. In: Frühe Neuzeit in Deutschland 1620–1720. Literaturwissenschaftliches Verfasserlexikon. Hg. von Stefanie Arend, Bernhard Jahn, Jörg Robert, Robert Seidel, Johann Anselm Steiger, Stefan Tilg, Friedrich Vollhardt. Bd. 2. Berlin u. a. 2020, Sp. 536–554. Eine heutigen Standards genügende Personalbibliographie zu Dilherr fehlt. Vgl. daher weiterhin Gerhard Dünnhaupt: Personalbibliographien zu den Drucken des Barock. Teil 2. Stuttgart [2]1990 (= Hiersemanns Bibliographische Handbücher 9, 2), S. 1256–1367.

24 Johann Michael Dilherr: Heilig-Epistolischer Bericht/ Licht/ Geleit und Freud. Das ist: Emblematische Fürstellung/ Der Heiligen Sonn- und Festtäglichen Episteln: Jn welcher Gründlicher Bericht/ von dem rechten Wort-Verstand/ ertheilet; Dem wahren Christenthum ein helles Licht furgetragen; Und ein sicheres Geleit/ mit beigefügten Gebethen und Gesängen/ zu der himmelischen Freude/ gezeiget wird [...]. Nürnberg 1663 (Privatbesitz), S. 278. Vgl. zur Thematik der Einpfropfung das entsprechende Emblemgemälde an der Schauwand der Kapelle der Familie Hassert in St. Marien in Anklam, Bd. 4, S. 160–174.

25 Vgl. Luther, WA 40/III,666,19–21: »Accedimus ad conciones, baptizamur, absolvimur et sic in fide Christi morimur ac mortui vivimus. Haec maxima mirabilia, quod ›morientes vivimus‹, nemo videt.«

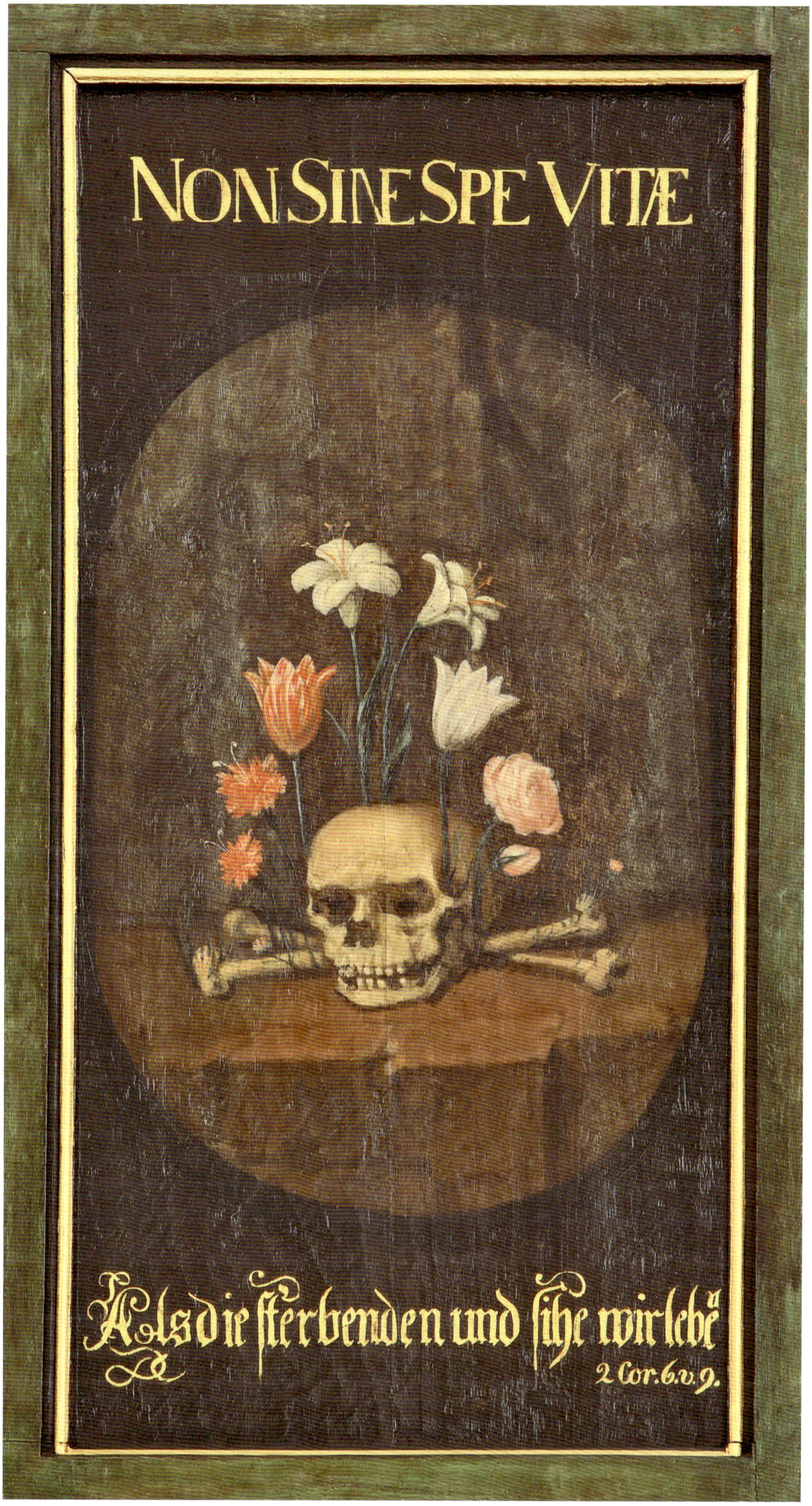

Abb. 1: Erste Wandlung, linker Flügel, Emblemgemälde Nr. 2.

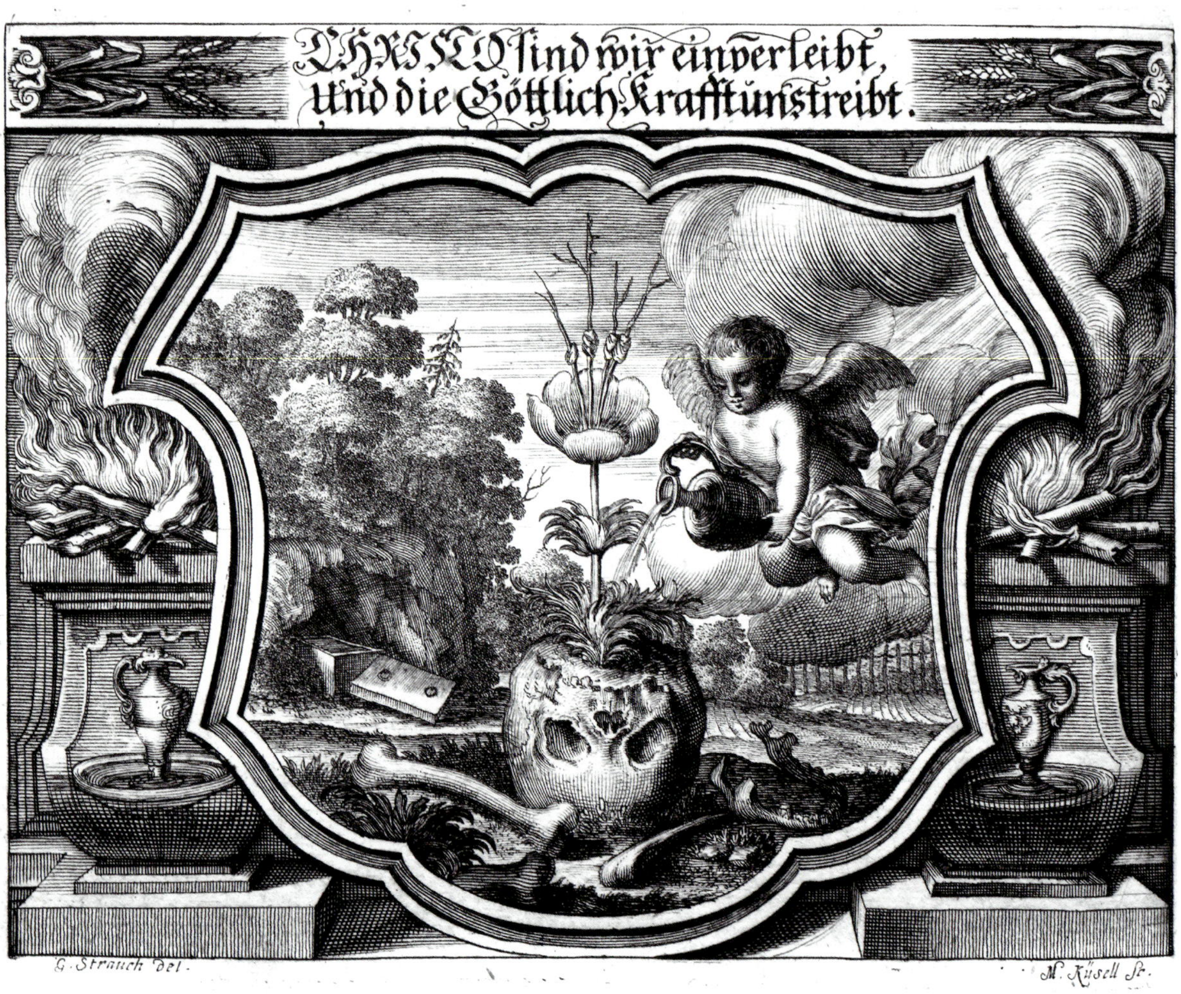

Abb. 2: Johann Michael Dilherr: Heilig-Epistolischer Bericht/ Licht/ Geleit und Freud. Das ist: Emblematische Fürstellung/ Der Heiligen Sonn- und Festtäglichen Episteln […]. Nürnberg 1663 (Privatbesitz), S. 272.

prominente Passage in der Auslegung der Psalmen des Kirchenvaters Aurelius Augustinus (354–430) zurückgeht. In seiner Deutung von Psalm 29,6 (Vulgata) hebt Augustinus hervor, daß die aus dem Paradies vertriebenen Menschen infolge des auf ihnen lastenden Zornes Gottes tot sind (»mortui sunt«[26]). Allerdings seien die derart toten Sünder nicht ohne Hoffnung, weil, wie dem betreffenden Psalmvers zu entnehmen sei, Gott das Leben will und nicht den Tod: »sed non sine spe, quia uita in uoluntate eius«.[27] Die Formulierung »in uoluntate eius« (in seinem, d.h. Gottes Willen) verdeutliche, daß die Sünder nicht aufgrund ihres eigenen Vermögens und ihrer Verdienste Heil finden, sondern nur, weil dies Gottes gnädigem Willen entspricht.[28]

III, 3

Bild: Ein Kreuzträger bewegt sich mit Wanderstab auf einen steilen Berg zu.
Bildüberschrift: SIC ITUR AD ASTRA (So geht man zu den Sternen.)
Bildunterschrift: Wil mir jemand nachfolgen der verläugne sich selbst und neme sein Creuz auf sich und folge mir. Matt 16. v 24.

Das Gemälde (Abb. 1) schildert in Seitenansicht einen männlichen Wanderer, der sich mit der linken Hand auf einen Wanderstab stützt und auf seiner rechten Schulter ein Kreuz trägt. Der Kreuzträger nähert sich

26 Aurelius Augustinus: Enarrationes in Psalmos I–L. Hg. von Eligius Dekkers, Johannes Fraipont. Turnhout 1956 (= Corpus Christianorum Series Latina 38), S. 183, Z. 3.

27 Ebd., S. 183, Z. 4f.

28 Vgl. ebd., S. 183, Z. 5–7.

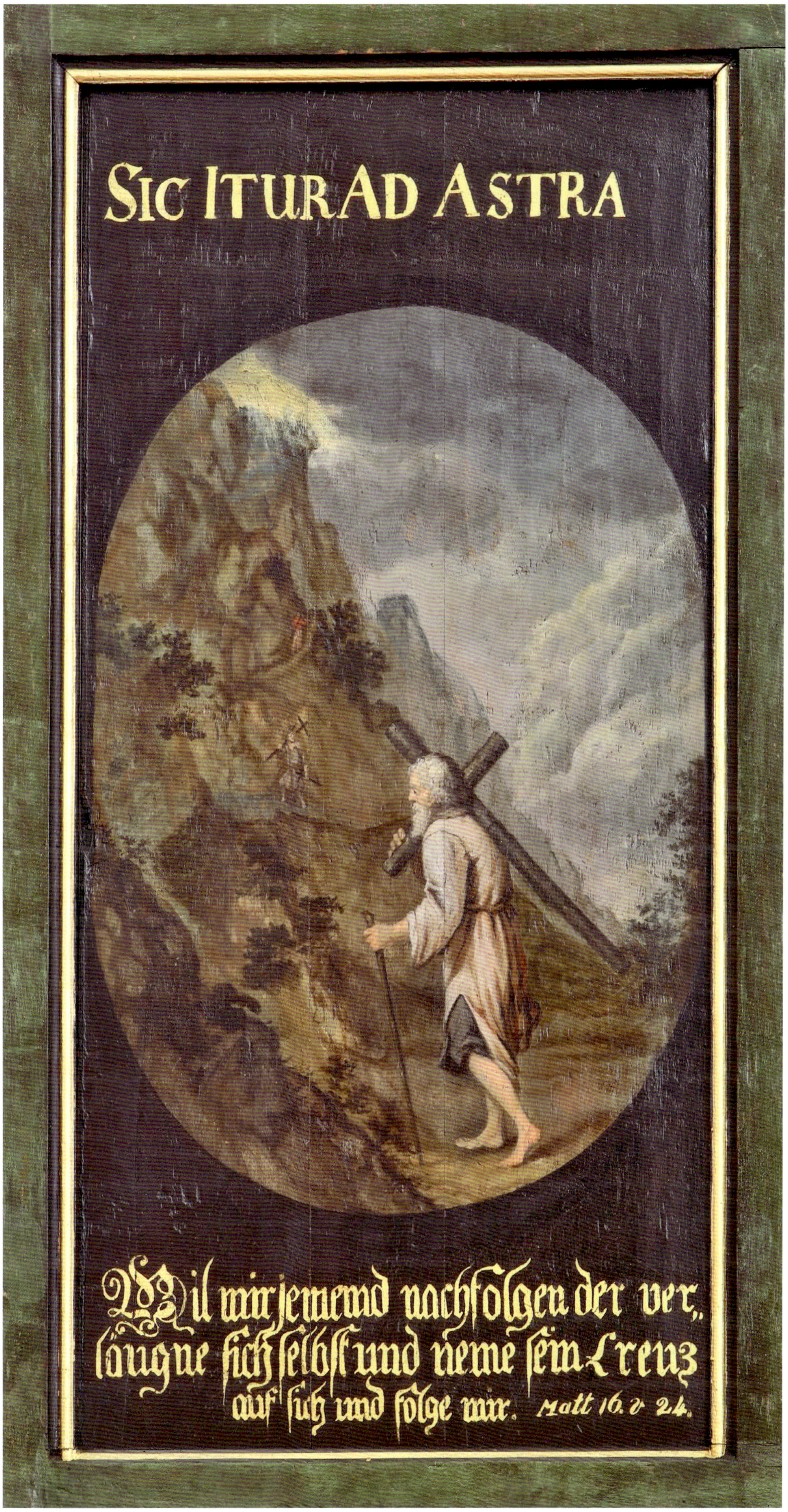

Abb. 1: Erste Wandlung, linker Flügel, Emblemgemälde Nr. 3.

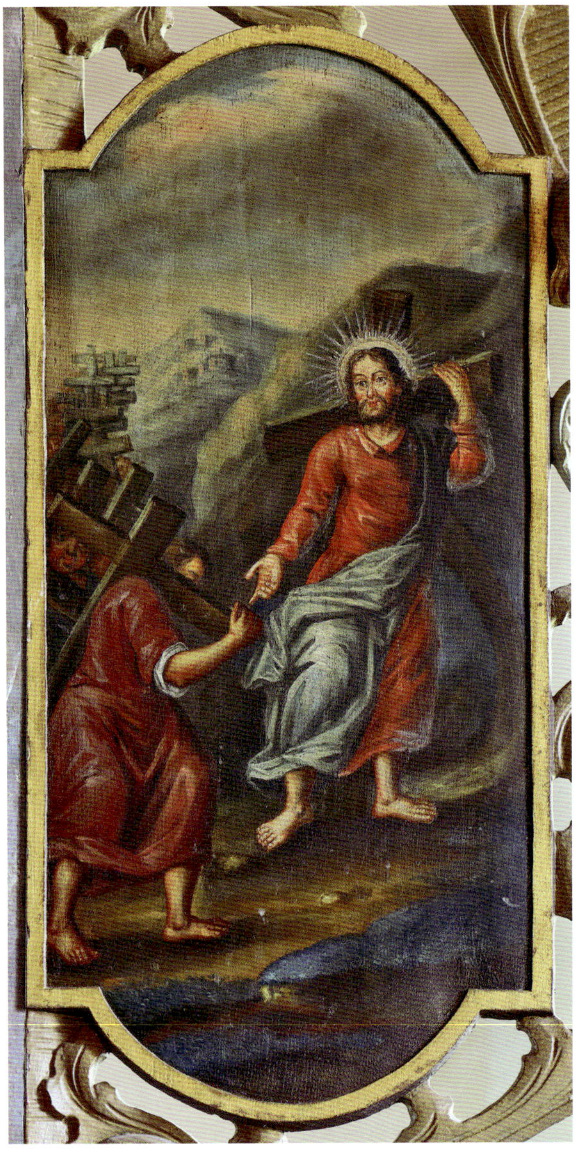

Abb. 2: Strückhausen (Niedersachsen, Landkreis Wesermarsch, Gemeinde Ovelgönne), St. Johannis: Altarretabel (1743), Gemälde in der rechten Wange.

einem hoch aufragenden, nur spärlich bewachsenen Gebirge, über dem aus dichtem Gewölk die Sonne hervorbricht. Der Wanderer schickt sich an, barfüßig den äußerst schmalen und steilen Pfad hinaufzugehen, auf dem sich (mit deutlichem Vorsprung) bereits zwei andere Kreuzträger befinden. Die Matthäus 16,24 entnommene Bildunterschrift macht deutlich, daß es hier um den Sachzusammenhang der Nachfolge Christi (*imitatio Christi*) geht.

Anders als in zahlreichen frühneuzeitlichen bildlichen Repräsentationen der Christus nachfolgenden Kreuzträger fehlt im Segeberger Gemälde allerdings die Darstellung desjenigen, dem nachgefolgt wird, also des Sohnes Gottes. Anders ist dies z. B. am Altarretabel der Kirche zu Strückhausen (Abb. 2) sowie in entsprechenden druckgraphischen Bildkompositionen, etwa im Titelkupfer des Andachtswerks mit dem Titel *Regia via crucis* (Königsweg des Kreuzes) aus der Feder des flämischen Benediktiners Benedictus van Haeften (1588–1648) (Abb. 3).

In frühneuzeitlich-lutherischen Predigten, Erbauungsbüchern und Traktaten wird regelmäßig hervorgehoben, daß jegliche Akte, mittels deren der Glaubende Christus nachfolgt und ihm ähnlich wird, keinerlei verdienstlichen Charakter haben. So fordert etwa Johann Arndt (1555–1621)[29] seine Leser zu intensiver Selbstverleugnung (*abnegatio sui*) um Christi willen auf. Sie sei nötig, um die alte adamisch-sündliche Existenz abzulegen und eine neue, eben christliche Lebensführung zu begründen. Doch Arndt zufolge gilt:

> Siehe, dies alles heißt sich selbst verleugnen, sein Kreuz auf sich nehmen und Christo folgen und dies alles um keines Verdienstes, Lohns, Nutzens, Ruhms und Ehre willen, sondern allein um der Liebe Christi willen, weil er's getan hat, weil dies sein edles Leben ist und weil er uns ihm zu folgen befohlen hat.[30]

Laut Johann Gerhard (1582–1637)[31] ist diesbezüglich dringend zu unterscheiden zwischen dem Kreuzträger Christus, der durch sein Leiden und Sterben am Kreuz auf Golgatha ein im höchsten Maße verdienstliches Versöhnopfer dargebracht hat, und allen anderen Kreuzträgern. Denn Christi Nachfolger erwerben durch ihre Kreuztragung keine Sündenvergebung, sondern verrichten für die ihnen allein aus Gnade geschenkte Vergebung lediglich ein Dankopfer, das nicht als verdienstliches gutes Werk anzusehen ist:

29 Vgl. Hans Schneider: Art. Arndt (Aquila), Johann: In: Frühe Neuzeit in Deutschland 1520–1620. Literaturwissenschaftliches Verfasserlexikon. Hg. von Wilhelm Kühlmann, Jan-Dirk Müller, Michael Schilling, Johann Anselm Steiger, Friedrich Vollhardt. Bd. 1. Berlin u. a. 2011, Sp. 146–157.

30 Johann Arndt: Von wahrem Christenthumb. Die Urausgabe des ersten Buches (1605). Kritisch hg. und mit Bemerkungen versehen von Johann Anselm Steiger. Hildesheim u. a. 2005 (= Philipp Jakob Spener: Schriften, Sonderreihe IV = Johann Arndt-Archiv I), S. 127.

31 Vgl. Johann Anselm Steiger: Art. Gerhard, Johann. In: Frühe Neuzeit in Deutschland 1520–1620. Literaturwissenschaftliches Verfasserlexikon. Hg. von Wilhelm Kühlmann, Jan-Dirk Müller, Michael Schilling, Johann Anselm Steiger, Friedrich Vollhardt. Bd. 2. Berlin u. a. 2012, Sp. 557–571.

Dieser Simon ist nun ein Bild aller wahren Jünger Christi, welche dem Herrn Christo sein Kreuz müssen auch nachtragen, wie davon Christus spricht Matthäus 16,24: Wer mein Jünger sein will, der nehme sein Kreuz auf sich und folge mir nach. Und Matthäus 11,28 f.: Kommet her zu mir alle, die ihr mühselig und beladen seid, ich will euch erquicken, nehmet auf euch mein Joch. [...]. Doch ist dabei dieser merkliche Unterschied: Christus trägt sein Kreuz selber in der Stadt Jerusalem, darinnen alle Opfer verrichtet wurden, auch nimmt er's wieder auf sich, als sie an den Ort der Kreuzigung kamen. Damit ist angedeutet, daß allein Christi Leiden ist das Sühnopfer [...]. Und hierin helfen ihm die Heiligen nicht, er tut's allein (Jesaja 63,5). Sie, die Heiligen, tragen zwar auch die Malzeichen des Herrn Jesu an ihrem Leibe (Galater 6,17) [...]. Aber solch Leiden der Heiligen ist kein Versöhnopfer oder Genugtuung für die Sünde, wie Christi Leiden ist, sondern ihre Geduld im Leiden ist ein geistliches Dankopfer [...].[32]

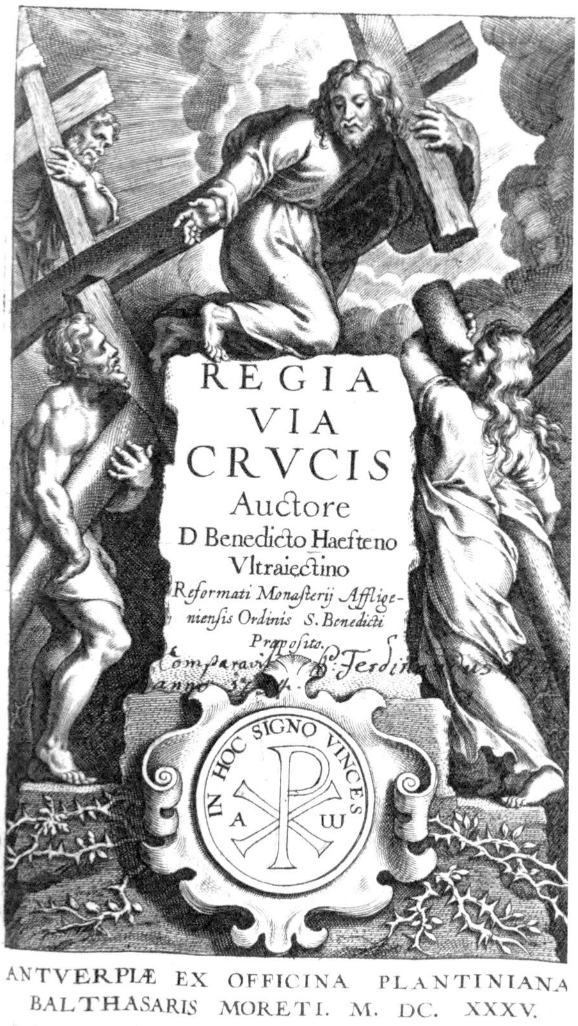

Abb. 3: Benedictus van Haeften: REGIA VIA CRVCIS. Antwerpen 1635 (BSB München Asc. 5540s), Titelblatt.

Die Segeberger emblematische Text-Bild-Kombination adaptiert vermittels der *superscriptio*, die aus Vergils *Aeneis* (IX, 641) herrührt, pagan-heidnische Bildungstradition und macht diese christlich-geistlich fruchtbar. Bei Vergil lobt der Gott Apollo das erste mit Waffen siegreich bestandene Gefecht von Aeneas' Sohn Ascanius mit den Worten »sic itur ad astra« (›so geht man zu den Sternen‹). Durch die Übertragung dieses Zitats in den Kontext der Topik der Nachfolge Christi findet eine tiefgreifende Transformation desselben statt. Denn deutlich ist, daß der in den Fußstapfen des leidenden Christus wandelnde christliche Streiter (*miles Christianus*[33]) nicht durch die Nutzung äußerer Waffen Ruhm erlangt, sondern in das Himmelreich kommt, indem er das Kreuz als Versinnbildlichung von allerlei äußeren und innerlichen Widrigkeiten trägt – ganz im Sinne von Apostelgeschichte 14,22, wo davon die Rede ist, »daß wir durch viel Trübsal müssen in das Reich Gottes gehen«.

Zwar liegt es in der Natur der Sache, daß Wanderer, auch kreuztragende, mit einem Wanderstab ausgestattet verbildlicht werden. Und doch ruft dies Reminiszenzen an biblische Texte wach, insbesondere an Psalm 23,4: »Und ob ich schon wanderte im finstern Tal, fürchte ich kein Unglück; denn du bist bei mir, dein Stecken und Stab trösten mich.« In der zeitgenössischen Auslegungstradition (und wohlgemerkt auch in der geistlichen Emblematik[34]) werden Stecken und Stab für gewöhnlich als Metaphern für das tröstliche Wort Gottes gedeutet, auch von Luther:

32 Johann Gerhard: Erklährung der Historien des Leidens vnnd Sterbens vnsers HErrn Christi Jesu nach den vier Evangelisten (1611). Kritisch hg. und kommentiert von Johann Anselm Steiger. Stuttgart-Bad Cannstatt 2002 (= Doctrina et Pietas I, 6), S. 318–320.

33 Vgl. Andreas Wang: Der ›Miles Christianus‹ im 16. und 17. Jahrhundert und seine mittelalterliche Tradition. Ein Beitrag zum Verhältnis von sprachlicher und graphischer Bildlichkeit. Bern, Frankfurt a. M. 1975.

34 Vgl. z. B. Johann Michael Dilherr: Augen- und Hertzens-Lust. Das ist/ Emblematische Fürstellung der Sonn- und Festtäglichen Evangelien. Jn welcher zu finden Erstlich/ der Jnhalt der Evangelien; Zum Andern/ die fürnehmste darinnen enthaltene Lehren; Zum Dritten/

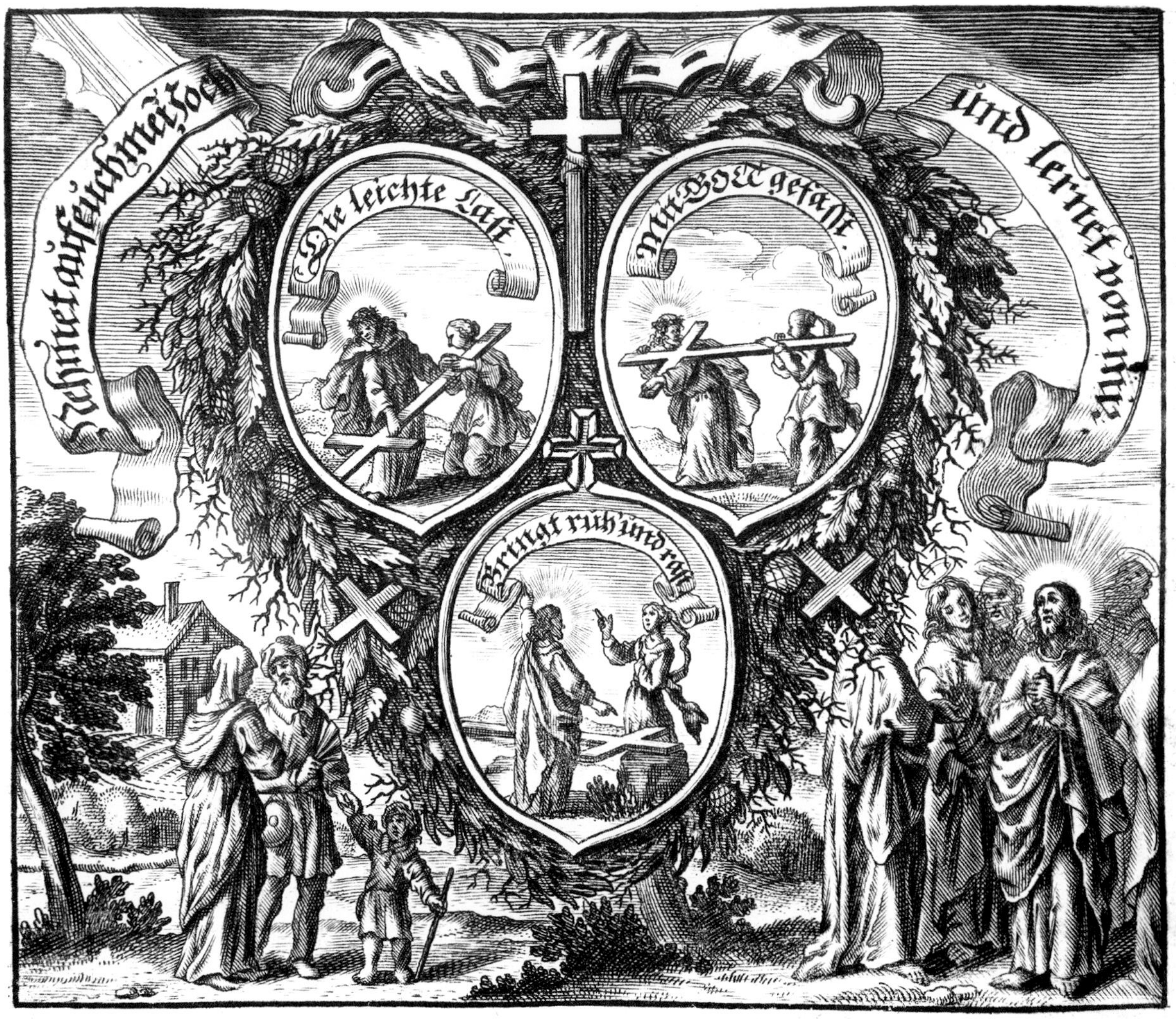

Abb. 4: Johann Michael Dilherr: Heilige Sonn- und Festtags-Arbeit/ Das ist: Deutliche Erklärung Der jährlichen Sonn- und Festtäglichen Evangelien: in welcher Dreyständig-nachdenckliche Sinnbilder vorangesetzet […]. Nürnberg [3]1674 (Theologische Bibliothek der Universität Hamburg L IV d 853), S. 942.

Darum spricht er [= David in Psalm 23,4]: ›Dein Stecken und Stabe trösten mich‹. Als wollt' er sagen: In allen meinen Ängsten und Nöten finde ich auf Erden nichts, dadurch mir geholfen kann werden, daß ich zufrieden bin. Allein Gottes Wort ist allda mein Stecken und Stab, daran halte ich mich und richte mich wieder daran auf. Und erfahre auch gewiß, daß der Herr dadurch bei mir ist und mich durch dasselbige Wort nicht allein stärket und tröstet in allen Trübsalen und Anfechtungen, sondern auch von allen meinen Feinden erlöset wider des Teufels und der Welt Willen.[35]

Vor diesem Hintergrund zeigt sich, daß der Kreuzträger, der gemäß Jesu Christi Aufforderung (Matthäus 16,24) dessen Kreuz auf sich genommen hat, zugleich in derartiger Belastung das Trost spendende und ihn stützende Wort Gottes – und mit ihm Christus selbst, der dieses Wort in Person ist (Johannes 1,1) – bei sich hat, welches ihn allererst in den Stand versetzt, seinen Weg zu gehen. Zieht man also die zeitgenössische Auslegungstradition heran, ist Christus, von dem man zunächst meinen könnte, er fehle im Segeberger Gemälde, in demselben sehr wohl repräsentiert, wenngleich verborgen: im Wanderstab des Kreuzträgers. In

ein darauf gerichtetes Gebethlein; Zum Vierdten/ ein Lied/ so auf das Evangelium/ und auf das Emblema/ oder Sinnbild/ gerichtet […]. Nürnberg 1661 (Privatbesitz), S. 294. Hier wird in einem Emblem ein Wanderer gezeigt, der einen Wanderstab in Form eines (auch explizit so bezeichneten) »Kreuz-stab[s]« (S. 297) nutzt und zugleich während seiner Wanderung in der Heiligen Schrift liest.

35 Luther, WA 51,286,35–287,3.

Luthers bzw. in der frühneuzeitlich-lutherischen Adaptation der Christophorus-Legende wird der Baum, an dem sich der Heilige, der Christus trägt, aufrecht hält, allegorisch als das Wort Gottes gedeutet. Somit ist klar, daß die Last selbst – der Christusknabe, der die Weltkugel mit sich führt – es ist, die Christophorus zugleich stützt.[36] Insofern ist der mit Wanderstab ausgerüstete Kreuzträger gleichsam nach dem Muster eben dieses (auch) im frühneuzeitlichen Luthertum äußerst populären Heiligen-Bildsujets modelliert.

In enger Verwandtschaft hiermit befinden sich ferner diejenigen bildlichen Präsentationen der Kreuztragungsthematik, welche zu Gesicht bringen, daß das vom Sohn Gottes auferlegte Kreuz gemäß Matthäus 11,30 darum eine leichte Last ist, weil dessen Hauptgewicht von Christus, also von Gott selbst, getragen wird. Hier tragen die Kreuzträger also ein Gewicht, das bereits getragen wurde und daher als leicht zu begreifen ist. Besonders eindrücklich macht dies ein dreiständiges Emblem in Johann Michael Dilherrs *Heiliger Sonn- und Festtags-Arbeit* sinnfällig (Abb. 4). Die Inschriften in den drei Bildmedaillons qualifizieren die leichte Last des Kreuzes gar als Vorschmack (*praegustatio*) der dem Volk Gottes verheißenen endzeitlichen Ruhe (im Sinne von Hebräer 4,9). »Die leichte Last | Mitt Gott gefaßt | Bringt Ruh' und Rast«.

III, 4

> Bild: Eine weibliche Gestalt steht in einer Landschaft und blickt in den Himmel.
> Bildüberschrift: IN COELO PATRIA EST CELAT MEA GAUDIA COELUM (Im Himmel ist das Vaterland; der Himmel verbirgt meine Freuden.)
> Bildunterschrift: Unser wandel ist im Himmel. phil 3, v 19.

Dieses Gemälde (Abb. 1) stellt eine weibliche Gestalt dar, die in einer Landschaft steht und ihren Blick voller Sehnsucht in den Himmel emporwendet. Dichtes Gewölk reißt auf und läßt den Sonnenschein durchbrechen, der die offenbar auf Wanderschaft befindliche Frau, welche ein Gepäckbündel mit sich führt, in helles Licht taucht. Die Bildunterschrift zitiert einen Teil von Philipper 3,20. Diesem Vers kommt Luther zufolge größte Relevanz zu. Denn der Text mache deutlich, daß ein Christenmensch, obgleich er dem Leibe nach noch auf Erden wandelt, seine Heimat und sein wahres Bürgerrecht schon im Himmelreich hat und dort bereits geistlich lebt:

> Hier auf Erden lebet ein Christ nach dem Leibe wie ein ander [= jeder] Mensch, isset und trinket, arbeitet und richtet seine Geschäfte aus. Aber sein Herz, Sinn und Gedanken stehen dorthin, daß er im Himmel ewig selig sein möge und an solcher Hoffnung gewiß sei. Dies Stück laßt uns wohl merken, daß der Herr unser Herrscher solche Herrschaft und Reich angerichtet und bereitet hat, darinnen wir schon nach dem Geist, Herzen und Seel' im Himmel sind, ob wir gleich nach dem Leibe in Landen hin und her zerstreuet wohnen. Also spricht auch Sankt Paulus Philipper 3,20: ›Unser Wandel ist im Himmel, von dannen wir auch warten des Heilandes Jesu Christi des Herrn, welcher unsern nichtigen Leib verklären wird, daß er ähnlich werde seinem verklärten Leibe nach der Wirkung, damit er kann auch alle Ding' ihm [= sich] untertänig machen‹. Unsere Bürgerschaft oder bürgerlich Wesen, spricht er, ist nicht hier auf Erden, sondern im Himmel, da haben wir unser recht Wesen und Leben. Der Kaiser und Papst mit seinem Wesen hat da nichts zu tun, sondern Jesus Christus, der Herr, hat da zu tun. In demselben Wesen sind wir Bürger und Erben Gottes, Mitbrüder und Miterben Christi. Ja, wir sind schon darin mit dem Herzen nach dem Geist und Glauben. Denn wir glauben, wie uns der Kinderglaube lehret, eine heilige christliche Kirche, Auferstehung des Fleisches und ein ewiges Leben.[37]

Der über dem Gemälde plazierte zweizeilige Hexameter »IN COELO PATRIA EST CELAT MEA GAUDIA COELUM«, dessen Herkunft ungeklärt ist, begegnet in frühneuzeitlichen Quellen häufiger, so etwa als Wahlspruch des Rostocker Theologieprofessors und nachmaligen Hamburger Hauptpastors Johannes Corfinius (1616–1664)[38] oder in der Beschriftung eines Porträts von Hermann Wiebe (Lebensdaten unermittelt), das die Erinnerung an den mecklenburgischen Pastor Mi-

36 Vgl. Johann Anselm Steiger: Christophorus – ein Bild des Christen. Heiligengedenken bei Martin Luther und im Luthertum der Frühen Neuzeit. Neuendettelsau 2012.
37 Luther, WA 45,214,22–40.
38 Vgl. Thomas Crenius: ANIMADVERSIONUM PHILOLOGICARUM ET HISTORICARUM PARS XVII. […]. Leiden 1709 (SUB Göttingen 8 SVA I, 4120), S. 235.

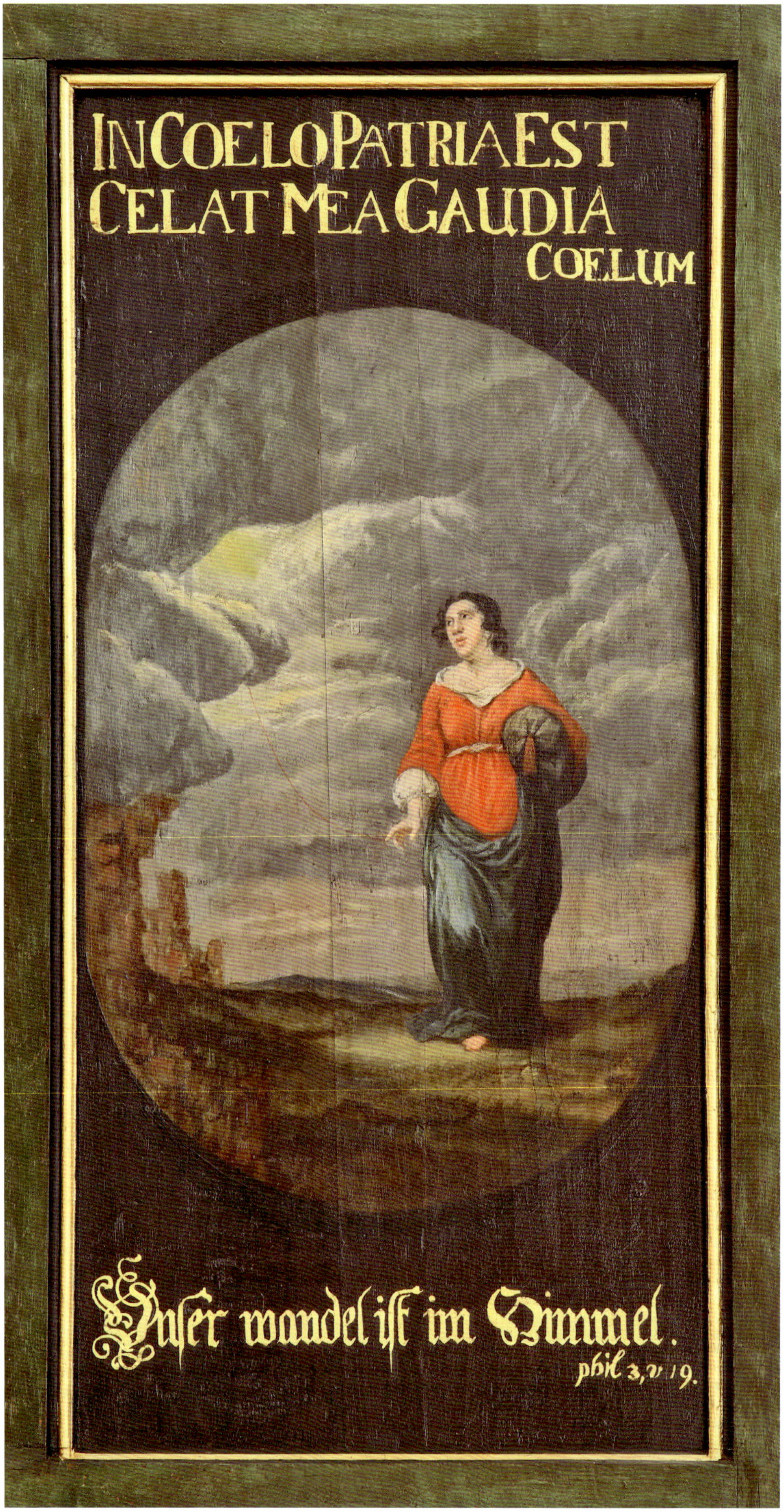

Abb. 1: Erste Wandlung, linker Flügel, Emblemgemälde Nr. 4.

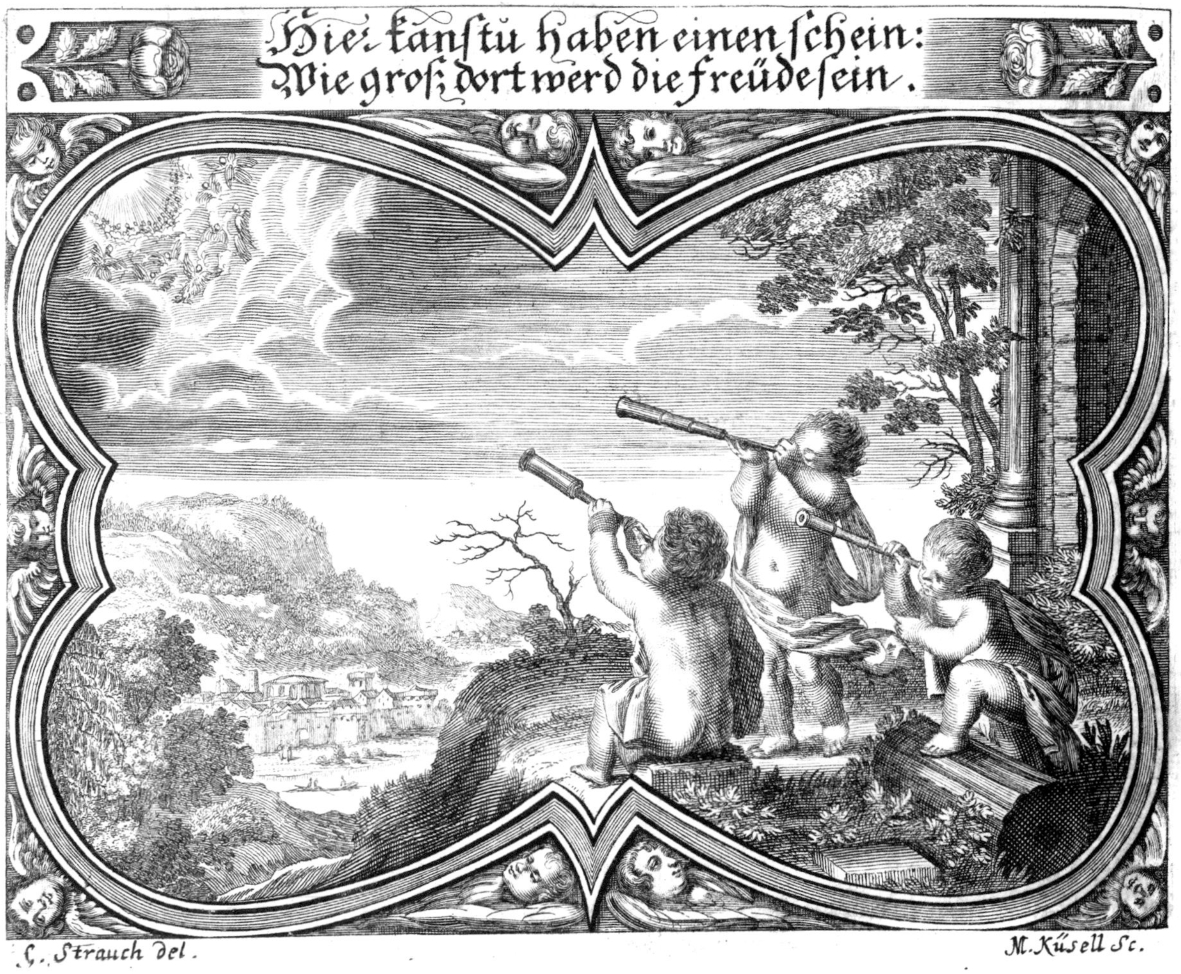

Abb. 2: Johann Michael Dilherr: Augen- und Hertzens-Lust. Das ist/ Emblematische Fürstellung der Sonn- und Festtäglichen Evangelien. […]. Nürnberg 1661 (Privatbesitz), S. 54.

chael Freude (1621–1692) wachhält.[39] Das lateinische Motto verdeutlicht, daß die wahre Heimat im Himmel zu finden ist und die noch auf Erden lebenden Gläubigen gemäß Hebräer 13,14 nur diese zukünftige Stadt suchen – eingedenk der Tatsache, daß sie eine bleibende Stadt hienieden nicht haben. Die Entbergung und Sichtbarwerdung der himmlischen Freuden aber stehen aus.

Die Sehnsucht des Glaubenden nach der himmlischen Heimat und das Streben danach, dieser nicht nur glaubend, sondern auch visuell möglichst nahezukommen, wurde in der geistlichen Emblematik des 17. Jahrhunderts zuweilen mit Hilfe des Bildmotivs einer durch ein Auszugsfernrohr emporblickenden Person zur Abbildung gebracht, auch in Kirchenräumen.[40] So gelang es, eine zu Beginn des 17. Jahrhunderts erfundene technisch-optische Innovation für die geistliche Ikonographie fruchtbar zu machen, wofür u. a. in Johann Michael Dilherrs *Augen- und Hertzens-Lust* (1661) ein Beleg zu finden ist (Abb. 2). Der Emblemkupferstich inszeniert drei Putti, die sehnsüchtig mit Hilfe von Teleskopen in den von Engeln bevölkerten himmlischen Thronsaal aufblicken, die Distanz zu ihm aber nicht realiter verkürzen, geschweige denn überbrücken.

Emblem III, 4 ist einerseits mit dem links daneben befindlichen (III, 3) eng verknüpft: In beiden geht es um die den Christenmenschen bestimmende irdische Wanderschaft mit dem Ziel, in das Himmelreich zu gelangen. Zugleich aber steht Emblem III, 4 in einem Korrespondenzverhältnis mit dem spiegelbildlich am rechten Flügel gegenüberstehenden Sinnbild IV, 3, welches die Krönung thematisiert, die den Glaubenden in der himmlischen Heimat zuteil werden wird.

39 Vgl. portraits.hab.de/werk/8367/ (eingesehen am 10.11.2021).

40 Vgl. Steiger, Gedächtnisorte (wie Anm. 14), S. 33–35 und 720 f.

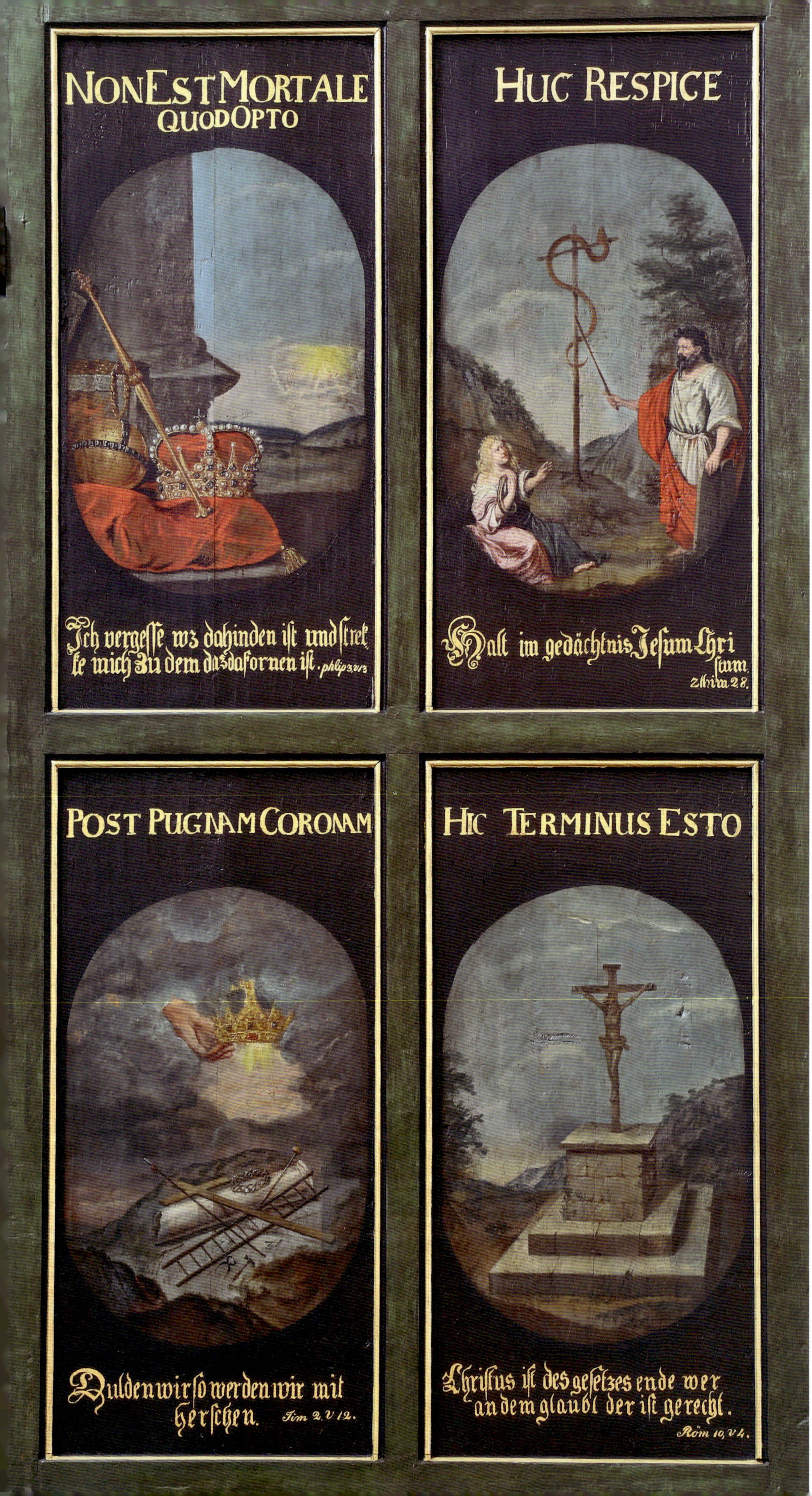

Abb. 1: Erste Wandlung, rechter Flügel.

IV. ERSTE WANDLUNG, RECHTER FLÜGEL

IV, 1

> Bild: Weltliche Herrschaftsinsignien liegen am Fuß einer Säule.
> Bildüberschrift: NON EST MORTALE QUOD OPTO (Nicht ist sterblich, was ich wünsche.)
> Bildunterschrift: Jch vergesse wz dahinden ist und strecke mich zu dem das da fornen ist. phlip [richtig: philip] 3, v 13

Das vorliegende Gemälde (Abb. 2) zeigt die Herrschaftsinsignien des römischen Kaisers deutscher Nation: Krone, Reichsapfel und Zepter sind auf einem roten Samtkissen plaziert, liegen aber an der Basis einer Säule. Rechts an der Säule vorbei richtet sich der Blick des Betrachters in eine Landschaft. Die am Boden liegenden Insignien sind als Vanitas-Symbole aufzufassen; sie symbolisieren die Begrenztheit jeglicher weltlicher Macht sowie die Vergänglichkeit sämtlicher irdischer Güter und aller Geschöpfe. Auf diese Weise wird visuell sinnfällig, daß durch Christi Erlösungswerk mit Sünde, Tod und Teufel auch die sündige Welt ein für allemal zu ihrem Ende gekommen ist. Es ist dies ein Sachzusammenhang, der in der zeitgenössischen Tradition oftmals mit Jesu Worten in Beziehung gesetzt wird, die er in einer seiner Abschiedsreden an seine Jünger richtete: »In der Welt habet ihr Angst; aber seid getrost, ich habe die Welt überwunden« (Johannes 16,33). Luther äußert sich über diesen Vers folgendermaßen:

> Gering und klein sind wir gegen dem Tod und des Teufels Macht. Aber so wir hangen an diesem, der da spricht: Ich, ich hab' die Welt überwunden, so wollen wir sehen, ob alle Welt, Teufel und Tod so weiten Rachen haben, daß sie uns verschlingen. Verschlingen sie uns aber, so soll ihnen ein Bein überzwerch [= quer] in den Hals kommen, daß sie daran erwürgen müssen. Denn so wenig sie Christum aufgefressen und verzehrt haben, so wenig sollen sie uns auch verzehren. Solchen Mut wollt' uns Christus hiermit gerne einreden, daß wir doch auf ihn lerneten trotzen und uns verlassen, denn er bedenkt und siehet wohl, daß wir für uns selbst sehr schwach sind und [...] zu sehr entsetzen und erschrecken vor den großen Riesen Tod, Teufel und Welt. Solches weiß ich sehr wohl, spricht er, darum will ich euch an mich hängen und wiederum mich an euch, also daß ihr sollt euern Trost und Trotz setzen auf mich, der ich habe die Welt schon überwunden. [...]. Allein wendet eure Augen beide von euch und ihnen, und sehet doch, wer ich sei, daß ihr könnet sagen: Hörest du, Tod, Teufel, Papst, Kaiser und Welt, du machest dich wahrlich groß, bleckest deine langen, scharfen Zähne und sperrest deinen Rachen weit, so bin ich gegen dir ein armes Würmlein. Das ist wahr. Aber was deucht [= dünkt] dich um den, der da spricht: »Ich bin's, und ich hab' die Welt überwunden« und solches zu mir sagt und heißt mich darauf getrost verlassen.[41]

Die Bildüberschrift »NON EST MORTALE QUOD OPTO« macht deutlich, daß sich das Wünschen des Glaubenden und am Abendmahl Teilnehmenden nicht auf leiblich-irdische Dinge richtet, sondern auf die im Sakrament des Altars zugänglichen geistlichen Güter, nämlich auf Vergebung der Sünden, Gemeinschaft mit Christus und ewiges Leben. Der Wortlaut des Mottos

41 Luther, WA 46,106,4–17.22–29.

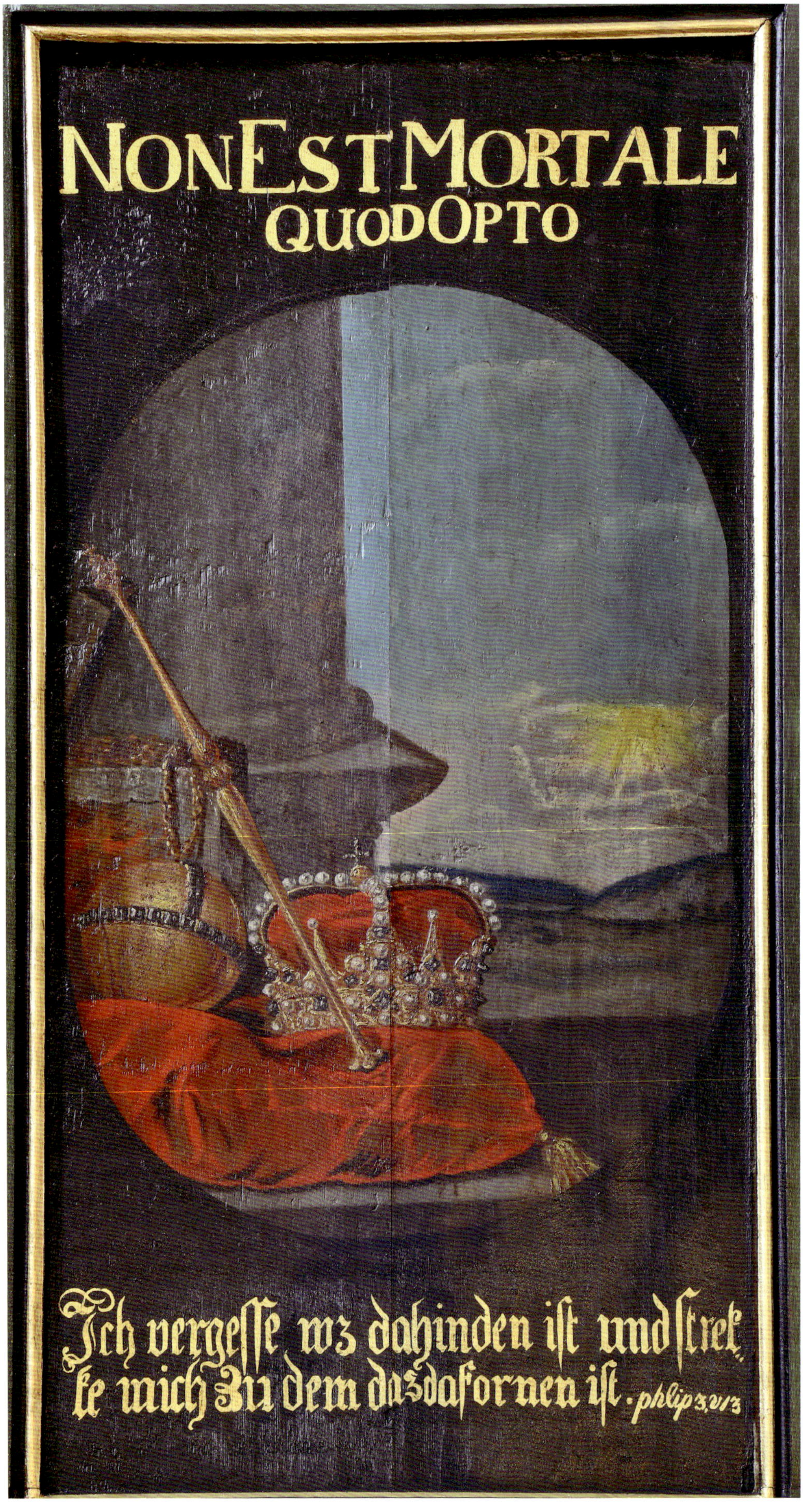

Abb. 2: Erste Wandlung, rechter Flügel, Emblemgemälde Nr. 1.

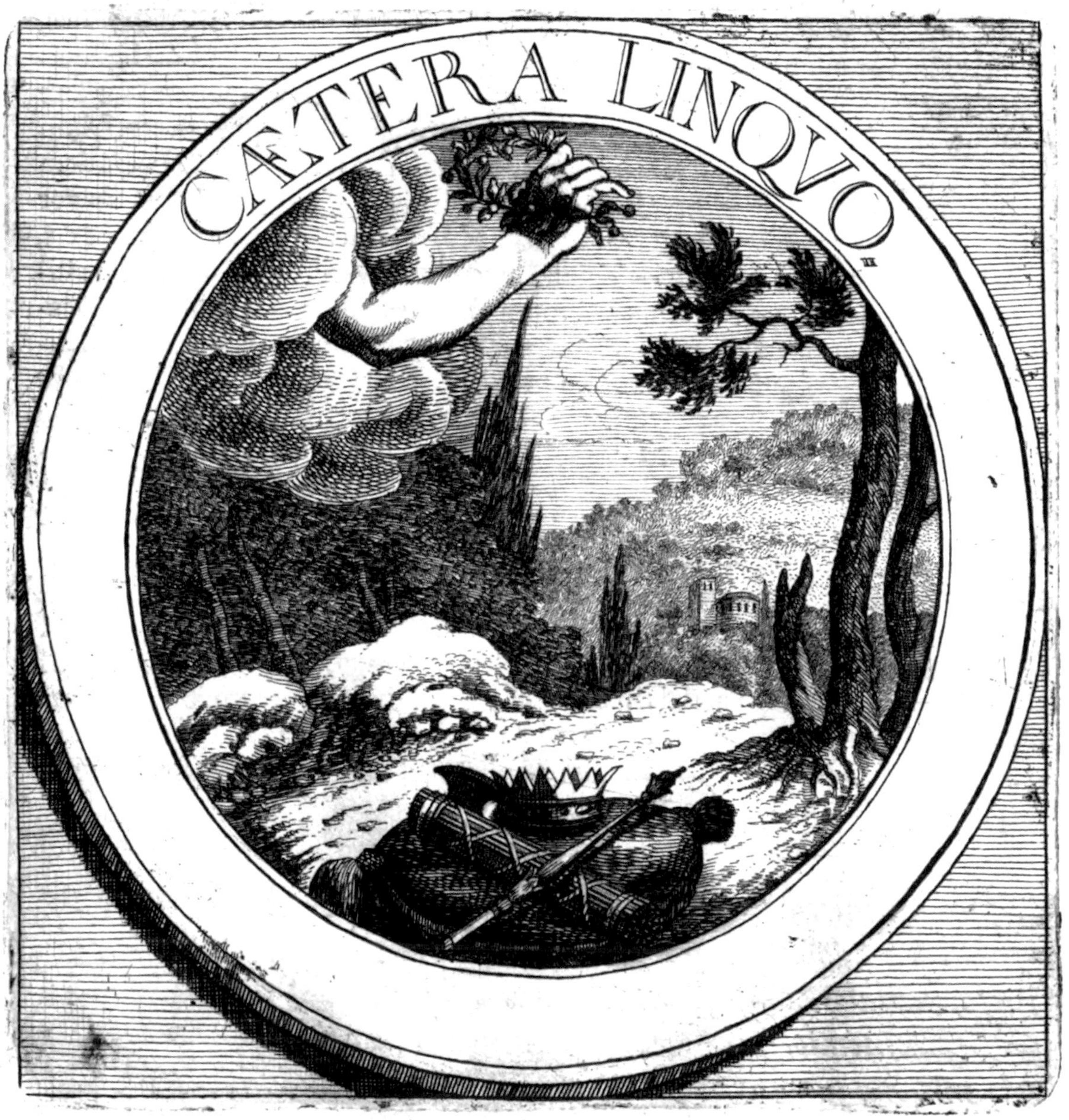

Abb. 3: [Karl II. von der Pfalz (Philotheus)]: PHILOTHEI SYMBOLA CHRISTIANA Quibus IDEA HOMINIS CHRISTIANI EXPRIMITUR. Frankfurt a.M. 1677 (SUB Göttingen 4 BIBL UFF 438), Nr. 3.

stimmt wörtlich mit einer Passage desjenigen Gedichts überein, das Philotheus – hinter diesem Pseudonym steht vermutlich der nachmalige pfälzische Kurfürst Karl II. (1651–1685) – seinem dritten Sinnbild beigab: »Non est mortale, quod opto«.[42] Die *pictura* von Philotheus' Emblem (Abb. 2) kann nicht als direkte Vorlage des Segeberger Gemäldes angesehen werden, zeigt jedoch auch eine Krone sowie ein Zepter (und zusätzlich ein Liktorenbündel, welches ehedem den römischen Konsuln als Zeichen ihrer Macht vorangetragen wurde). Auch diese Herrschaftsinsignien liegen am Boden und haben ihre Bedeutung verloren, während eine himmlische Hand einen Lorbeerkranz bereithält. Das Motto lautet: »CAETERA LINQVO« (anderes verlasse

42 [Karl II. von der Pfalz (Philotheus)]: PHILOTHEI SYMBOLA CHRISTIANA Quibus IDEA HOMINIS CHRISTIANI EXPRIMITUR. Frankfurt a.M. 1677 (SUB Göttingen 4 BIBL UFF 438), S. 6.

ich/lasse ich hinter mir). Allerdings befassen sich Philotheus' Emblem und seine Kommentierung nicht mit der Abendmahlsthematik, sondern nehmen die Tatsache in den Blick, daß allen beständig Glaubenden die endzeitliche Krönung durch Gott gewiß bevorsteht – mithin ein Gut, das sämtliche irdische Macht bei weitem übertrifft.

In diesem Sinne ist auch die Segeberger Bildunterschrift (Philipper 3,13) zu interpretieren, die den Betrachter dazu auffordert, sich wie der Apostel Paulus nicht an die irdischen Dinge zu hängen, sondern sich den himmlischen Gütern zuzuwenden. In der frühneuzeitlichen Auslegungstradition wird der besagte Vers aus dem Philipperbrief als Aufforderung zur geistlichen Weltflucht (*fuga spiritualis*) gedeutet: Der Glaubende möge sich von der sündlichen Welt abwenden, Zuflucht bei Gott finden und nicht an der irdischen Habe klebenbleiben – anders als Loths Frau, die sich in Trauer über die verlorenen weltlichen Besitztümer umwandte, ihren Blick auf die in Flammen untergehenden Städte Sodom und Gomorrha richtete und zur Salzsäule erstarrte:

> Ferner sollen wir geistlicherweise fliehen. Leibliche Flucht wird nicht helfen, denn die Trübsal gehet nicht mehr allein über ein Land, sondern über die ganze Welt. Also aber können wir entgehen, wenn wir durch die Erkenntnis Christi dem Unflat dieser Welt entfliehen (2. Petrus 2,20), die fleischlichen Lüste meiden und dessen vergessen, was da hinten ist, uns aber strecken zu dem, der vorne ist, und jagen nach dem fürgestreckten Ziel (Philipper 3,14). Als Sodoma und Gomorrha mit Feuer vom Himmel sollte verzehret werden, wurde ihm [= Loth] befohlen, er sollte auf einen Berg fliehen und seine Seele erretten (1. Mose 19,17). Das deutet Christus Lukas 17,32 auf die letzten Zeiten. Gedenkt an Loths Weib, spricht er, sehet nicht aus unordentlicher Liebe des Zeitlichen wiederum zurück, sondern hebet eure Augen auf zu den Bergen, von welchen euch Hilfe kommt (Psalm 121,1). Diese Berge sind Gottes Wahrheit und Barmherzigkeit, Gottes Güte und Gerechtigkeit (Psalm 36,7); von denselben kommt uns Hilfe und Rettung.[43]

Emblem IV, 1 steht in engster antithetischer Beziehung zum direkt darunter befindlichen Sinnbild IV, 3, in dem es um die den Glaubenden verheißene himmlische Krönung und um deren Teilnahme an der Herrschaft Christi geht.

IV, 2

> Bild: Mose weist eine von einer Schlange gebissene Frau mit seinem Stab auf die am Kreuz erhöhte Schlange.
> Bildüberschrift: HUC RESPICE (Hierher blicke zurück!)
> Bildunterschrift: Halt im gedächtnis Jesum Christum. 2 thim 2. 8.

Das Gemälde (Abb. 1) stellt eine Szene aus der Zeit der Wanderung des Volkes Israel durch die Wüste dar: Gott bestrafte Israel für seinen Ungehorsam, indem er giftige Schlangen sandte. Nachdem Mose Fürbitte für das reuige Volk bei Gott gehalten hatte, beauftragte Gott ihn, eine erzene Schlange aufzurichten, damit diejenigen, die sie ansehen, gerettet werden (4. Mose 21,4–9). Diese Rettungsgeschichte bezieht der Sohn Gottes im Gespräch mit Nikodemus, das im Evangelium des Johannes überliefert ist, auf sich, wenn er sagt: »Und wie Moses in der Wüste eine Schlange erhöht hat, also muß des Menschen Sohn erhöht werden, auf daß alle, die an ihn glauben, nicht verloren werden, sondern das ewige Leben haben« (Johannes 3,14 f.). Im Alten Testament – dies macht das Gemälde am Segeberger Altar in Übereinstimmung mit der reformatorischen Sichtweise erkennbar – finden sich zahlreiche Weissagungen des Leidens und Sterbens Jesu Christi, durch das allen, die an ihn glauben, das ewige Heil zuteil wird.

Die lateinische *superscriptio* ist auf einer ersten Bedeutungsebene als imperativische Aufforderung des im Bild mit dem Zeigestab wiedergegebenen Mose zu verstehen, der die von einer Schlange bedrohte bzw. bereits gebissene Frau dazu anhält, im Anblick der Ehernen Schlange gemäß der göttlichen Verheißung Rettung zu erlangen. Zugleich aber eröffnet das Zu-

43 Johann Gerhard: Postilla (1613). Kritisch hg. und kommentiert von Johann Anselm Steiger. 5 Teilbde. Stuttgart-Bad Cannstatt 2014–2020 (= Doctrina et Pietas I, 7, 1–5), hier Bd. 3, S. 395, Z. 11–25.

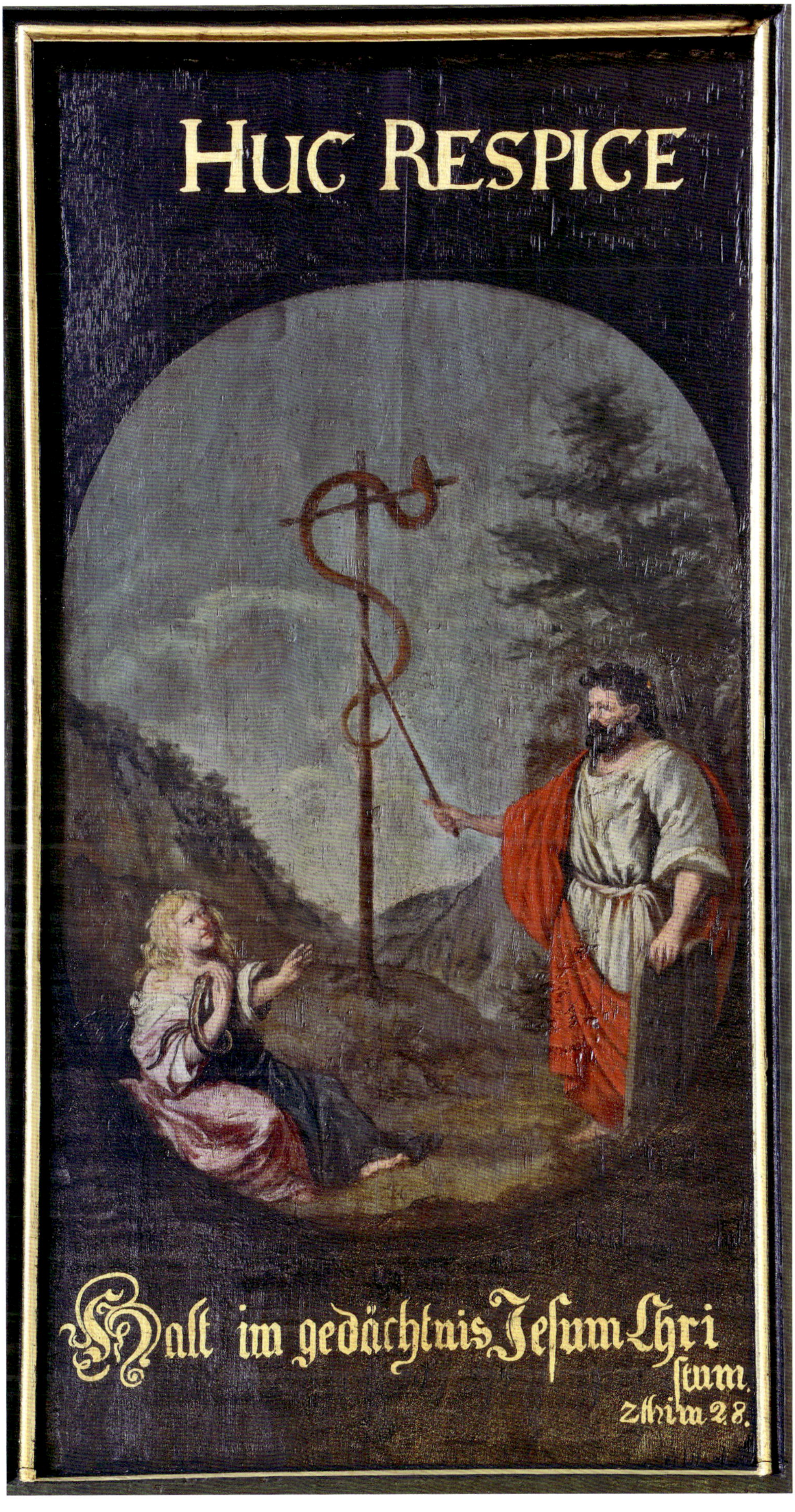

Abb. 1: Erste Wandlung, rechter Flügel, Emblemgemälde Nr. 2.

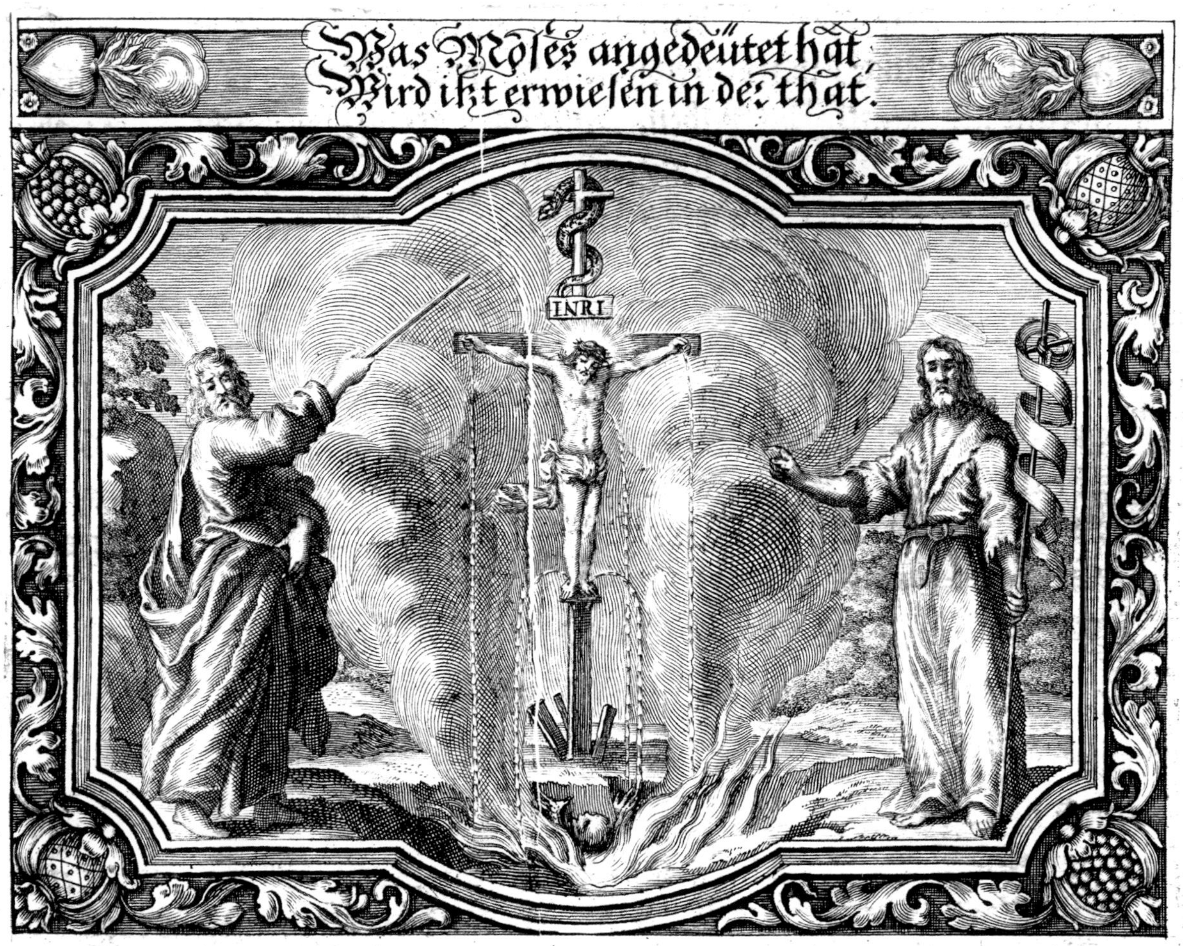

Abb. 2: Johann Michael Dilherr: Augen- und Hertzens-Lust. Das ist/ Emblematische Fürstellung der Sonn- und Festtäglichen Evangelien. […]. Nürnberg 1661 (Privatbesitz), S. 311.

sammenspiel der Überschrift mit der 2. Timotheus 2,8 zitierenden Unterschrift eine weitere Deutung: Der in den beiden Inschriften formulierte doppelte Imperativ legt dem Betrachter der Segeberger Bild-Text-Kombination nahe, das Gedächtnis an Jesus Christus – im Sinne von Johannes 3,14 f. – mit der Erinnerung an den Alten Bund und an die durch die erhöhte Schlange gewährte Rettungstat Gottes während der Wüstenwanderung des Volkes Israel zu verbinden. Dieser doppelten Aufforderung läßt sich in der Meditation der Emblemgemälde auch visuell nachkommen, indem man den Blick von der Darstellung der Ehernen Schlange auf die direkt darunter befindliche Darbietung des Crucifixus in Emblem IV, 4 und/oder auf die Golgathaszene in Emblem VI, 4 schweifen läßt.

Derartige interpikturale Korrelationen von Eherner Schlange und Christus am Kreuz begegnen in zahlreichen Bildartefakten der Frühen Neuzeit, nicht zuletzt in den sogenannten Gesetz- und Gnadebildern.[44] Eine Überführung dieser ohnehin bereits komplexen Thematik in eine echte Vergleichzeitigung des eben benannten Doppelblickes gelingt in einer Bilderfindung Georg Strauchs (1613–1675)[45]. Hier sind Mose mit dem Stab und Johannes der Täufer mit dem Kreuzstab

44 Vgl. Heimo Reinitzer: Gesetz und Evangelium. Über ein reformatorisches Bildthema, seine Tradition, Funktion und Wirkungsgeschichte. 2 Bde. Hamburg 2006 sowie Miriam Verena Fleck: Die Glaubensallegorie ›Gesetz und Gnade‹ in Europa zwischen Spätmittelalter und Früher Neuzeit. Korb 2010.

45 Zu Georg Strauch vgl. Nürnberger Künstlerlexikon. Bildende Künstler, Kunsthandwerker, Gelehrte, Sammler, Kulturschaffende und Mäzene vom 12. bis zur Mitte des 20. Jahrhunderts. Hg. von Manfred H. Grieb. Bd. 3. München 2007, S. 1505 f. und Hannshubert Mahn: Lorenz und Georg Strauch. Beiträge zur Kunstgeschichte Nürnbergs im 16. und 17. Jahrhundert. Reutlingen 1927 sowie Anonym: Art. Strauch, Georg. In: Allgemeines Lexikon der bildenden Künstler von der Antike bis zur Gegenwart 32 (1938), S. 169 f. Vgl. zudem Michael Diefenbacher, Rudolf Endres (Hg.): Stadtlexikon Nürnberg. Nürnberg ^{2}2000, S. 1051.

zu sehen (Abb. 2), die auf ein in der Bildmitte plaziertes besonderes Bildartefakt deuten, wobei Mose den Zeigegestus mit dem Stab und der Täufer mit seiner Rechten ausführt. Das Bild im Bild, auf das Mose und der Täufer den Betrachter weisen, vergegenwärtigt den Crucifixus und zugleich die erhöhte Schlange, welche auf dem Kreuz Christi ebenfalls an einem Kreuz angebracht ist. Obendrein wird die Topik des Gekreuzigten als Lebens- bzw. Heilbrunnen (vgl. S. 97) aufgegriffen, insofern aus allen Wunden Jesu Christi Blut (bzw. Blut und Wasser aus der Seitenwunde) in starken Strömen hervortreten, welche das höllische Feuer unter dem Kreuz auslöschen.

IV, 3

> Bild: Eine himmlische Hand reicht eine Krone herab. Auf einem Felsen liegen Marterwerkzeuge.
> Bildüberschrift: POST PUGNAM CORONAM (Nach dem Kampf die Krone)
> Bildunterschrift: Dulden wir so werden wir mit herschen. Tim [richtig: 2. Tim] 2. V 12.

Das Gemälde (Abb. 1) stellt eine himmlische Hand dar, welche eine Krone herabreicht, hinter der das Sonnenlicht aus dichtem Gewölk hervorbricht. Diese von ganz oben kommende Krone steht in einer stärker nicht denkbaren Antithese zur am Boden liegenden Krone in dem darüber stehenden Emblem IV, 1 (s. o. S. 73–76).

In der unteren Bildhälfte liegen auf einem Felsen diejenigen Marterwerkzeuge, die aus den Passionserzählungen der Evangelien bzw. aus der auf ihnen basierenden Ikonographie bekannt sind (*arma passionis* bzw. *arma Christi*): Dornenkrone, Kreuz, Säule, Lanze, Stab mit Essigschwamm, Leiter, Nägel, Hammer, Zange. Diese erinnern einerseits an die verschiedenen Stationen des Leidens Christi, wie sie in den spätmittelalterlichen Schnitzarbeiten ja auch am Segeberger Flügelaltar (in dessen zweiter Wandlung) vorgetragen werden. Andererseits stehen die Marterwerkzeuge in vorliegendem Emblemzusammenhang für diejenigen Widrigkeiten, welche die Glaubenden in der Christusnachfolge (*imitatio Christi*) zu ertragen haben, womit ein Thema erneut aufgegriffen und variiert wird, das am linken Flügel in Emblem III, 3 (Kreuzträger) traktiert wird (s. o. S. 64–69).

Die Bildüberschrift »POST PUGNAM CORONAM«[46] ist kein Bibelzitat, nimmt aber merkspruchartig Bezug auf biblische Kerntexte, etwa auf 2. Timotheus 4,7 f., wo Paulus die Gewißheit zum Ausdruck bringt, daß ihm trotz aller erfahrener Widrigkeiten die Bekrönung mit dem göttlichen Siegeskranz bevorsteht:

> Ich hab' einen guten Kampf gekämpfet, ich hab' den Lauf vollendet, ich hab' Glauben gehalten. Hinfort ist mir beigelegt die Krone der Gerechtigkeit, welche mir der Herr an jenem Tage, der gerechte Richter, geben wird, nicht mir aber allein, sondern auch allen, die seine Erscheinung liebhaben (2. Timotheus 4,7 f.).

Gemäß zeitgenössischer Anschauung gilt eben diese Verheißung allen Glaubenden, die sich als christliche Streiter (*milites Christiani*) in einem geistlich-militärischen Konflikt mit den Verderbensmächten befinden. In diesem Zusammenhang führt Johann Gerhard im Anschluß an den Kirchenvater Gregor von Nyssa (335/340 – nach 386) in einer seiner Leichenpredigten folgendes aus:

> Dies sind also die herrlichen Verheißungen, welche Christus selber, qui est moderator certantium et corona triumphantium (der der Anführer der Streitenden und der Kranz der Siegreichen ist), den geistlichen Überwindern hat gegeben. In Ansehung [= Anbetracht] derselben sollen wir nun den Harnisch Gottes ergreifen, auf daß wir, wenn das böse Stündlein kommt, Widerstand tun und alles wohl ausrichten und das Feld behalten mögen (Epheser 6,13). Christus hat uns die Krone gewiesen. Laßt uns nur getreu sein bis an den Tod, so wird er uns die Krone des Lebens, die Krone der Ehren, die Krone der Freuden und die Krone der ewigen Seligkeit geben (Offenbarung 2,10). Dazu helfe uns Gott durch Christum, Amen.[47]

46 Vgl. Gerhoch von Reichersberg: Opera omnia. Bd. 2. Paris 1855 (= Migne, Patrologia latina 194), hier: Expositionis in Psalmos continuatio, pars 9, Sp. 529C/D: »et post pugnam victoribus corona promittitur, quia ›nemo coronabitur, nisi qui legitime certaverit‹ […].«

47 Johann Gerhard: Sämtliche Leichenpredigten nebst Johann Majors Leichenrede auf Gerhard. Kritisch hg. und kommentiert von Johann Anselm Steiger. Stuttgart-Bad Cannstatt 2001 (= Doctrina et Pietas I, 10), S. 62, Z. 22 – S. 63, Z. 4.

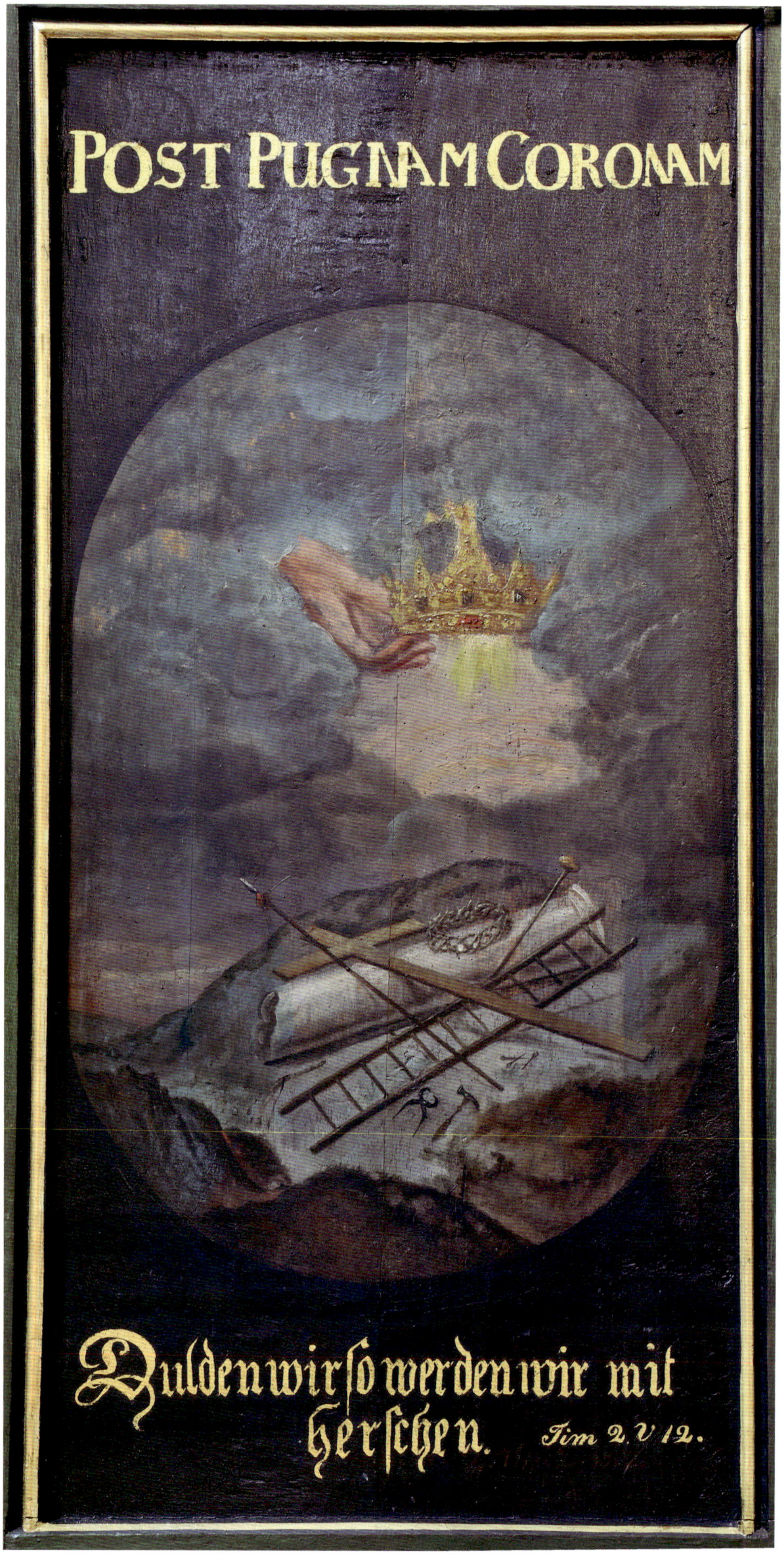

Abb. 1: Erste Wandlung, rechter Flügel, Emblemgemälde Nr. 3.

Die Bildunterschrift entstammt 2. Timotheus 2,12 und verdeutlicht gemeinsam mit dem im Bild Vorgetragenen, daß die Glaubenden, die innerhalb ihrer irdischen Existenz und durch die von ihnen ertragenen Leiden dem Christus der Passionserzählungen ähnlich werden, zugleich die Verheißung haben, gemeinsam mit dem in die himmlische Herrlichkeit eingegangenen Christus die geistliche Herrschaft auszuüben. Unter Bezugnahme auf 2. Timotheus 2,12 beschreibt Luther die Koinzidenz der Gleichgestaltung der Glaubenden sowohl mit dem leidenden als auch mit dem zur Rechten Gottes erhöhten Christus folgendermaßen:

> ›Wollen wir mit herrschen, so müssen wir auch mit leiden‹, denn so wir Lust und Freud' haben am Evangelio und begehren, seines unaussprechlichen Reichtums und seines ewigen Schatzes teilhaftig zu sein, müssen wir auch nicht ausschlagen sein Kreuz, und was es mit sich Ungemach bringt, angesehen [= in Anbetracht der Tatsache], daß sein Reichtum und Schatz ewig ist und Ungemach zeitlich, ja augenblicklich. Er hat selber gesagt: ›In der Welt werdet ihr Ungemach haben, in mir aber den Fried'‹ (Johannes 16,33). Wollen wir Fried' in ihm haben, wohlan, so müssen wir Ungemach von der Welt haben, da wird nicht anders aus. ›Gedenkt‹, sagt er, ›meines Worts, das ich euch gesagt habe. Der Knecht ist nicht besser denn der Herr, haben sie mich verfolgt, sie werden euch auch verfolgen‹ (Johannes 15,20).[48]

In seiner Auslegung von Sacharja 12,10 – eines Textes mithin, der in der Erzählung von der Kreuzigung vom Evangelisten Johannes zitiert wird (Johannes 19,37) – nimmt Luther ebenfalls auf 2. Timotheus 2,12 Bezug und verortet das Leiden der Glaubenden innerhalb der Nachfolge Christi (*imitatio Christi*) und der einem jeden Christenmenschen während seines gesamten irdischen Lebens nötigen Abtötung des alten Adam:

> Solch Klagen haben wohl seine Freunde leiblich erfüllet, da sie ihn auch leiblich sahen zerstochen und gestorben. Aber solche Klage muß weitergehen und auch zu denen kommen, die ihn im Glauben durch's Evangelium anschauen, wie er gekreuziget und gestorben ist, welche Klage oder Leidtragen nichts anderes ist denn daß sie seinem Exempel nach ein jeglicher auch sein Kreuz trägt und also das recht' Mitleiden vollbringet, wie Paulus spricht: ›Leiden wir mit, so werden wir auch mit herrschen‹ (2. Timotheus 2,12), und Christus selber: ›Wer nach mir kommen will, der verleugne sich selbst und nehme sein Kreuz und folge mir nach‹ (Lukas 9,23). Das ist ein recht' Mitleiden und Tötung des alten Adams, da ein Christ stets in Fahr [= Gefahr] Leibs, Guts, Ehre und Lebens stehet etc.[49]

IV, 4

> Bild: Ein auf einem Postament errichtetes Kruzifix vor einer Landschaft
> Bildüberschrift: HIC TERMINUS ESTO (Hier soll das Ende sein.)
> Bildunterschrift: Christus ist des gesetzes ende wer an dem glaubt der ist gerecht. Röm 10, v 4.

Betrachtet man die Gemälde und Inschriften am Segeberger Altarretabel in geöffnetem Zustand von links nach rechts, so steht am Ende dieser Serie ein Emblemgemälde (Abb. 1), welches sich passenderweise mit der Thematik des Endes in einem sehr spezifischen Sinne befaßt. Das Emblembild zeigt ein Kruzifix, das auf einem Postament errichtet ist, zu dem zwei Stufen hinaufführen. Vergleichbar einem Flurkreuz (bzw. Wegkreuz) ist dies hier abgebildete Artefakt in einer bergigen Landschaft plaziert. Was der Betrachter vor sich hat, ist also ein Bild eines Bildartefakts, welches in enger Beziehung zu der darüber ins Bild gesetzten Ehernen Schlange steht (IV, 2), die ja ebenfalls als Bild im Bild erscheint. Zweifelsohne liegt ferner eine enge Korrespondenz des Gemäldes IV, 4 mit demjenigen links daneben (IV, 3) vor, in dem das Kreuz im Arsenal der Passions-Marterwerkzeuge sichtbar ist. Zieht man zudem in Erwägung, daß zu diesem interpikturalen Netzwerk auch die Darbietung der Golgathaszene in VI, 4 gehört, ergibt sich ein kompositorisches Dreieck. Hinzu kommt jedoch, daß diese vom Bildsujet des Kreuzes geprägte rechte Zone in der ersten Wandlung des Altars mit dem Emblem ganz links in Beziehung steht, welches drei Kreuzträger zeigt (III, 3).

Bildüberschrift und Bildunterschrift qualifizieren Christus als das Ende des Gesetzes im Sinne von Römer 10,4. Zieht man diesbezüglich die zeitgenössische

48 Luther, WA 12,224,25–225,7.

49 Luther, WA 23,648,24–33.

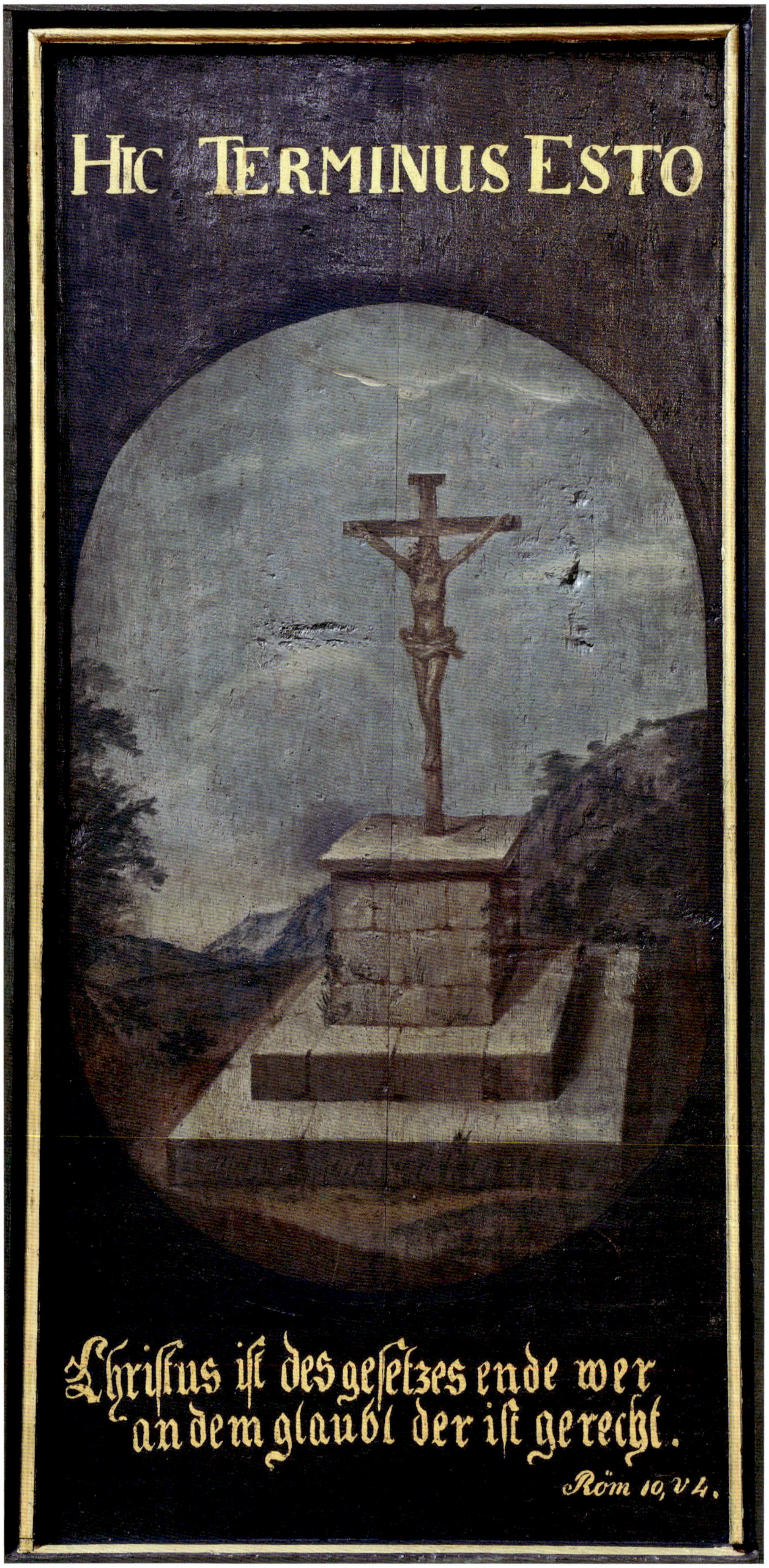

Abb. 1: Erste Wandlung, rechter Flügel, Emblemgemälde Nr. 4.

Auslegungspraxis heran, wird rasch deutlich, daß es sich um ein Mißverständnis handeln würde, wenn man annehmen wollte, in Römer 10,4 sei von einer absoluten Abrogation des mosaischen Gesetzes die Rede. Vielmehr wurde dieser Schlüsseltext dahingehend gedeutet, daß mit Christi Versöhnungswerk und der gnädigen Zurechnung (*imputatio*) der von ihm durch sein Leiden und Sterben erworbenen Gerechtigkeit (*iustitia*) das Gesetz des Mose insofern zum Ende – d.h. zum Ziel bzw. zur Erfüllung – kam, als es den nun gerechtfertigten Menschen nicht mehr anzuklagen vermag. In diesem Sinne führt Johann Gerhard aus:

> Siehe, diese völlige Liebe Christi ergreifet unser Glaube und tröstet sich damit wider die Anklage des Gesetzes Gottes, denn wie das bittere Leiden Christi ist die Bezahlung für unserer Sünden Schuld, also ist diese völlige Liebe Christi unsere Gerechtigkeit, welche vor Gott gilt, und darum vermag das Gesetz mit seiner Anklage nichts wider die Gläubigen, denn sie ergreifen mit wahrem Glauben Christum und in Christo diese völlige Liebe, in der völligen Liebe die Erfüllung der Gebot' Gottes. Wo nun ist Erfüllung des Gesetzes, daselbst ist Gerechtigkeit, wo die Gerechtigkeit ist, da ist auch die Gnade Gottes, und daselbst muß die Anforderung des Gesetzes aufhören, und daher verstehen wir, was Paulus meinet zu den Römern am 10. Christus ist des Gesetzes Ende oder Erfüllung, denn das Wort, das in seiner Sprache gebrauchet wird, bedeutet's beides, wer an ihn glaubet, der ist gerecht (Römer 10,4).[50]

50 Gerhard, Postilla (wie Anm. 43), Bd. 3, S. 286, Z. 14–26.

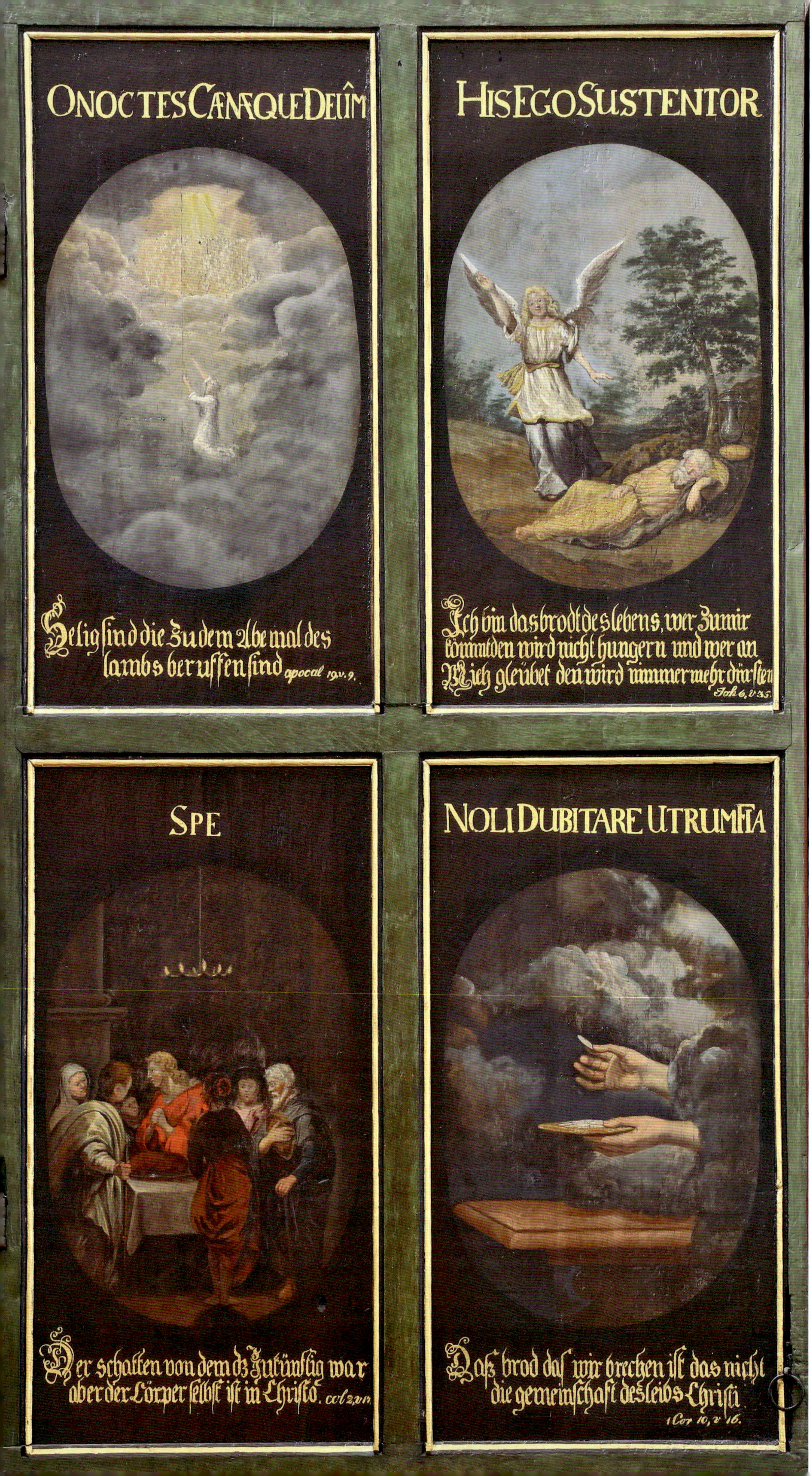

Abb. 1: Mitteltafel, linke Hälfte.

V. MITTELTAFEL, LINKE HÄLFTE

V, 1

> Bild: Ein kniender Mensch erhebt seine Arme gen Himmel.
> Bildüberschrift: O NOCTES CAENAEQUE DEÛM[51] (O, Nächte und Mahlzeiten der Götter!)
> Bildunterschrift: Selig sind die zu dem Abemal [richtig: Abendmal] des lambs beruffen sind apocal 19. v. 9.

Das Gemälde (Abb. 2) zeigt in seitlicher Ansicht einen knienden Menschen – ob Mann oder Frau ist nicht sicher erkennbar –, der in ein weißes Gewand gekleidet ist und seine Arme betend gen Himmel erhebt. Die Gestalt ist gänzlich von Wolken umgeben und blickt nach oben, wo sich das himmlische Licht durch das dichte Gewölk Bahn bricht. Die Bildunterschrift entstammt der Offenbarung des Johannes und bringt die am gesamten Altarretabel äußerst vielgestaltig vorgetragene Abendmahlsthematik in einen futurisch-eschatologischen Zusammenhang, der die irdische Feier des Herrenmahls in ein Korrespondenzverhältnis mit der noch ausstehenden Zelebration des Abendmahls im himmlischen Jerusalem setzt, bei dem Jesus Christus in Gestalt des Lammes sichtbar gegenwärtig sein wird. Die Seligpreisung aus Offenbarung des Johannes 19,9 ist gemäß zeitgenössischer Deutung dahingehend zu interpretieren, daß die Glaubenden nach ihrer Auferstehung zum ewigen Leben auch an dieser himmlischen Feier des Sakraments gewiß teilnehmen werden, die Kommunikation am irdischen Abendmahlsaltar und die hier statthabenden liturgischen Vollzüge mithin gleichsam Präludien sind, welche sich im Neuen Jerusalem vollenden werden. Johann Gerhard führt in einer Predigt zum 2. Sonntag nach Trinitatis hierzu folgendes aus:

> Weil uns nun Gott der Herr in Christo eine solche reiche Abendmahlzeit hat bereitet, darum spricht der Engel Gottes billig: Selig sind, die zum Abendmahl des Lamms berufen sind, dies sind wahrhaftige Wort Gottes (Offenbarung des Johannes 19,9). Freilich sind das selige Leute, welche zu diesem Abendmahl des Lamms berufen werden, denn wenn sie diesem Beruf folgen und in diesem Leben sich zu derselben Mahlzeit einstellen, das ist, wenn sie im Glauben Christum essen, Saft und Kraft von ihm nehmen und von ihm lebendig gemachet werden, so haben sie die Verheißung, daß sie auch zur himmlischen Mahlzeit am Abend der Welt sollen berufen werden. Das wird eine solche Mahlzeit sein, in welcher die Knechte Gottes werden essen, trinken, fröhlich sein und vor fröhlichem Mut jauchzen (Jesaja 65,14). Nicht werden sie vergängliche zeitliche Speise genießen, sondern das Anschauen des göttlichen Angesichts wird sie sättigen (Psalm 17,15). Nimmermehr kann die beste niedlichste Speise den Leib also sättigen als [= wie] Gott mit seiner Güte eine Seele kann sättigen. Nicht werden sie vergänglichen, zeitlichen Trank empfangen, sondern sie werden trunken werden von den reichen Gütern des Hauses Gottes (Psalm 36,9). Nimmermehr mag einen Durstigen der köstlichste Trank also erlustigen als [= wie]

51 Genitiv Plural-Form. Vgl. Karl Ernst Georges: Ausführliches lateinisch-deutsches Handwörterbuch aus den Quellen zusammengetragen und mit besonderer Bezugnahme auf Synonymik und Antiquitäten unter Berücksichtigung der besten Hilfsmittel. Achte verbesserte und vermehrte Auflage von Heinrich Georges. Bd. 1: A–H. Hannover, Leipzig 1913, Sp. 2112.

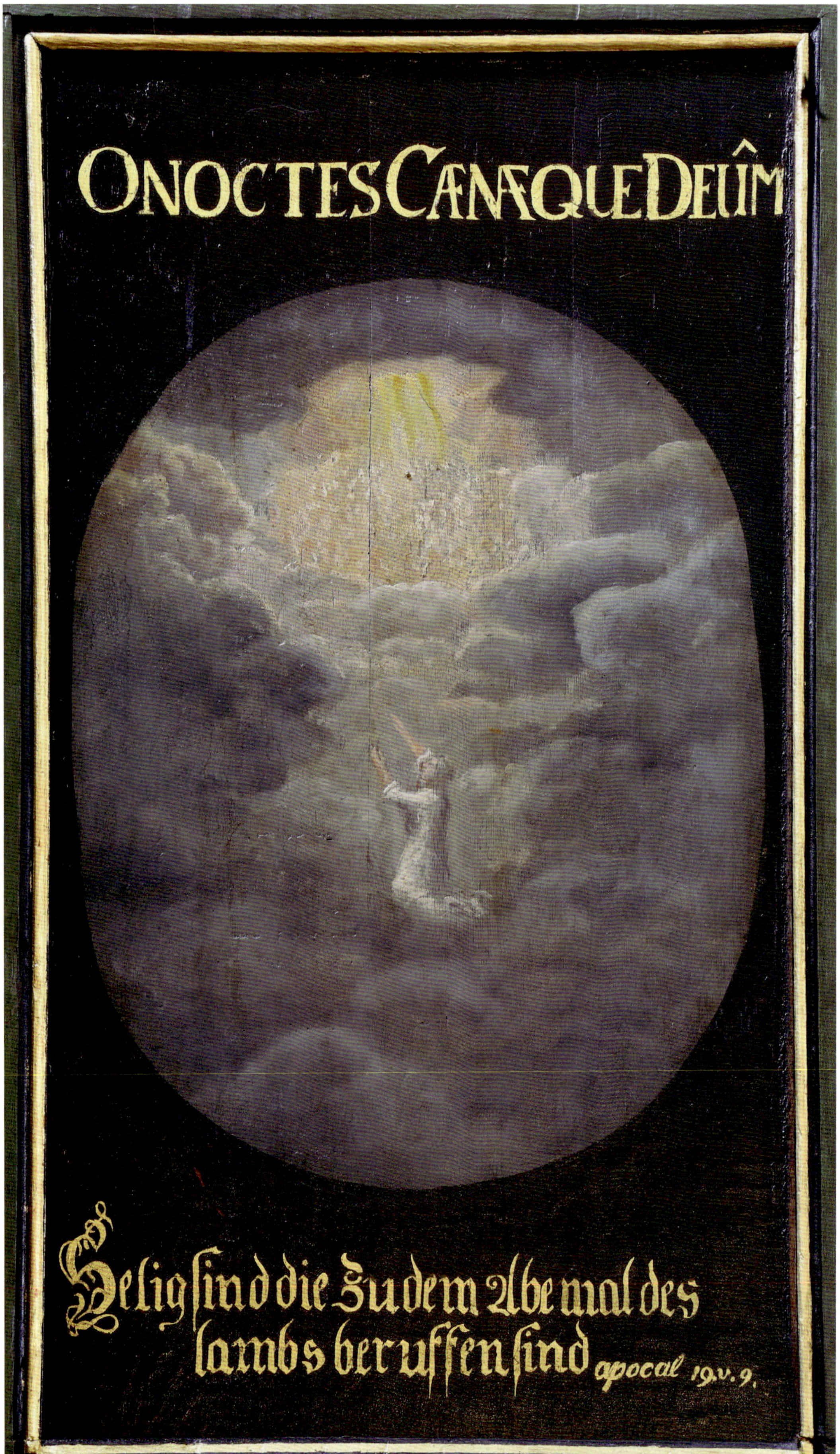

Abb. 2: Mitteltafel, linke Hälfte, Emblemgemälde Nr. 1.

Gott der Herr mit seinem himmlischen Trost und reichen Gaben des Geistes die Seelen der Auserwählten wird erquicken.[52]

Die lateinische *superscriptio* des Segeberger Emblems bringt diesen sakramentstheologischen Sachzusammenhang in Verbindung mit einem Zitat aus der pagan-römischen Literatur, nämlich einem Passus aus Horaz' (65–8 v. Chr.) zweitem Buch der *Satiren* (II, 6, 65–70), in dem das lyrische Ich das einfach-ländliche Leben jenseits der Hektik und Geschäftigkeit der Stadt lobt und ersehnt:

> o noctes cenaeque deum, quibus ipse meique
> ante Larem proprium vescor vernasque procaces
> pasco libatis dapibus. prout cuique libido est,
> siccat inaequalis calices conviva solutus
> legibus insanis, seu quis capit acria fortis
> pocula seu modicis uverscit laetius. […]

> O Nächte und Göttermahlzeiten, bei denen ich selbst und meine Freunde vor dem eigenen Lar [= Herd] essen und ich meine kecken Haussklaven füttere, nachdem ich das Speiseopfer dargebracht habe. Wie es jedem gefällt, leeren die Gäste, befreit von verrückten Trinkgesetzen, ungleiche Pokale, ob einer tapfer zu unverdünntem Trunk greift oder durch mäßiges Bechern in feuchtfröhliche Stimmung gerät.[53]

Deutlich ist, daß im Segeberger Emblemgemälde – wie häufig in der Frühen Neuzeit – ein sehr geläufiger antik-heidnischer Text aufgegriffen und auf eine christlich-allegorische Bedeutungsebene gehoben wird.

V, 2

> Bild: Ein Engel versorgt den unter einem Wacholder schlafenden Propheten Elia mit Brot und Wasser.
> Bildüberschrift: HIS EGO SUSTENTOR (Durch diese werde ich erhalten)
> Bildunterschrift: Jch bin das brodt des lebens, wer zu mir kömmt den wird nicht hungern und wer an Mich gleübet den wird nimmermehr dürsten Joh 6. v 35.

Das Gemälde (Abb. 1) stellt den Propheten Elia dar, der sich auf der Flucht befindet – nämlich vor Isebel, der Frau des Königs Ahab, die ihm nach dem Leben trachtete (1. Könige 19,1 f.). Zu sehen ist Elia, der in der Wüste, wohin er sich zurückgezogen hat, unter einem Wacholderbaum schläft, nachdem er Gott mit den Worten »es ist genug, so nimm nun, Herr, meine Seele, ich bin nicht besser denn meine Väter« (1. Könige 19,4) darum gebeten hat, ihn aus dem Leben zu nehmen. Ins Bild gefaßt ist die lebenserhaltende Intervention Gottes, der einen Engel sendet, der den lebensmüden Propheten dazu auffordert, das wunderbarerweise bereitgestellte geröstete Brot und Wasser zu sich zu nehmen, um sich für die Reise zum Gottesberg Horeb zu stärken:

> Und siehe, der Engel rührte ihn [an] und sprach zu ihm: Stehe auf und iß! Und er sah sich um, und siehe, zu seinen Häupten lag ein geröstetes Brot und eine Kanne mit Wasser. Und da er gegessen und getrunken hatte, legte er sich wieder schlafen. Und der Engel des Herrn kam zum andernmal wieder und rührte ihn [an] und sprach: Steh' auf und iß! Denn du hast einen großen Weg vor dir. Und er stand auf und aß und trank und ging durch die Kraft derselben Speise vierzig Tage und vierzig Nächte bis an den Berg Gottes Horeb (1. Könige 19,5–8).

In der Frühen Neuzeit wurde diese Episode aus der Elia-Erzählung – einer bis in die christliche Antike zurückgehenden Tradition gemäß – typologisch auf das Abendmahlssakrament bezogen, so etwa von Johann Gerhard, der ausführt:

52 Gerhard, Postilla (wie Anm. 43), Bd. 3, S. 39, Z. 11 – S. 40, Z. 3.
53 Horaz (Quintus Horatius Flaccus): Sämtliche Werke. Lateinisch-deutsch. Hg. und übers. von Niklas Holzberg. Berlin u.a. 2018 (= Sammlung Tusculum o. Nr.), S. 168 f.

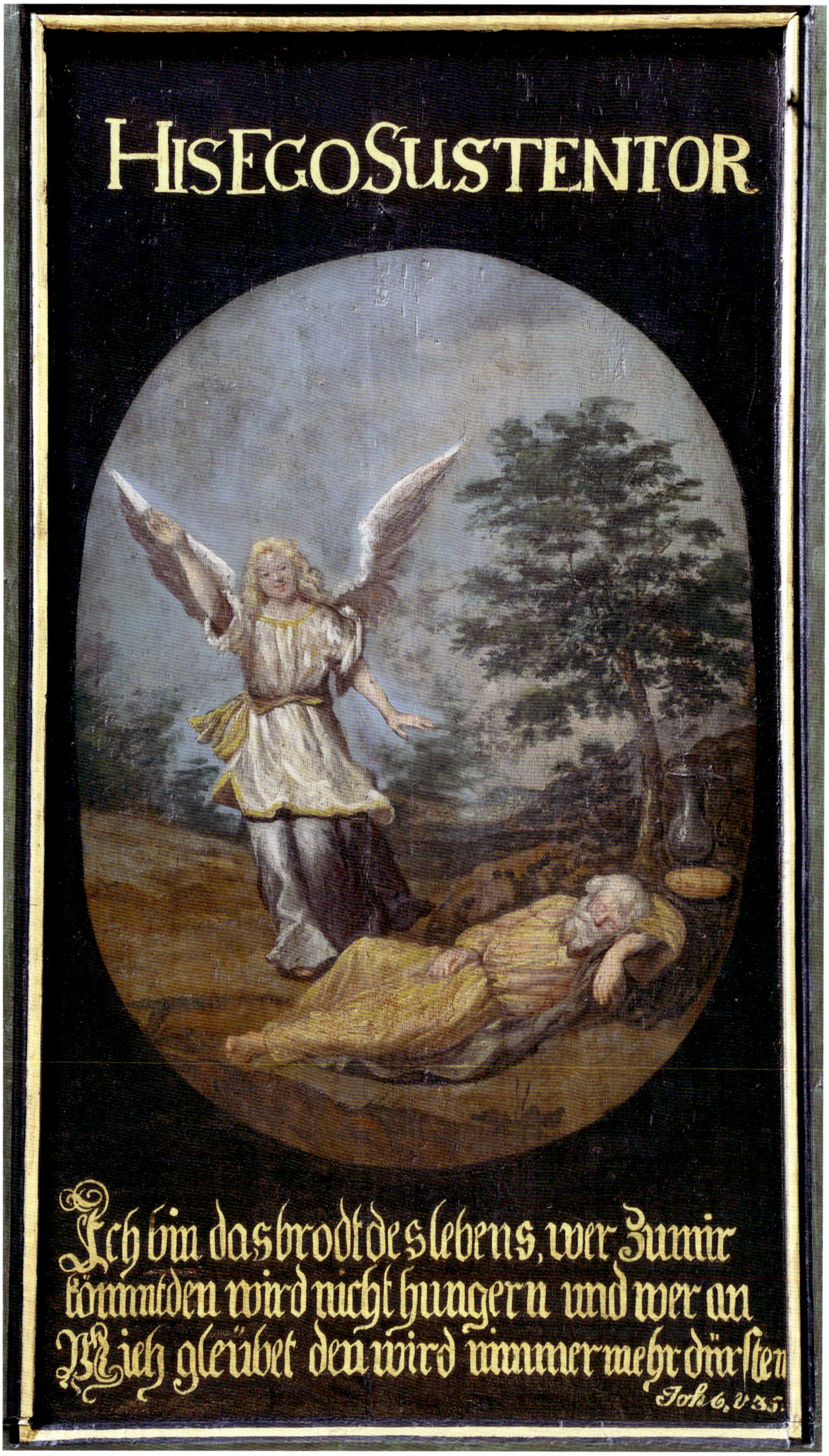

Abb. 1: Mitteltafel, linke Hälfte, Emblemgemälde Nr. 2.

1. Könige 19,6 bringet der Engel dem Propheten Elia in der Wüsten geröstet Brot und eine Kanne Wasser (v. 8). Durch Kraft derselben Speise ging der Prophet vierzig Tage und vierzig Nächte bis an den Berg Gottes Horeb. Christus speiset uns im heiligen Abendmahl mit seinem Leib und Blut, daß wir in Kraft solcher Speise durch die Wüsten dieser Welt sicher wandeln und zum himmlischen Jerusalem, dessen Vorbild der Berg Gottes gewesen, wandern können.[54]

Vor diesem Hintergrund betrachtet, zeigt sich, daß Elia einen jeden Glaubenden verkörpert und des Propheten Wegzehrung als Typus des jedem Christenmenschen gewährten Proviants des Abendmahls fungiert. Daraus ergibt sich, daß ein enger Konnex zwischen dem vorliegenden Emblem V, 2 und dem Sinnbild VII, 1 sowie der dort traktierten Thematik des Abendmahls als letzter Wegzehrung (*viaticum*) gegeben ist.

V, 3

> Bild: Feier des Passahmahls
> Bildüberschrift: SPE (In Hoffnung)
> Bildunterschrift: Der schatten von dem dz zukünftig war aber der Cörper selbst ist in Christo. col 2, v 17.

Das Gemälde (Abb. 1) stellt die Abhaltung des Passahmahls (einschließlich des Verzehrs des Passahlammes) vor dem Auszug Israels aus Ägypten (2. Mose 12,1–28) dar. Das Passahmahl gilt seit jeher als Typus des Abendmahls, inbesondere im Anschluß an Paulus, der Christus in 1. Korinther 5,7 mit dem Passahlamm parallelisiert – einem Text, der als *subscriptio* zum Emblemgemälde Nr. V, 4 begegnet: »Wir haben auch ein Osterlamm, das ist Christus, für uns geopfert.« Recht ausführlich kommt Johann Gerhard auf die Konsonanz der Sakramente des Alten und Neuen Bundes zu sprechen:

2. Mose 12 wird beschrieben die Einsetzung des andern Sakraments im Alten Testament, nämlich des Osterlamms, welches auf das Sakrament des heiligen Abendmahls füglich kann gezogen werden. Erstlich wie die Israeliten in ihrem Sakrament das Osterlämmlein aßen und mit seinem Blut die beiden Pfosten an der Tür und die oberste Schwelle bestrichen (v. 4. 7), also haben wir auch ein Osterlamm, das ist Christus für uns geopfert (1. Korinther 5,7), dessen wahren Leib wir im heiligen Abendmahl essen und sein Blut trinken. Danach, wie dies Sakrament des Osterlämmleins ein stetiges Memorial und Denkzeichen vor den Augen der Israeliten gewesen, daß Gott der Herr ihrer Erstgebornen in der Ausführung aus Ägypten verschonet hatte (v. 27), also auch sollen wir in und bei der Nießung des heiligen Abendmahls den Tod Christi verkündigen (1. Korinther 11,26), das ist uns dessen erinnern, daß durch den Tod Christi wir aus der Dienstbarkeit des höllischen Pharaonis erlöset sind und ihm (dem Herrn Christo) von Herzen dafür danken. Vors dritte, wie kein Unbeschnittener vom Osterlamm durfte essen (v. 48), also soll kein ungetaufter Heide zum heiligen Abendmahl gelassen werden. Endlich wie die Israeliten mit sonderbaren Zeremonien ihr Osterlämmlein mußten essen, also soll sich der Mensch zuvor prüfen, welcher von diesem Brot essen und von diesem Kelch trinken will (1. Korinther 11,28). Wie sie das Osterlämmlein mit bitter Salsen [= Tunken] und ungesäuertem Brot essen mußten (v. 8), also soll durch wahre Buße unser alter Adam gesalzen werden (Markus 9,49). Auch muß der alte Sauerteig der Bosheit ausgefeget werden (1. Korinther 5,7 f.), wollen wir anders würdiglich des heiligen Abendmahls gebrauchen.[55]

Völlig unzweifelhaft ist es demnach, daß zwischen den Sakramenten des Alten Bundes (Beschneidung und Passahmahl) und denen des Neuen Testaments (Taufe und Abendmahl) zahlreiche Übereinstimmungen bestehen. Gleichwohl – und dies verdeutlicht Gerhard u. a. unter Bezugnahme auf Kolosser 2,17, einen Text, der dem Segeberger Gemälde als Unterschrift beigegeben ist – bestehen auch wesentliche Differenzen, insofern

54 Johann Gerhard: Ausführliche Schrifftmessige Erklerung der beyden Artickel Von der heiligen Tauffe vnd Von dem heiligen Abendmahl/ Solcher massen angestellet/ daß jegliche Puncten derselben mit allen und jeden dahin gehörigen Zeugnissen der heiligen Schrifft bewiesen vnd die darwider streitend scheinende örter erkleret werden. Zusammen getragen/ Vnd Den hochlöblichen Evangelischen Ständen in Böhmen vnterthenig dedicirt […]. Jena 1610 (HAB Wolfenbüttel 377 Theol. [2]) (fortan zit. Gerhard, Taufe und Abendmahl), S. 235.

55 Gerhard, Taufe und Abendmahl (wie Anm. 54), S. 231 f.

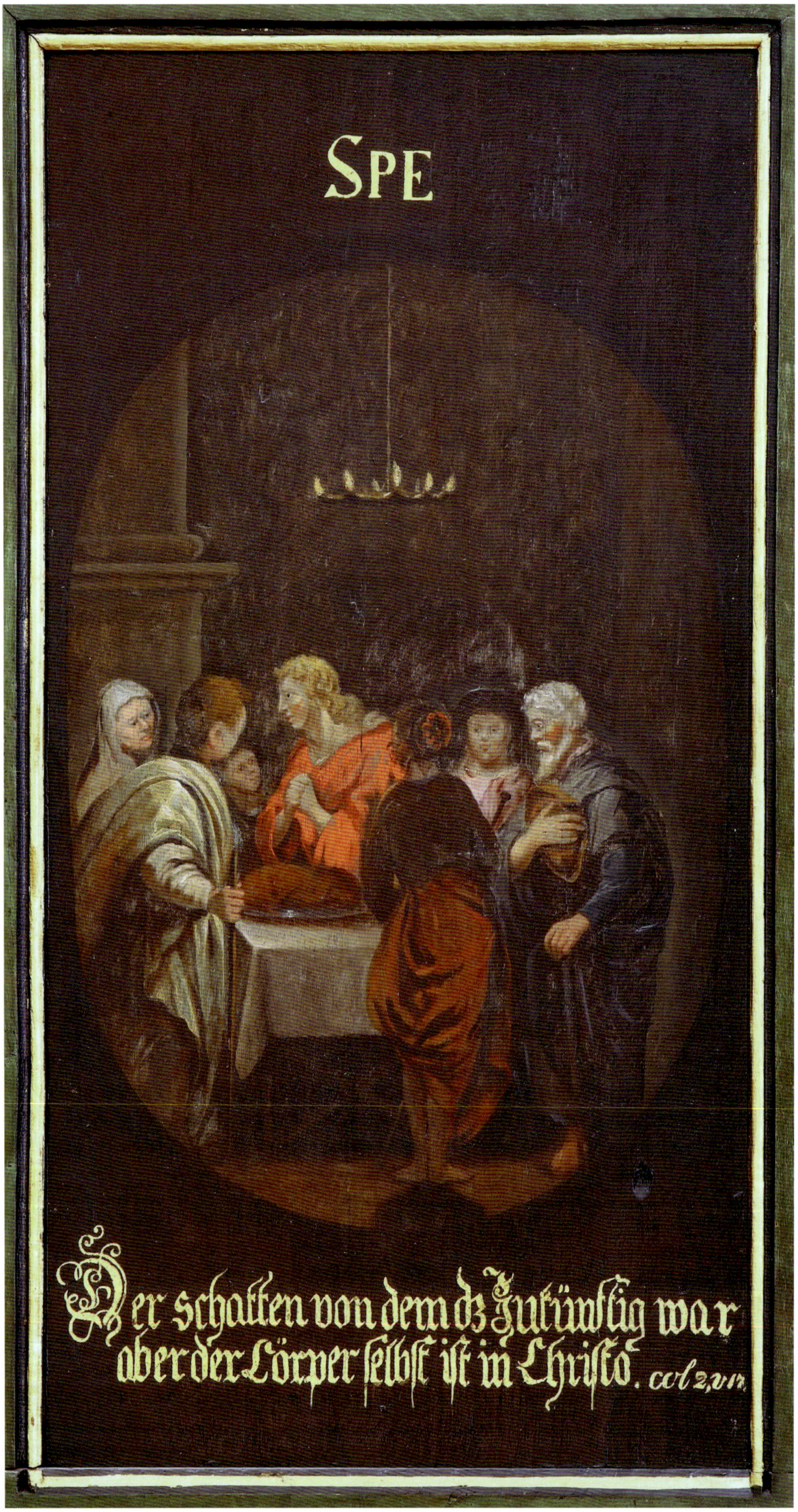

Abb. 1: Mitteltafel, linke Hälfte, Emblemgemälde Nr. 3.

im Alten Testament und also auch in den Sakramenten desselben nur der Schatten von dem, das zukünftig war, zu finden [ist]. Aber im Neuen Testament und also auch in den Sakramenten desselben ist der Körper selbst (Kolosser 2,17), und noch deutlicher Hebräer 10,1: Das Gesetz hat den Schatten von den zukünftigen Gütern, nicht das Wesen der Güter selbst. [...] Wegen dieser Ungleichheit können die Sakramente des Alten und Neuen Testaments ihrem Wesen nach nicht miteinander verglichen [= gleichgesetzt] werden, sintemal [= denn] jene haben auf dasselbe allein gedeutet, was diese in der Tat wahrhaftig gegenwärtig haben.[56]

Daß im Passahmahl gemäß Kolosser 2,17 der »Schatten von dem, das zukünftig war«, zu sehen ist, prägt im übrigen auch die bildliche Darbietung der diesbezüglichen Szene, die, verglichen mit sämtlichen anderen auf der »grünen Seite« sichtbaren Gemälden, am dunkelsten geraten ist und einen Raum zeigt, der von einem Deckenleuchter nur schwach erhellt wird.

V, 4

> Bild: Ein himmlisches Händepaar reicht eine Patene mit Oblaten bzw. eine Oblate dar.
> Bildüberschrift: NOLI DUBITARE UTRUM FIA[T] (Zweifele nicht, ob es geschieht!)
> Bildunterschrift: Daß brod das wir brechen ist das nicht die gemeinschaft des leibs Christi. 1 Cor 10, v 16.

Nach lutherischer Auffassung ist es nicht zuvörderst die während der Abendmahlsfeier am Altar agierende Amtsperson, die den Leib Christi in, mit und unter dem Brot darreicht. Es ist vielmehr die Gabe, mithin Christus selbst, der sich hier – vermittelt durch menschlich-liturgisches Handeln – hingibt, so daß von einer Koinzidenz von Geber und Gabe gesprochen werden darf. Dies macht das Emblemgemälde unmißverständlich deutlich: Nicht bloß menschliche Hände bieten die Patene und die Oblaten an, sondern Gottes Hände in menschlicher Gestalt. Mit Hilfe der 1. Korinther 10,16 entnommenen Bildunterschrift wird ferner klargestellt, daß es bei der Feier des Altarsakraments nicht die an ihr teilnehmenden Menschen sind, die Gemeinschaft (*communio*) stiften, sondern der tatsächlich, wenngleich unter den Abendmahlselementen verborgene Christus, der durch die Gabe seines Leibes in Gestalt des Brotes seine Gemeinde als seinen Leib konstituiert. Johann Gerhard zufolge liegt auf der Hand, daß in 1. Korinther 10,16 von der wahrhaften Gegenwart des Leibes Christi im sakramentalen Brot und im Wein die Rede ist:

> Wird es [scil. das Abendmahl] genennet die Gemeinschaft des Leibes und Bluts Christi, weil wir nämlich in diesem Sakrament nicht allein Brot und Wein empfangen, sondern auch zugleich des wahren Leibes und Bluts Christi teilhaftig werden. 1. Korinther 10,16: Der gesegnete Kelch, welchen wir segnen, ist der nicht die Gemeinschaft des Bluts Christi? Das Brot, das wir brechen, ist das nicht die Gemeinschaft des Leibes Christi?[57]

Die Bildüberschrift »NOLI DUBITARE UTRUM FIA[T]« bringt in imperativischer Form und äußerst knapp auf den Punkt, daß sich diese leibliche Gegenwart Christi im Brot (die sogenannte Realpräsenz) der natürlichen Vernunft des Menschen nicht erschließt, dennoch aber an eben dieser Präsenz kein Zweifel zu hegen ist. Zwecks Verdeutlichung dessen nutzte der Konzeptor des Segeberger Inschriften- und Bildprogramms ein Zitat aus einem seinerzeit Bernhard von Clairvaux (1090/91–1153) zugeschriebenen Traktat, der im übrigen auch in auf das Abendmahl bezogenen römisch-katholischen Schriften herangezogen wurde,

56 Ebd., S. 306f.
57 Ebd., S. 226. Vgl. auch ebd., S. 274: »Hierauf folget, daß wir auch handeln von der materia et re coelesti huius sacri convivii, von der himmlischen Speise im heiligen Abendmahl, welche da ist der wahre Leib und das wahre Blut Christi. Denn ob wir wohl im heiligen Abendmahl Brot und Wein empfangen, jedoch ist solches nicht schlecht Brot und Wein, sondern das Brot, das wir im heiligen Abendmahl segnen, genießen und empfangen, ist die Gemeinschaft des Leibes Christi. Der Kelch, welchen wir im heiligen Abendmahl segnen (genießen und empfangen) ist die Gemeinschaft des Bluts Christi (1. Korinther 10,16). Darum denn nicht weniger Christi Leib und Blut als äußerlich' Brot und Wein im heiligen Abendmahl, welches allhie auf Erden in der Christenheit gehalten wird, zugegen sind, welches wir also beweisen: I. Die Wort der Einsetzung geben klärlich zu verstehen, daß der Herr Christus nicht schlecht Brot und Wein, sondern mit dem Brot seinen Leib, mit dem Wein sein Blut zu essen und zu trinken im heiligen Abendmahl verordnet, auch kraft seiner Einsetzung und Zusage, den heiligen Aposteln gereichet habe. Daher denn St. Paulus ausdrücklich meldet, daß das gesegnete Brot sei die Gemeinschaft des Leibes und der gesegnete Kelch sei die Gemeinschaft des Bluts Christi.«

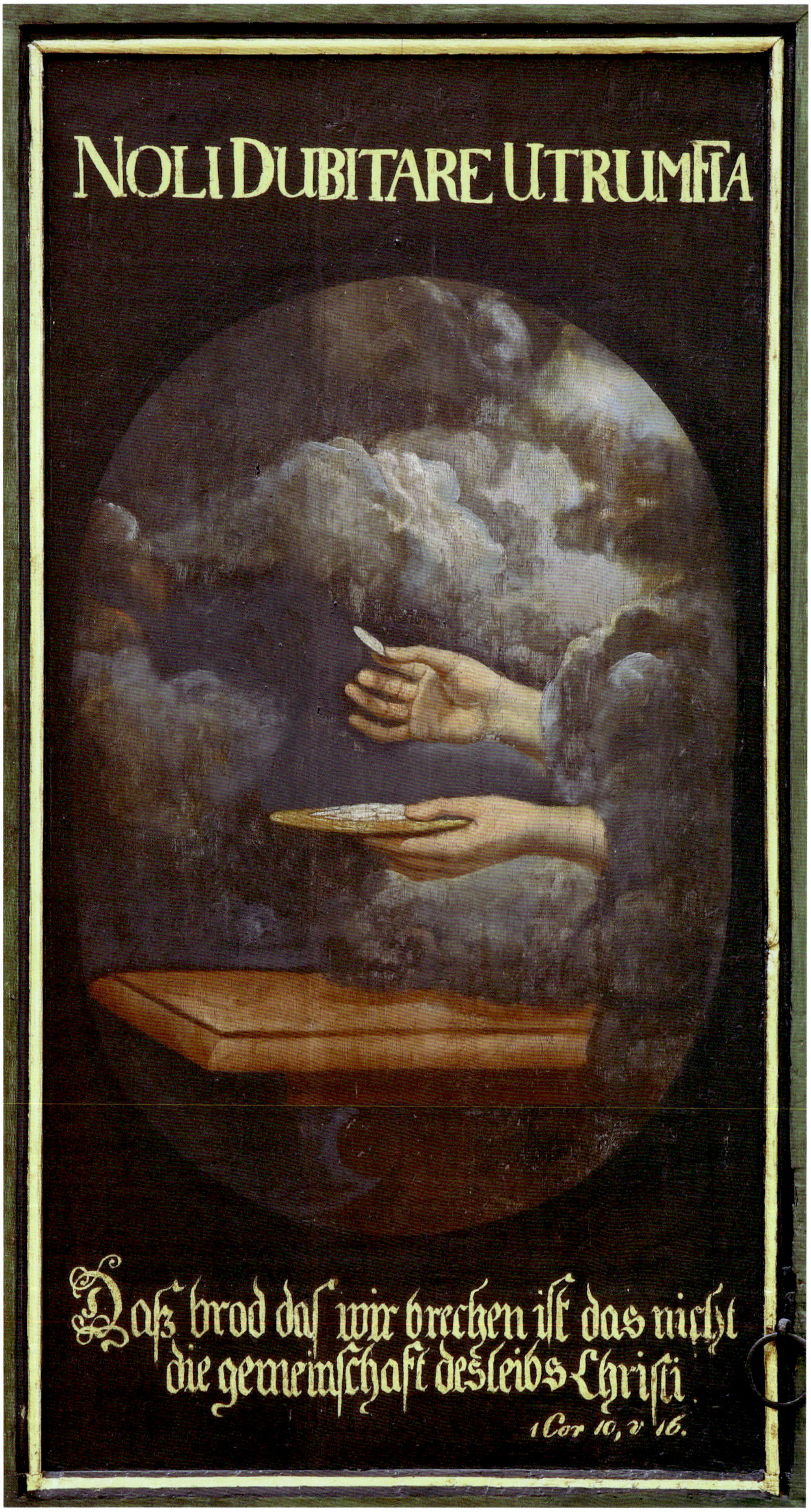

Abb. 1: Mitteltafel, linke Hälfte, Emblemgemälde Nr. 4.

etwa von Johannes Gropper (1503–1559).[58] In dem besagten pseudo-bernhardinischen Text wird entfaltet, daß mit Blick auf das Abendmahl der Glaube notwendig, das Wissen der Vernunft jedoch überflüssig sei (»Fides est necessaria: scientia rationis supervacua«[59]), weswegen schlicht (»simpliciter«[60]) geglaubt werden müsse und sich jegliche Art von rational-investigativer Methode verbiete. Diese Ausführungen werden mit dem an die Leser gerichteten doppelten Imperativ verbunden: »Nolite itaque, nolite quaerere quomodo fiat: nolite dubitare utrum fiat«[61] (›Fragt, ja fragt daher nicht, wie es geschieht; zweifelt nicht, ob es geschieht!‹). Den zweiten Teil dieses Doppelimperativs wählte der Segeberger Konzeptor (in singularischer Form) als Motto für das vorliegende Gemälde, während er den ersten Teil demjenigen (auf dem rechten Teil der Mitteltafel direkt benachbarten) Emblemgemälde beigesellte, welches sich mit dem Abendmahlskelch befaßt (vgl. V, 3).

Bemerkenswert ist ferner, daß auch bei geschlossenem rechten Flügel und geöffnetem linken (s. S. 48 f., Abb. 5) eine starke Kohärenz zwischen Emblemgemälde V, 4 und dem in dieser Klappung rechts neben ihm stehenden (VIII, 3) zu beobachten ist, in dem ausgehend von der bildlichen Darstellung der Mannaspeisung des Volkes Israel in der Wüste die Lebensbrotthematik (gemäß Johannes 6,31–35) abgehandelt wird. Hinzu kommt, daß sich in diesem Klappzustand links über dem Lebensbrotemblem VIII, 3 das Emblemgemälde V, 2 befindet, welches in der Bildunterschrift unter Zitation von Johannes 6,35 explizit auf Jesu sogenannte Lebensbrotrede Bezug nimmt.

58 Vgl. Johannes Gropper, Christophorus Cassianus (Übers.): DE PRAESTANTISSIMO ALTARIS SACRAMENto, & quibusdam eo pertinentibus, tum etiam de Communione alterius duntaxat speciei, & alijs plerisque lectu dignissimis. Opus praeclarum: e Germanico in Romanam linguam translatum […]. Tomus I. Antwerpen 1559 (UB Freiburg i. Br. N 6583,b-1), S. 524.

59 Bernhard von Clairvaux: Opera omnia. Bd. 3. Paris 1859 (= Migne, Patrologia latina 184), hier: Ps-Bernhard von Clairvaux: Sermo de excellentia SS. sacramenti et dignitate sacerdotum, Sp. 988C.

60 Ebd.

61 Ebd.

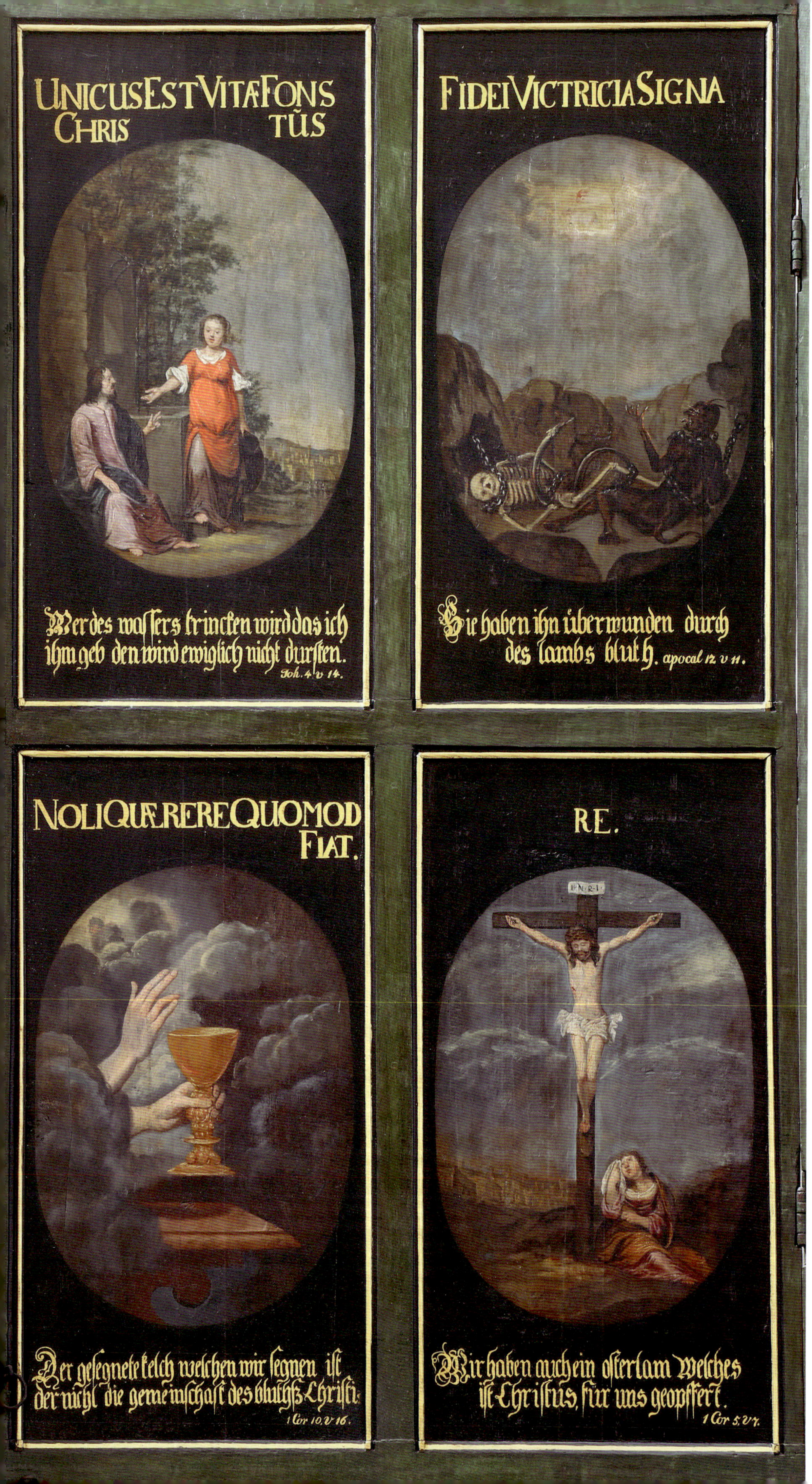

Abb. 1: Mitteltafel, rechte Hälfte.

VI. MITTELTAFEL, RECHTE HÄLFTE

VI, 1

> Bild: Jesus und die Samaritanerin am Brunnen Jakobs
> Bildüberschrift: UNICUS EST VITAE FONS CHRISTUS (Die einzige Quelle des Lebens ist Christus.)
> Bildunterschrift: Wer des wassers trincken wird das ich ihm geb den wird ewiglich nicht dursten. Joh. 4. v 14.

Das Gemälde (Abb. 2) gibt eine Erzählung aus dem vierten Evangelium wieder, die von Jesu Begegnung und Gespräch mit der Samaritanerin am Brunnen des Erzvaters Jakob handelt. Der Dialog mündet in Jesu Ausführungen über das lebendige, mithin ewiges Leben stiftende Wasser, das nur der Sohn Gottes geben kann (Johannes 4,13 f.). Der in Seitenansicht dargestellte Jesus sitzt neben dem Brunnen, während die Samaritanerin, auf die der Betrachter frontal blickt, am Brunnen steht und einen großen, offenbar noch leeren Krug in der linken Hand hält. Im Bildhintergrund ist die Stadt Sichar zu sehen (vgl. Johannes 4,5).

Im Anschluß an die bis in die christliche Antike zurückreichende Auslegungstradition heben die frühneuzeitlich-lutherischen Deutungen dieser Szene hervor, daß hier von dem geistlichen Durst des Menschen nach Errettung und ewigem Leben die Rede ist, der allein von Christus gestillt werden kann:

> Selig ist, der diesen geistlichen Durst befindet [= empfindet], der ist erlöset von dem ewigen Durst der Verdammten. Davon spricht der Herr zum samaritanischen Weiblein Johannes 4,14: Wer dies Wassers trinken wird, das ich ihm gebe, den wird ewiglich nicht dürsten, sondern das Wasser, das ich ihm geben werde, das wird in ihm ein Brunn des Wassers werden, das in das ewige Leben quillet. Siehe, das kommt her vom Heiligen Geist, welcher in den Herzen der wahren Christen diesen Durst erwecket.[62]

In diesem Zusammenhang wird nicht selten auch die sakramentstheologische Relevanz von Johannes 4 in den Vordergrund gehoben, so etwa, wenn Johann Gerhard das von den Erzeltern im Paradies während des Sündenfalls konsumierte verderbliche Mahl (das »traurige Frühstück«) in einen scharfen Kontrast zu den göttlich-therapeutischen Lebensmitteln setzt, die der Sohn Gottes in Gestalt der Abendmahlselemente Brot und Wein verabreicht:

> Der Teufel hatte im Paradies ein trauriges Frühstück den Menschen aufgesetzet, da er sie beredet, daß sie vom verbotenen Baum [ge]gessen, dadurch der Sünden Gift in sie [ge]kommen und auf alle Nachkommen gebracht worden. Damit aber wider solche Sündengift eine Arznei den Menschen gegeben würde, siehe so hat Gott der Herr dies Abendmahl bereitet, daß er die Menschen durch's Wort zu seinem Reich läßt berufen, denn in demselben ist der lautere Strom des lebendigen Wassers klar wie ein Kristall (Offenbarung des Johannes 22,1), das ist der Heilige Geist, welcher gegeben wird denen, die an Christum glauben (Johannes 7,38 f.). Wer von diesem Wasser trinket, denselben dürstet nimmer (Johannes 4,14). Das ist, es wird in ihm erlöschet der Durst, welcher sonst aus dem Sün-

62 Gerhard, Postilla (wie Anm. 43), Bd. 2, S. 218, Z. 24 – S. 219, Z. 5.

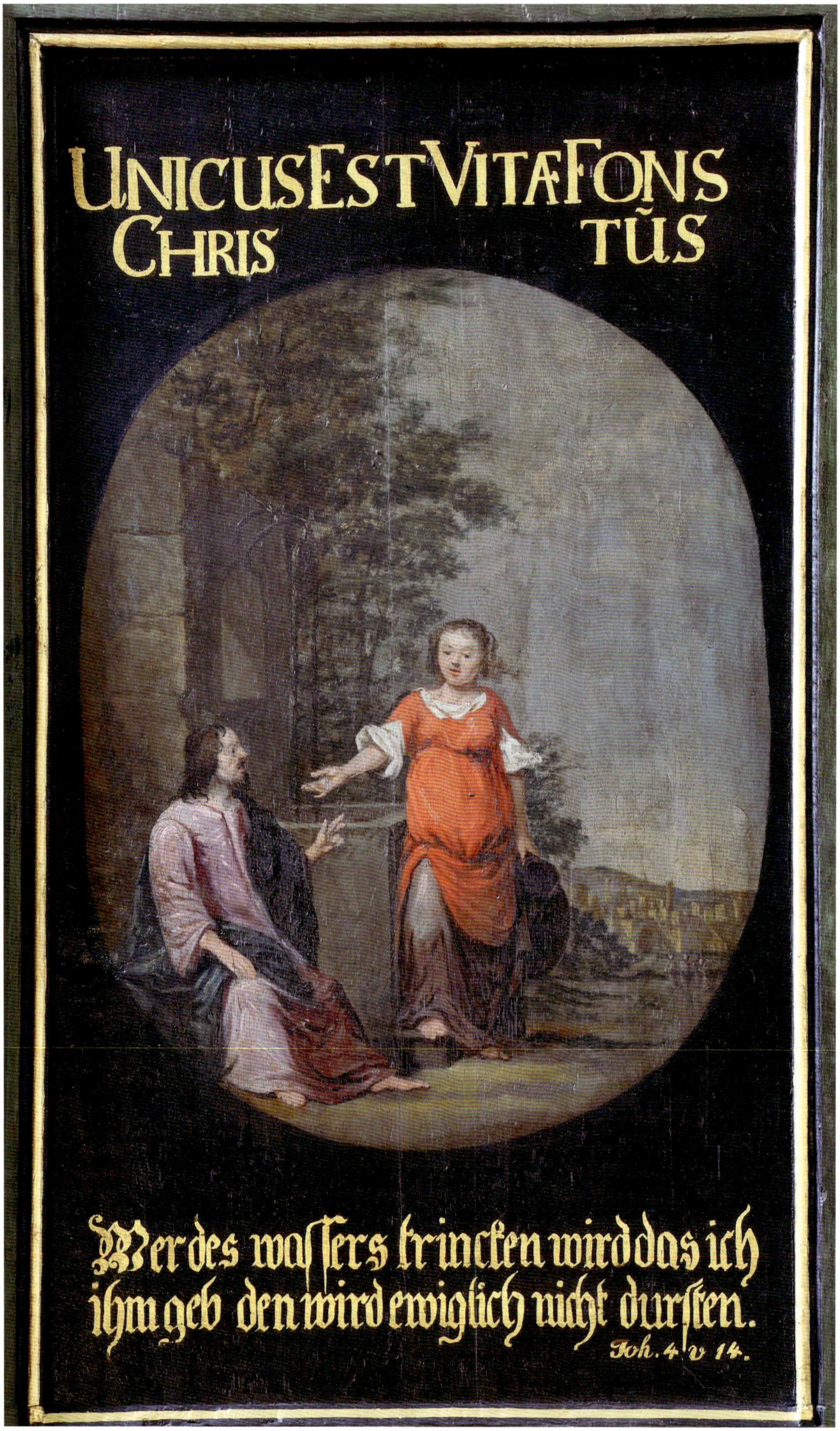

Abb. 2: Mitteltafel, rechte Hälfte, Emblemgemälde Nr. 1.

dengift entstehet. Auf beiden Seiten des Stromes im Reich Gottes stehet das Holz des Lebens, welches Blätter dienen zur Gesundheit der Heiden (Offenbarung des Johannes 22,2). Dieses Holz des Lebens ist Christus, derselbe ist das rechte Brot des Lebens, das Brot Gottes, das vom Himmel kommt und gibt der Welt das Leben (Johannes 6,33). Sein Fleisch ist die rechte Speise und sein Blut ist der rechte Trank; wer dies Fleisch isset und dies Blut trinket, verstehe in wahrem Glauben, der hat das ewige Leben (Johannes 6,54 f.). Denn das Fleisch Christi ist ein lebendigmachend' Fleisch, welches vertreibet alles tödliche Sündengift, welches durch den Fall der ersten Eltern in die menschliche Natur [ge]kommen ist.[63]

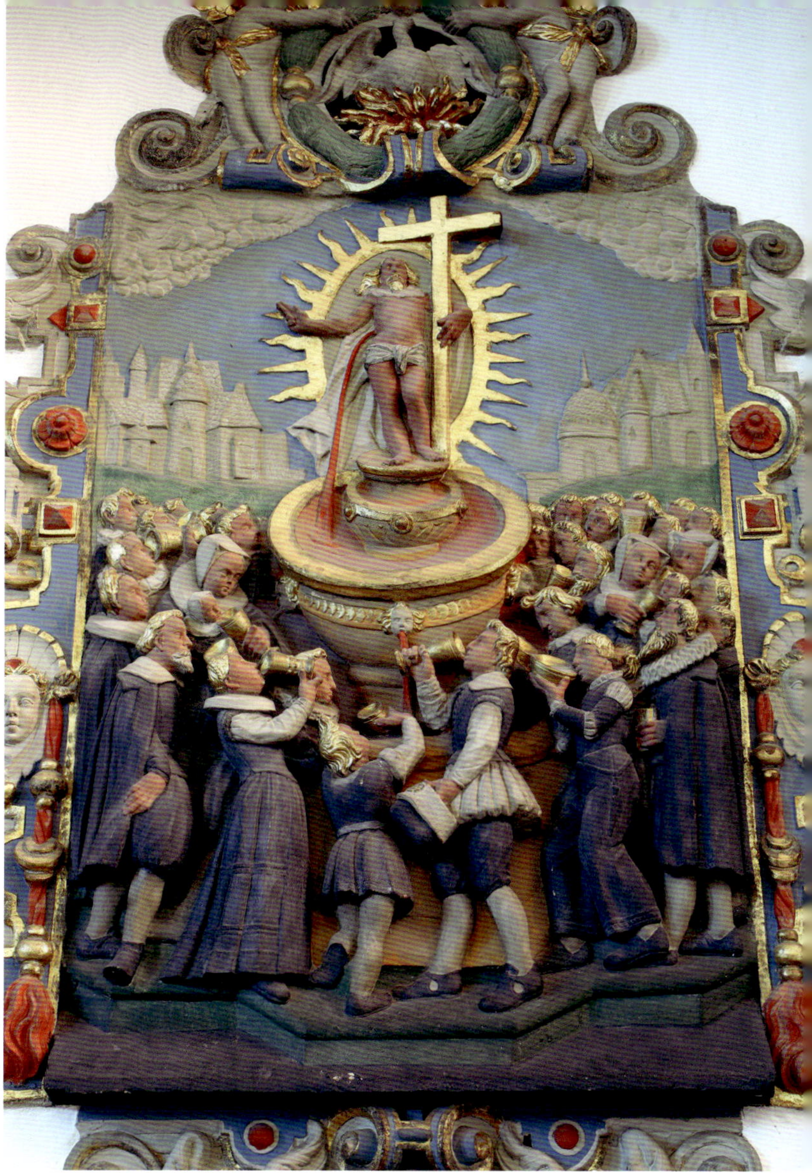

Abb. 3: Lüneburg, St. Johannis am Sande, Lebensbrunnen, Sandsteinrelief, Anfang des 17. Jahrhunderts, vermutlich Epitaph für den 1603 verstorbenen Superintendenten Kaspar Goedemann.

Die Bildüberschrift »UNICUS EST VITAE FONS CHRISTUS« bringt den Inhalt des narrativen Textes Johannes 4,13 f. merksatzartig präzise auf den Punkt und erinnert zudem daran, daß es in der Frühen Neuzeit (wiederum im Anschluß an das schon im späten Mittelalter verbreitete Bildsujet des Sohnes Gottes als eines personifizierten Heil- und Gnadenbrunnens[64]) zahlreiche Darstellungen Jesu Christi als ewiges Leben stiftenden Brunnen (*fons vitae*) gab, so z. B. in St. Johannis am Sande in Lüneburg, wo dieses Bildmotiv sogar zweifach begegnet.[65] Eines der beiden Artefakte, ein Epitaph, das mutmaßlich für den am 5. Januar 1603 verstorbenen Superintendenten Kaspar Goedemann (1529–1603) gefertigt wurde (Abb. 3), zitiert in der Kartusche unterhalb des Bildes die diesbezüglich einschlägige Rede Christi aus Johannes 4,13 f.: »WER DISS WASSER TRINCKET DEN WIRD WIDER DÜRSTEN. WER ABER DES WASSERS TRINCKEN WIRD DAS ICH IHM GEBE DEN WIRD EWIGLICH NICHT DURSTEN.«

Zahlreiche Belege für das Lebensbrunnen-Bildmotiv finden sich in römisch-katholischen Kulturkreisen,[66] etwa in Flandern und besonders in Antwerpen, z. B. bei Hendrik Goltzius (1558–1617).[67] Das Bildmotiv ist weitgehend als konfessionsverbindend anzusehen, wenngleich es auch spezifisch römisch-katholische Varianten desselben gibt. Sie sind z. B. an der Abbildung des Papstes bzw. anderer katholischer Amtsträger oder an derjenigen der Mutter Gottes zu erkennen, die mit aus ihrer Brust fließender Milch dazu beiträgt, daß der Lebensbrunnen über genügend heilbringende Flüssigkeit verfügt.[68]

63 Gerhard, Postilla (wie Anm. 43), Bd. 3, S. 38, Z. 16 – S. 39, Z. 10.

64 Vgl. hierzu Bd. 3, S. 84–87 sowie Alois Thomas: Art. Brunnen. In: Lexikon der christlichen Ikonographie 1 (1974), Sp. 330–336, zum Blut-Christi-Brunnen Sp. 333. Vgl. ferner Maj-Brit Wadell: Fons Pietatis. Eine ikonographische Studie. Göteborg 1969 sowie Gertrud Schiller: Ikonographie der christlichen Kunst. Bd. 4, 1: Die Kirche. Gütersloh 1976, S. 63–67.

65 Vgl. Johann Anselm Steiger: Heilbrunnen. Zwei Gedichtgruppen Johann Rists und Sigmund von Birkens und das transkonfessionelle Bildmotiv des *fons vitae*. In: Ders.: Bibelauslegung durch Bilder. Zur sakralen Intermedialität im 16. bis 18. Jahrhundert. Regensburg 2018 (= Kunst und Konfession in der Frühen Neuzeit 2), S. 289–307.

66 Vgl. Ulrich Heinen: Haut und Knochen – Fleisch und Blut. In: Ders., Andreas Thielemann: Rubens Passioni. Kultur der Leidenschaften im Barock. Göttingen 2001 (= Rekonstruktion der Künste 3), S. 71–109, hier S. 89.

67 Vgl. Wadell (wie Anm. 64), S. 67 f. 78 f. 121. 124 und Abb. 106, 131, 133.

68 Vgl. z. B. Wadell (wie Anm. 64), Abb. 94 f.

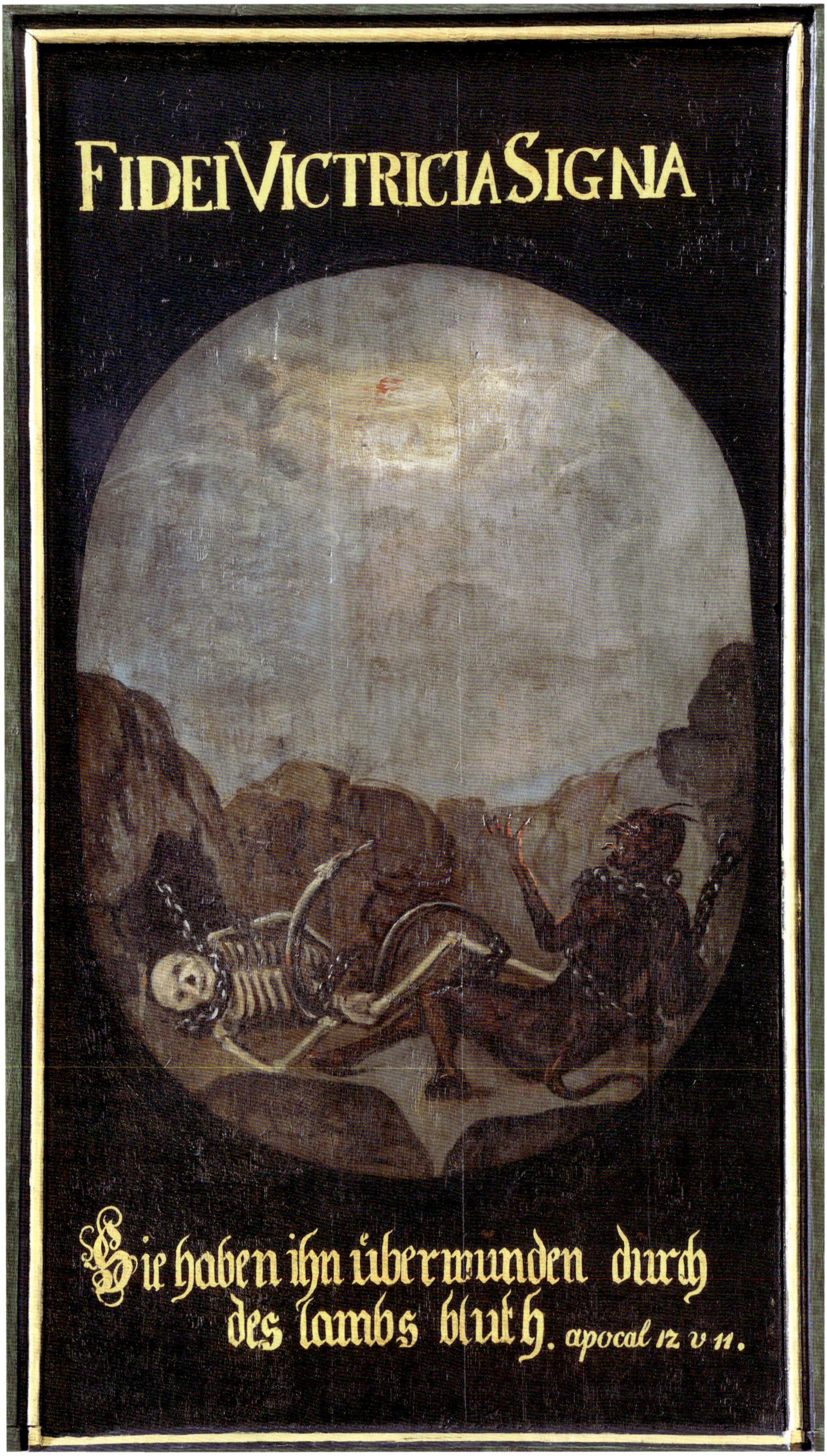

Abb. 1: Mitteltafel, rechte Hälfte, Emblemgemälde Nr. 2.

VI, 2

> Bild: Totengerippe, Schlange und Teufel liegen in Ketten gefangen am Boden.
> Bildüberschrift: FIDEI VICTRICIA SIGNA
> (Die siegreichen Zeichen des Glaubens)
> Bildunterschrift: Sie haben ihn überwunden durch des lambs bluth. apocal 12 v 11.

Dieses Gemälde (Abb. 1) zeigt in felsiger Umgebung ein Totengerippe, eine Schlange und eine teuflische Gestalt, die als Personifikationen der verderblichen Mächte Tod, Sünde und Hölle aufzufassen sind. Sie alle sind infolge des sieghaften Todes Christi überwunden und liegen in schweren Ketten fixiert am Boden, sind aber nicht endgültig tot, sondern regen sich noch, wie besonders an der sich aufbäumenden Schlange und dem Teufel sichtbar wird, der die Krallen seiner linken Hand drohend emporreckt. Die Bildunterschrift ruft einen Textzusammenhang aus dem letzten Buch der Bibel auf, in dem es heißt:

> Und ich hörte eine große Stimme, die sprach im Himmel: Nun ist das Heil und die Kraft und das Reich unsers Gottes geworden und die Macht seines Christus, weil der Verkläger unserer Brüder verworfen ist, der sie verklagte Tag und Nacht vor Gott. Und sie haben ihn überwunden durch des Lammes Blut und durch das Wort ihres Zeugnisses und haben ihr Leben nicht geliebt bis an den Tod. Darum freuet euch, ihr Himmel und die darin wohnen! (Offenbarung des Johannes 12,10–12)

Die zeitgenössische Auslegungstradition dieses Textes ist von einer starken Spannung geprägt. Denn einerseits wird regelmäßig hervorgehoben, es dürfe als gewiß gelten, daß der Satan und sämtliche Verderbensmächte durch Leiden, Tod und Auferstehung Jesu Christi ein für allemal besiegt sind und sie daher den Glaubenden nichts mehr anhaben können. Andererseits jedoch sei das Wüten Satans gegen die Glaubenden äußerst heftig, weil dieser seine Niederlage nicht zu akzeptieren bereit ist und weil er weiß, daß die ihm verbleibende Zeit bis zum nahe herangerückten Jüngsten Tag knapp bemessen ist. »[…] der Teufel kommt zu euch hinab und hat einen großen Zorn und weiß, daß er wenig Zeit hat« (Offenbarung des Johannes 12,12). Daher müssen die Glaubenden, wie z. B. David Chyträus (1530–1600)[69] hervorhebt, bis zum Jüngsten Tag permanent mit den Waffen des Glaubens, d. h. insbesondere mit dem Wort Gottes, geistlich gegen die Verderbensmächte streiten. Entscheidend ist hierbei die Gewißheit der Glaubenden, daß sie durch das ihnen im Abendmahl zugängliche Blut Christi vollgültige Sündenvergebung erfahren haben und darum den Konflikt mit Tod, Sünde und Hölle siegreich bestehen werden:

> Mit diesem schrecklichen und heftigen Feinde müssen alle Gottseligen stetig streiten mit den Waffen, so uns von dem Sohn Gottes, unserm Herzog und Führer, zugeeignet sind, nämlich mit dem Glauben, der gewiß dafürhält, daß wir durch das Blut des Lammes von Sünden gereinigt sind […], danach durch das Wort des Zeugnisses oder Evangeliums, an welches sich der Glaube steuert [= hält] und alle feurigen Pfeile des Teufels sicher auffängt und auslöscht. Und ob man gleich auch das Leben um des Herrn Christi willen in die Schanze schlagen [= dahingeben] muß, so überwindet man doch das Sterben durch den Tod, welcher Tod den Gottseligen nichts anderes ist denn ein Durchgang aus diesem Jammertal in die ewige und selige Gemeinschaft Gottes und der himmlischen Kirche, in welcher wir mit allen Heiligen das Sieglied […] singen werden: Nun ist das Heil und die Kraft und das Reich und die Macht unseres Gottes, seines Christus, worden […].[70]

69 Vgl. Otfried Czaika: Art. Chyträus, David: In: Frühe Neuzeit in Deutschland 1520–1620. Literaturwissenschaftliches Verfasserlexikon. Hg. von Wilhelm Kühlmann, Jan-Dirk Müller, Michael Schilling, Johann Anselm Steiger, Friedrich Vollhardt. Bd. 1. Berlin u. a. 2011, Sp. 511–521.

70 David Chyträus: Auslegung Der Offenbarung Johannis/ darin viel Artickel Christlicher lehr/ viel historien/ vnd nötiger heilsamer Trost/ in gegenwertigen trübsaln vnd zerrüttungen der Kirchen/ vneinigkeit der Lehrer/ vnd andern anfechtungen/ nutzlich erklert werden. […] Nu erstmals ins Deudsch gebracht. Rostock 1568 (BSB München 4 Exeg. 178), fol. Ll 4v–Mm 1r. Weitere Drucke 1572, 1573, 1584. Lateinische Erstausgabe: David Chyträus: EXPLICATIO APOCALYPSIS IOHANNIS PERSPICVA ET BREVIS, TRADITA […]. Wittenberg 1563 (Staats- und Stadtbibliothek Augsburg Th Ex 177). Weitere Drukke 1564, 1571, 1575.

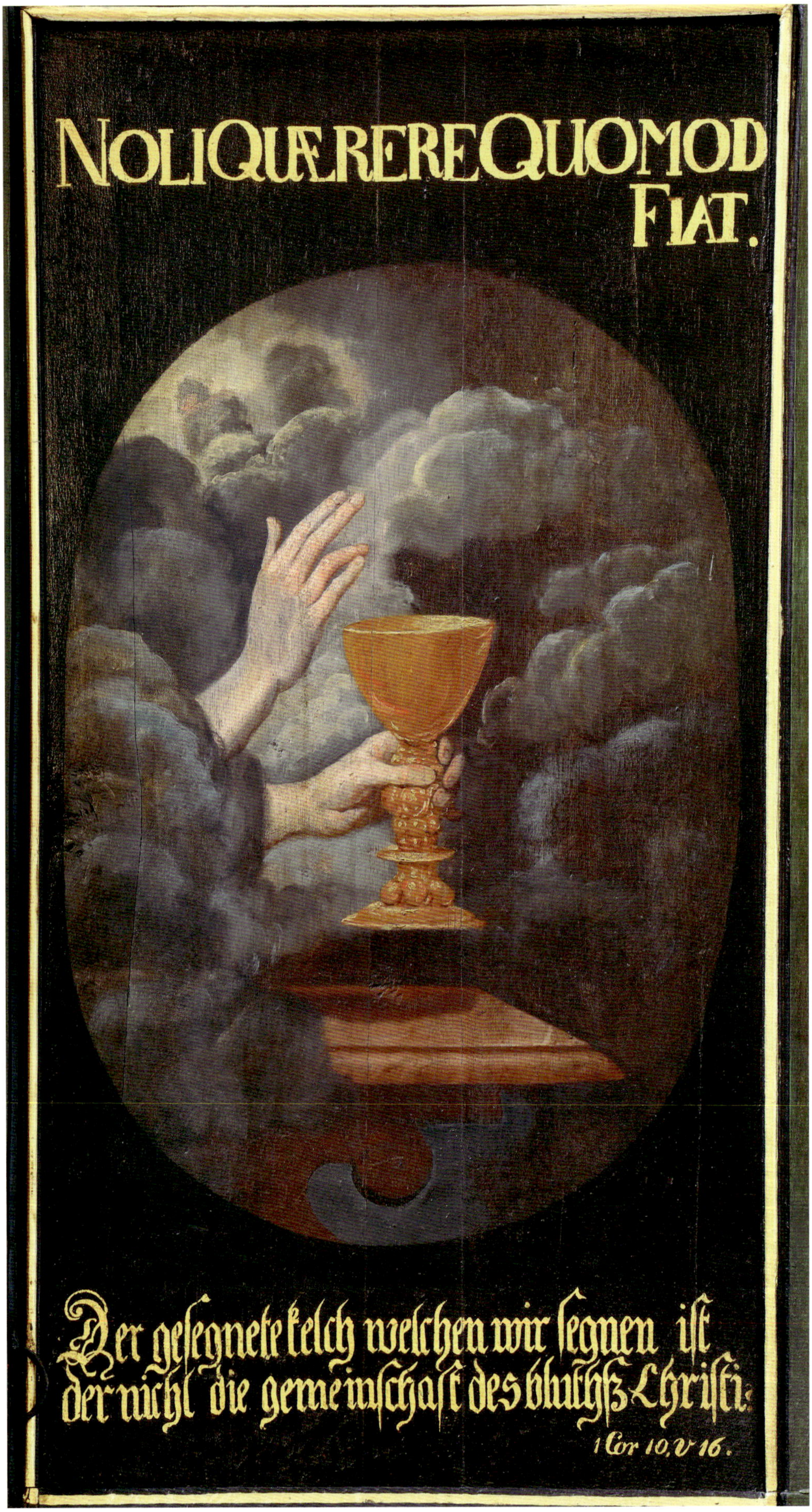

Abb. 1: Mitteltafel, rechte Hälfte, Emblemgemälde Nr. 3.

VI, 3

> Bild: Eine himmlische linke Hand reicht einen Abendmahlskelch dar, während die Rechte zum Segensgestus erhoben ist.
> Bildüberschrift: NOLI QUAERERE QUOMOD[O] FIAT. (Frage nicht, wie es geschieht!)
> Bildunterschrift: Der gesegnete kelch welchen wir segnen ist der nicht die gemeinschaft des bluthß Christi? 1 Cor 10. v 16.

Dieses Gemälde (Abb. 1) und seine Inschriften hängen aufs engste mit dem unmittelbar benachbarten auf der linken Hälfte der Mitteltafel zusammen (vgl. V, 4). Auffällig ist, daß sich sowohl hinsichtlich des Zitates aus 1. Korinther 10,16 als auch mit Blick auf das lateinische (Ps-)Bernhard-Zitat (s. S. 91 f.) eine Leserichtung von rechts nach links aufdrängt, insofern sich die jeweiligen Fortsetzungen der beiden Texte im Emblemgemälde V, 4 finden.

Das vorliegende Bildmotiv macht im Verein mit der *subscriptio* erstens deutlich, daß im Abendmahl das sündenvergebende Blut Christi in Gestalt des Weines gereicht wird. Ferner wird vor Augen gestellt, daß der Kelch, der während der Abendmahlsfeier (im Zuge der Konsekration) gesegnet wird, bereits zuvor eine göttliche Segnung erfahren hat: Zu sehen ist die göttliche rechte Hand, die zum Segensgestus über dem Kelch erhoben ist. Somit wird Ernst gemacht mit der Formulierung des Paulus in 1. Korinther 10,16 »Der gesegnete Kelch, welchen wir segnen […].« Ähnlich wie dies in Emblem V, 4 der Fall ist, wird vermittels der Passage aus dem pseudo-bernhardinischen Text die Mahnung ausgesprochen, sich nicht anheischig zu machen, mit den Mitteln der Vernunft nachvollziehen oder gar begreifen zu können, wie die Realpräsenz des Gemeinschaft stiftenden Bluts Christi im Abendmahlswein zustande kommt.

Stellt die auf den Abendmahlskelch bezogenene Emblemkomposition unmißverständlich klar, daß im sakramentalen Vollzug Christus selbst das eigentlich handelnde Subjekt ist, so wird damit auf keinen Fall die rechte Verwaltung des Sakraments durch die am Altar agierenden Amtspersonen geschmälert. Auch dies deckt sich übrigens mit der zeitgenössisch-lutherischen Abendmahlslehre, wie u. a. anhand von Johann Gerhards Ausführungen erkennbar wird, der bezüglich der Administration des vom Sohn Gottes gestifteten Sakraments sagt:

> Jedoch verrichtet Christus die Administration oder Handlung dieses Sakraments des heiligen Abendmahls nicht mehr durch sich selbst ohne Mittelpersonen, wie zwar einmal in der ersten Einsetzung ist geschehen, sondern er gebraucht hierzu der Diener des Predigtamts, durch welcher Dienst er kräftig ist. Und wann dieselben das gesegnete Brot und den gesegneten Kelch austeilen, so teilet Christus zugleich seinen wahren Leib und Blut aus: in, mit und durch die Austeilung des gesegneten Brots und Kelchs. Und weil Christi und des Dieners Handlung keineswegs können oder sollen getrennet werden, weil auch das gesegnete Brot und der Leib Christi, der gesegnete Kelch und das Blut Christi sakramentlich verbunden sind, […] so folget daraus, daß der Diener Christi nicht bloß dahin Brot und Wein, sondern Christi Leib und Blut im heiligen Abendmahl austeile.[71]

VI, 4

> Bild: Jesus Christus am Kreuz auf Golgatha
> Bildüberschrift: RE. (In Wahrheit)
> Bildunterschrift: Wir haben auch ein osterlam welches ist Christus, für uns geopffert. 1 Cor 5. v 7.

Das Gemälde (Abb. 1) visualisiert den auf Golgatha gekreuzigten Christus; unter dem Kreuz sitzt eine trauernde weibliche Gestalt, von der nicht mit Sicherheit zu sagen ist, ob es sich um die Muttergottes Maria, Maria Magdalena oder um eine Personifikation der frommen Seele handelt. Das kürzeste am gesamten Altarretabel befindliche Motto lautet schlicht »RE« und steht in einem engen Korrespondenzverhältnis mit demjenigen (nur einen Buchstaben längeren) Motto, das der spiegelbildlich links gegenüber untergebrachten Passahszene (V, 3) beigegeben ist: »SPE«. Das, was mit der Einsetzung des Passahfestes auf Hoffnung, d. h. Vollendung hin angelegt war, erfährt an Karfreitag seine Realisierung insofern, als in Christus als dem neuen Osterlamm der gesamten sündigen Welt Vergebung und Errettung dargeboten werden. Bei diesem Osterlamm handelt es sich freilich nicht um ein Tier,

71 Gerhard, Taufe und Abendmahl (wie Anm. 54), S. 239.

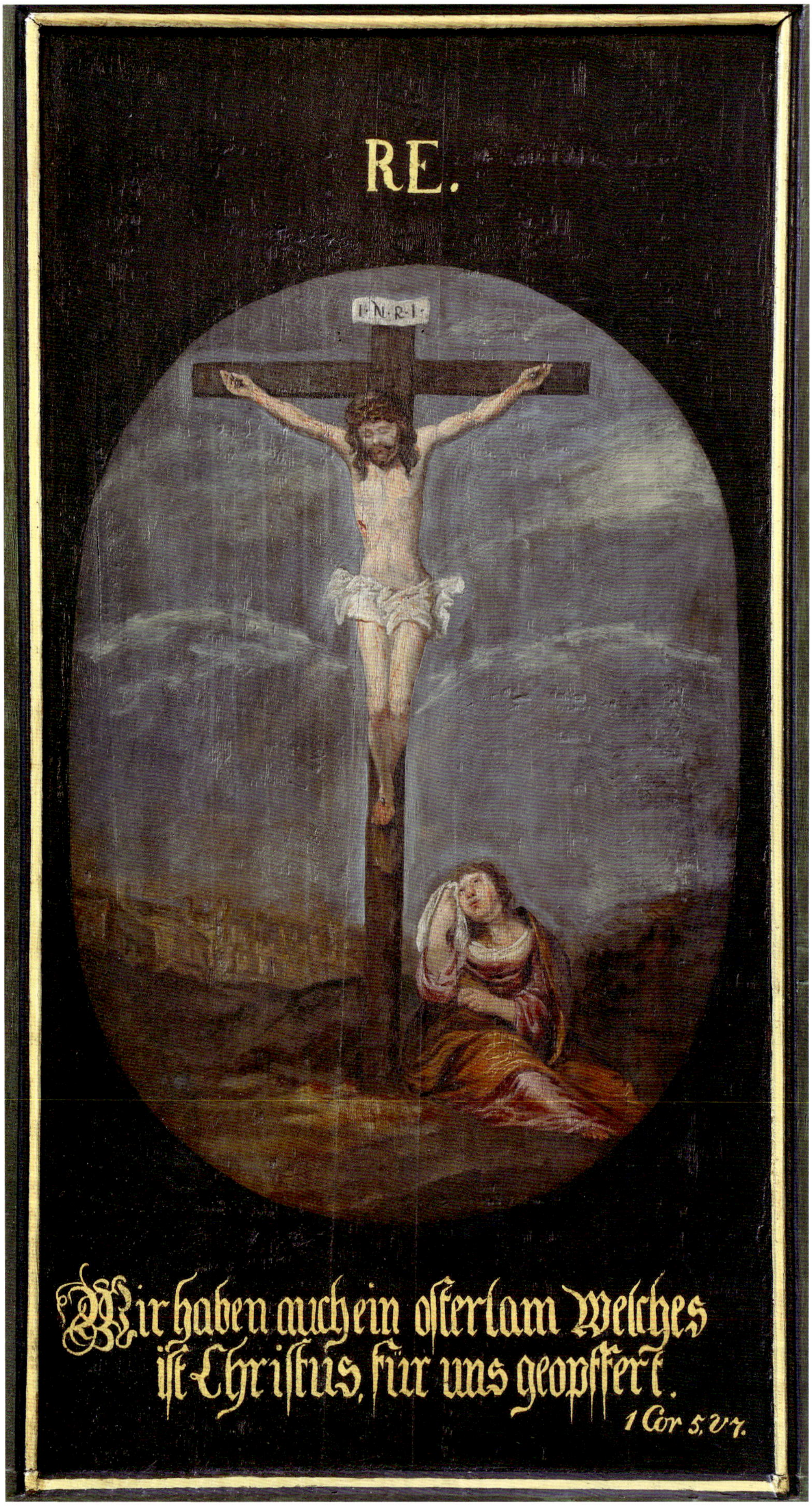

Abb. 1: Mitteltafel, rechte Hälfte, Emblemgemälde Nr. 4.

sondern um den Sohn Gottes Jesus Christus, wie die 1. Korinther 5,7 entlehnte Bildunterschrift ausweist.

Wenngleich die frühneuzeitlich-lutherischen Ausleger von 1. Korinther 5,7 zumeist in größter Ausführlichkeit die Parallelität zwischen dem Passahlamm des mosaischen Gesetzes und dem Passahlamm Jesus Christus, mithin zwischen Typus und Antitypus, herausarbeiten und dies zuweilen tun, ohne deren Differenzen überhaupt explizit zu erwähnen,[72] ist gemäß dieser Deutungstradition unzweifelhaft klar, daß das Opfer Christi dasjenige des Passahlamms bei weitem überbietet. Bei Luther etwa ist diesbezüglich zu lesen:

> Das alte Mosisch' Osterlamm im Gesetz ist nur ein Figur, Vorbilde und Schatten gewesen des zukünftigen Osterlamms. Aber Christus am Kreuz ist das rechte wesentliche Osterlamm, wie St. Paulus auch saget 1. Korinther 5,7: ›Wir haben auch ein Osterlamm, das ist Christus für uns geopfert‹.[73]

Ausführlicher nimmt der Celler Generalsuperintendent Christoph Fischer (bzw. Vischer oder Piscator, gest. 1597 oder 1600)[74] die Unterschiede von Typus und Antitypus in den Blick:

> Wie die Finsternis weichet und wie man die Lichter auslöschet, wenn der Tag anbricht und die Sonne aufgehet, also hören auch die Schatten und Figuren des Mose auf, weil Christus, der die Sonne der Gerechtigkeit [Maleachi 3,20], das wahre helle Licht, der Aufgang aus der Höhe ist, sich eingestellt und uns, die wir in der Finsternis und [im] Schatten des Todes saßen, allergnädigst erleuchtet hat. Also ist Christus das Lamm Gottes, das Gottes Zorn gestillet, uns mit dem verzehrenden Feuer ausgesöhnet [hat]. Davon sagt St. Paulus in 1. Korinther 5,7: Unser Osterlamm Christus Jesus ist für uns geopfert. Wir sind nicht, wie St. Petrus sagt, mit vergänglichem Silber oder Gold, sondern mit dem teuren Blut Christi als eines unschuldigen und unbefleckten Lamms von unserm eiteln Wandel nach väterlicher Weise erlöset, 1. Petrus 1,18.[75]

Gleichwohl handelt es sich hierbei nicht um ein starres ›Überbietungsschema‹, gemäß dem das Passahlamm als bloß vorläufiges getrost dem Vergessen anheimgestellt werden könnte. Vielmehr ist dies gerade die Stärke der Typus-Antitypus-Hermeneutik, daß der Vorbildhaftigkeit des Typus konsequent Rechnung getragen wird und dies sich auch – wie in der Bildkomposition des Segeberger Altars – ikonologisch niederschlägt: in der auf Dauerhaftigkeit angelegten und symmetrisch präzisen Gegenüberstellung des Passahlamms und des gekreuzigten Christus.

72 So z. B. in Gerhards Predigt zur »Vergleichung unserer und der jüdischen Ostern« in Postilla 2 (wie Anm. 43), S. 88–100.
73 Luther, WA 28,416,22–26.
74 Vgl. Heinrich Kellner: Art. Fischer, Christoph. In: Allgemeine Deutsche Biographie 7 (1877), S. 51 f. sowie Nachträge in Allgemeine Deutsche Biographie 40 (1896), S. 30 f. Rudolf Steinmetz: Die Generalsuperintendenten von Lüneburg-Celle. In: Zeitschrift der Gesellschaft für niedersächsische Kirchengeschichte 20 (1915), S. 1–135, hier S. 47–60. Georg Arndt: Christoph Fischer und seine Tätigkeit im Thüringer Lande. In: Beiträge zur thüringischen und sächsischen Geschichte. Festschrift für Otto Dobenecker zum 70. Geburtstag. Jena 1929, S. 295–326. Karl Zeitel: Ein bisher unveröffentlichter Brief Martin Luthers aus der ehemaligen hennebergischen Gymnasialbibliothek Schleusingen. Zugleich eine Erläuterung zur kirchlichen Heimat und Herkunft des hennebergischen Superintendenten Magister Christoph Fischer aus Joachimsthal in Böhmen. In: Jahrbuch des Hennebergisch-Fränkischen Geschichtsvereins 13 (1998), S. 123–170. Vgl. auch Inge Mager: Die Konkordienformel im Fürstentum Braunschweig-Wolfenbüttel. Entstehungsbeitrag, Rezeption, Geltung. Göttingen 1993 (= Studien zur Kirchengeschichte Niedersachsens 33), S. 193 u. ö. (Reg.).
75 Christoph Fischer: Außlegung der Euangelien/ so man auff die Fest der Apostel/ vnd andere tage/ in der Christlichen Kirchen zuhandeln pfleget. Darinnen ein jedes Euangelium in drey/ bißweilen auch in vier predigten/ gefast ist […]. Leipzig 1575 (BSB München 4 Hom. 2404 w), fol. F 3r.

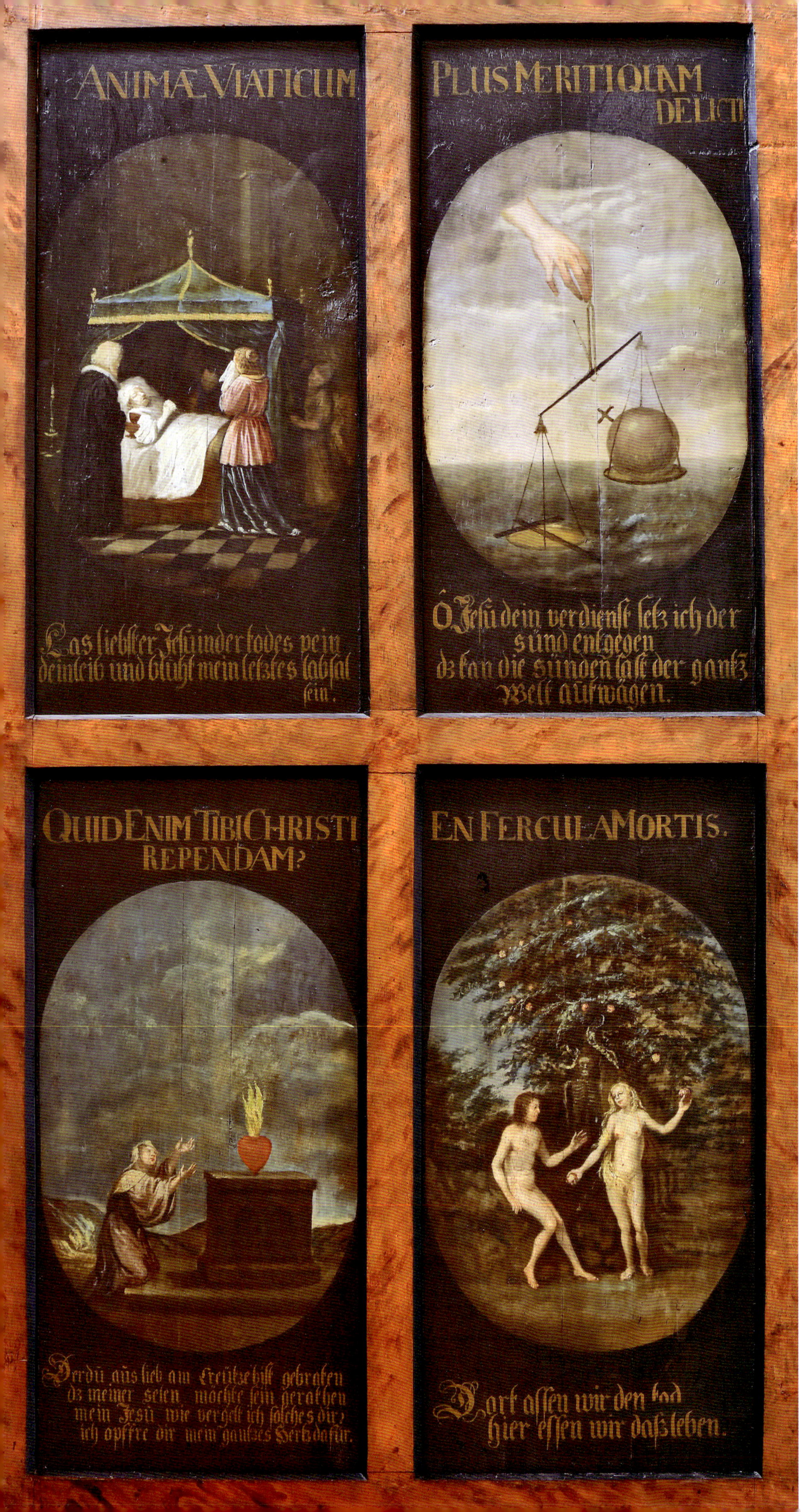

Abb. 1: Geschlossener Zustand, linker Flügel.

VII. GESCHLOSSENER ZUSTAND, LINKER FLÜGEL

VII, 1

> Bild: Eine sterbende Person empfängt das letzte Abendmahl.
> Bildüberschrift: ANIMAE VIATICUM (Wegzehrung der Seele)
> Bildunterschrift: Las liebster Jesu in der todes pein | dein leib und bluht mein letztes labsal sein.

Das Gemälde (Abb. 2) schildert eine Sterbeszene: Eine männliche Person liegt mit gefalteten Händen in einem Bett, über dem sich ein Baldachin erhebt. In das Zimmer scheint von links durch ein nicht sichtbares Fenster Tageslicht herein. Die Ausstattung des Schlafgemachs deutet darauf hin, daß es sich um dasjenige einer sozial höhergestellten, vielleicht einer fürstlichen Person handelt. Am Fußende des Bettes steht in schräger Rückenansicht eine heftig trauernde weibliche Gestalt – wohl die Ehefrau des dem Tod Entgegengehenden – und wischt sich mit einem weißen Tuch die Tränen aus dem Gesicht. Im verschatteten Hintergrund sind weitere Personen auszumachen. Neben dem Kopfende des Bettes steht ein Pastor in Amtstracht mit einem Abendmahlskelch in seiner rechten Hand. Offenbar hat der Sterbende die Oblate und mit ihr den Leib Christi bereits zu sich genommen. Ob die Nießung des Weins im Kelch, d. h. des Blutes Christi, bereits stattgefunden hat oder noch bevorsteht, ist nicht ersichtlich.

Die Szene dokumentiert die Tatsache, daß im frühneuzeitlich-lutherischen Protestantismus, der das Sakrament der letzten Ölung (*unctio extrema*) nicht mehr praktizierte, das Abendmahl als Sterbesakrament fungierte. Luther sprach der letzten Ölung seit 1520 jegliche Sakramentalität ab und setzte im diesbezüglichen Kapitel seiner Schrift *Von der babylonischen Gefangenschaft der Kirche* (*De captivitate babylonica ecclesiae*) an deren Stelle das Abendmahl, denn dieses sei »vere morientium et excedentium sacramentum«[76] (›wahrhaft das Sakrament der Sterbenden und Abscheidenden‹). Hieraus resultierte die Praxis, Sterbenden nicht die letzte Ölung, sondern das Abendmahl zu reichen, was u. a. in einer Flut von Leichenpredigten dokumentiert ist. In deren auf die jeweiligen Verstorbenen bezogenen Personalia wird häufig detailliert berichtet, zu welchem Zeitpunkt, auf welche Weise und zuweilen auch von wem die betrauerten Personen das letzte Abendmahl im Sterbebett empfingen.

Im Kontext des Bildprogramms des Segeberger Altars kommt dem hier in Rede stehenden Gemälde eine wichtige Bedeutung zu. Wer an der Abendmahlsfeier im Gottesdienst teilnimmt, so die Botschaft des sich an die Öffentlichkeit der Gemeinde richtenden Bildes, erinnert sich nicht nur des Todes Christi und seiner Heilsbedeutung, sondern auch – im Sinne des *memento mori* – seiner eigenen Sterblichkeit sowie der Tatsache, daß jeder Empfang des in den Abendmahlselementen gegenwärtigen Leibes und Blutes Christi ein Akt der Sterbebereitung (*praeparatio ad mortem*) ist, d. h. Akt der Vorbereitung auf den letzten Empfang des Abendmahls in irdischen Gefilden, zugleich aber auch Akt der Vorbereitung auf die Teilnahme an derjenigen Abendmahlsfeier, die im himmlischen Jerusalem in Gegenwart des Lammes Gottes stattfinden wird. So erinnert z. B. Luther daran, daß das von Christus kurz vor seinem Tod gestiftete Sakrament als seine Wegzehrung fungierte,[77] und bezeichnet die Eucharistie über-

76 Luther, WA 6,572,24 f.

77 Luther zufolge ist die »eucharistia viaticum [...] et testamentum abeuntis Christi« (Luther, WA 4,705,16).

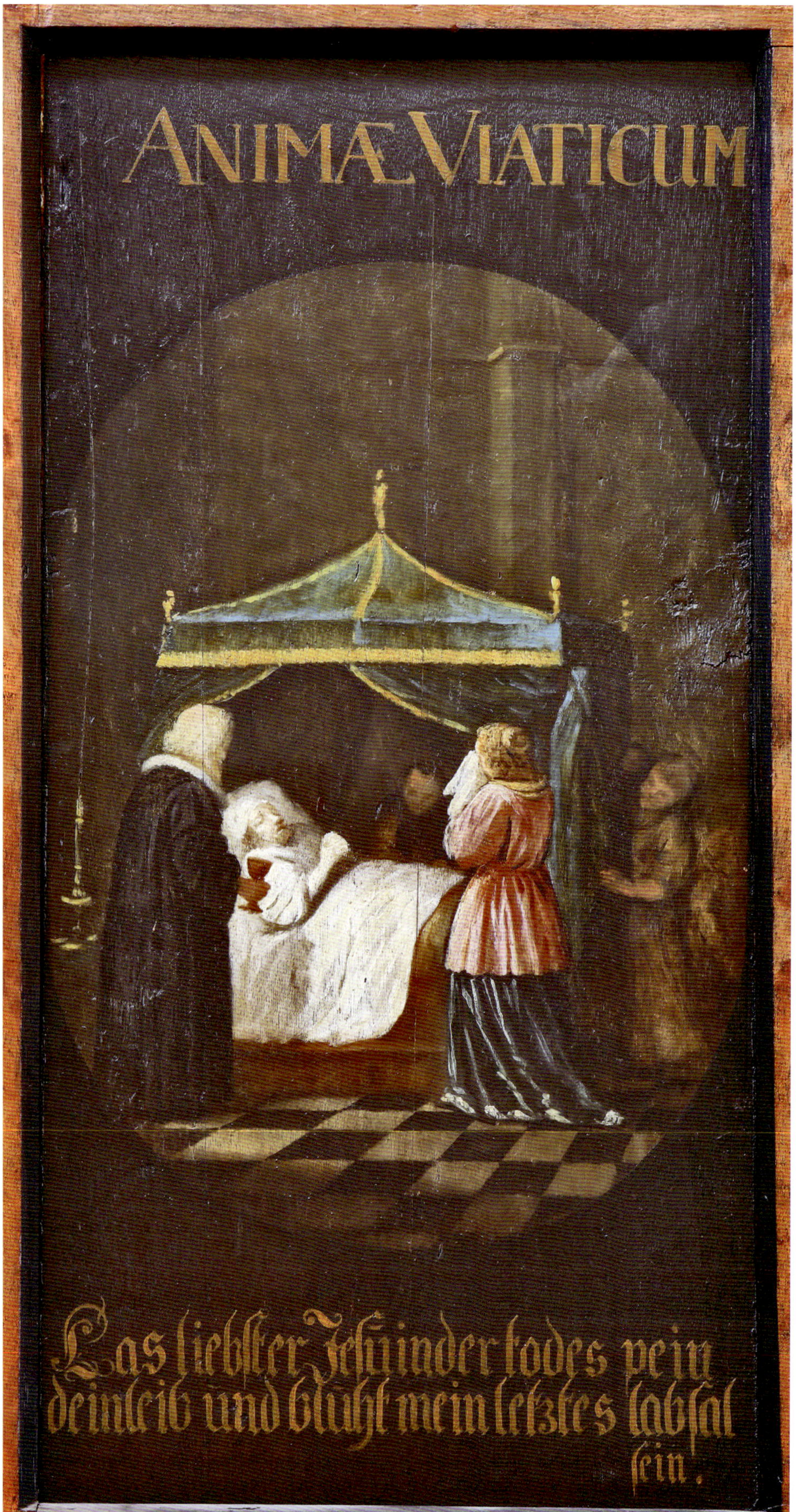

Abb. 2: Geschlossener Zustand, linker Flügel, Emblemgemälde Nr. 1.

dies als eine Wegzehrung (*viaticum*) des Glaubenden auf seiner Wanderung, welche ihn der Teilnahme an der ewigen Mahlfeier entgegenführt.[78] Diese Thematik wird im Segeberger Emblemgemälde V, 1 traktiert. Insofern ist das Abendmahl »ANIMAE VIATICUM«, womit die Bildüberschrift zu VII, 1 eine Bezeichnung aufgreift, die in der Frühen Neuzeit gängig war[79] und bereits in mittelalterlichen Texten begegnet, etwa bei Gerhoch von Reichersberg (1092/93–1169).[80] Wegzehrung ist das Abendmahl in doppelter Hinsicht: Wegzehrung der Seele auf dem Weg aus dem irdischen Leben ins himmlisch-ewige, aber auch zuvor bereits auf dem Weg hin zur Beendigung der irdischen Existenz.

VII, 2

> Bild: Eine himmlische Hand hält eine Waage; das Kreuz in der linken Waagschale wiegt schwerer als die Weltkugel in der rechten.
> Bildüberschrift: PLUS MERITI QUAM DELICTI (Mehr an Verdienst als an Schuld)
> Bildunterschrift: Ô Jesu dein verdienst setz ich der sünd entgegen | dz kan die sünden last der gantzen Welt aufwägen.

Das Gemälde (Abb. 1) stellt – wie das rechts daneben (VIII, 1) – eine himmlische Hand vor Augen, die aus Gewölk hervorragt. Wie überlegt die beiden Bildmotive aufeinander abgestimmt sind, ist ablesbar an der Tatsache, daß die Hand in VII, 2 von links oben in die Szenerie hineinragt, während sie dies in VIII, 1 von rechts oben tut. In vorliegendem Gemälde hält die Hand eine Waage, in deren linker Waagschale ein Kreuz liegt, welches das unermeßliche Verdienst verkörpert, das Christus durch sein Leiden und Sterben erwarb. Das Kreuz wiegt schwerer als die Kreuzweltkugel, die sich in der gegenüberliegenden Waagschale befindet und die sündige Welt symbolisiert. Erneut (s. o. S. 73–76) wird hier ein Bestandteil der Herrschaftsinsignien des Kaisers des Heiligen römischen Reiches deutscher Nation mit negativer Konnotation ins Bild gesetzt.

Das Segeberger Gemälde steht in der ikonographischen Tradition des Waage-Motivs, das in der geistlichen Emblematik der Barockzeit sehr verbreitet war. Ein prominentes (und weitaus komplexeres) Beispiel hierfür ist der doppelseitige Kupferstich (Abb. 2), welcher der *PONDERATIO SALUTIS, Das ist: Eine Geistliche Waage* (1635) aus der Feder des Nürnberger Theologen Johann Saubert (1592–1646) beigegeben ist. In der rechten Waagschale befinden sich sechs Gewichte, die durch Bildmotive und Inschriften als das den Sünder verfluchende Gesetz des Mose, Sündenfall, Zorn Gottes, böses Gewissen, Strafe und ewiger Höllentod bezeichnet sind. Der Teufel versucht vergeblich, dieser Waagschale das ausschlaggebende Übergewicht zu verleihen. Die linke Waagschale enthält ebenfalls sechs Gewichte, nämlich das Verdienst Christi, Christi Blut, die Barmherzigkeit Gottes, das Zeugnis des Heiligen Geistes, den Schutz Gottes und den Triumph des Sohnes Gottes über den Tod im Sinne von 1. Korinther 15,55. Es ist nicht der Mensch, dessen Werke und Würdigkeit abgewogen werden, indem sie am Gesetz gemessen würden. Vielmehr ist es Christus mit seinen Wohltaten, der dafür sorgt, daß die Verderbensmächte die Wägung nicht für sich entscheiden, sondern diese als zu leicht befunden werden. Der Glaubende zur Linken, der seine »Glaubenshand« auf den linken Arm der Waage legt, ergreift mit seiner linken Hand die Hand Gottes.

Das emblematische Gemälde am Segeberger Altarretabel weist in eine ähnliche Richtung: Das von Christus aufgerichtete Versöhnungswerk wiegt sehr viel schwerer als die Sünde, weswegen es – und nur es – geeignet ist, der gesamten Welt Vergebung der

78 Vgl. Luther, WA 4,705,7–9: »Sic eucharistia aliud nihil est, quam viaticum et confortativum itineris, ut per eam iterum atque iterum cibemur, roboremur, animemur, donec Dominus nos ad suum aeternum convivium recipiat […].«

79 Vgl. Johann Deucer: Ein Newes/ Schönes/ sehr Nützliches Betbuch/ Darinnen Allerley Christliche/ außerlesene/ trostreiche vnd heilsame Betrachtungen vnd gottselige Gebete in allerley Gemeinen vnd sonderbaren Nöthen vnd Anligen/ andächtig vnd selig zu gebrauchen/ GOtt dem Allmächtigen zu Lob vnd Ehr/ auch allen guthertzigen frommen Christen/ Sonderlich aber Den Löblichen Evangelischen Ständen vnd Städten in Nieder- vnd Ober Oesterreich/ zu zeitlicher vnd ewiger Wolfarth/ vnd mehrer vbung des heilsamen Gebets/ in sechs vnterschiedlichen Theilen oder Büchern verfertiget. […]. Leipzig 1629 (BSB München Asc. 1376), S. 537: »Darum auch die Alten das heilige Abendmahl viaticum animae, der Seelen Zehrpfennig genannt haben. Und das ist auch nicht die wenigste Ursach', daß Christus sein heilig' Abendmahl kurz vor seinem Tod hat eingesetzt, anzuzeigen, daß wir dasselbe nicht allein im Leben, sondern vor allen Dingen auch zu unser' letzten Hinfahrt gern und mit Verlangen gebrauchen und gleich mitnehmen sollen.«

80 Vgl. Gerhoch von Reichersberg: Opera omnia. Bd. 2. Paris 1855 (= Migne, Patrologia latina 194), hier: Expositionis in Psalmos continuatio, pars 7, Sp. 137B, wo vom Abendmahl als einem »viaticum christianae animae pernecessarium« die Rede ist.

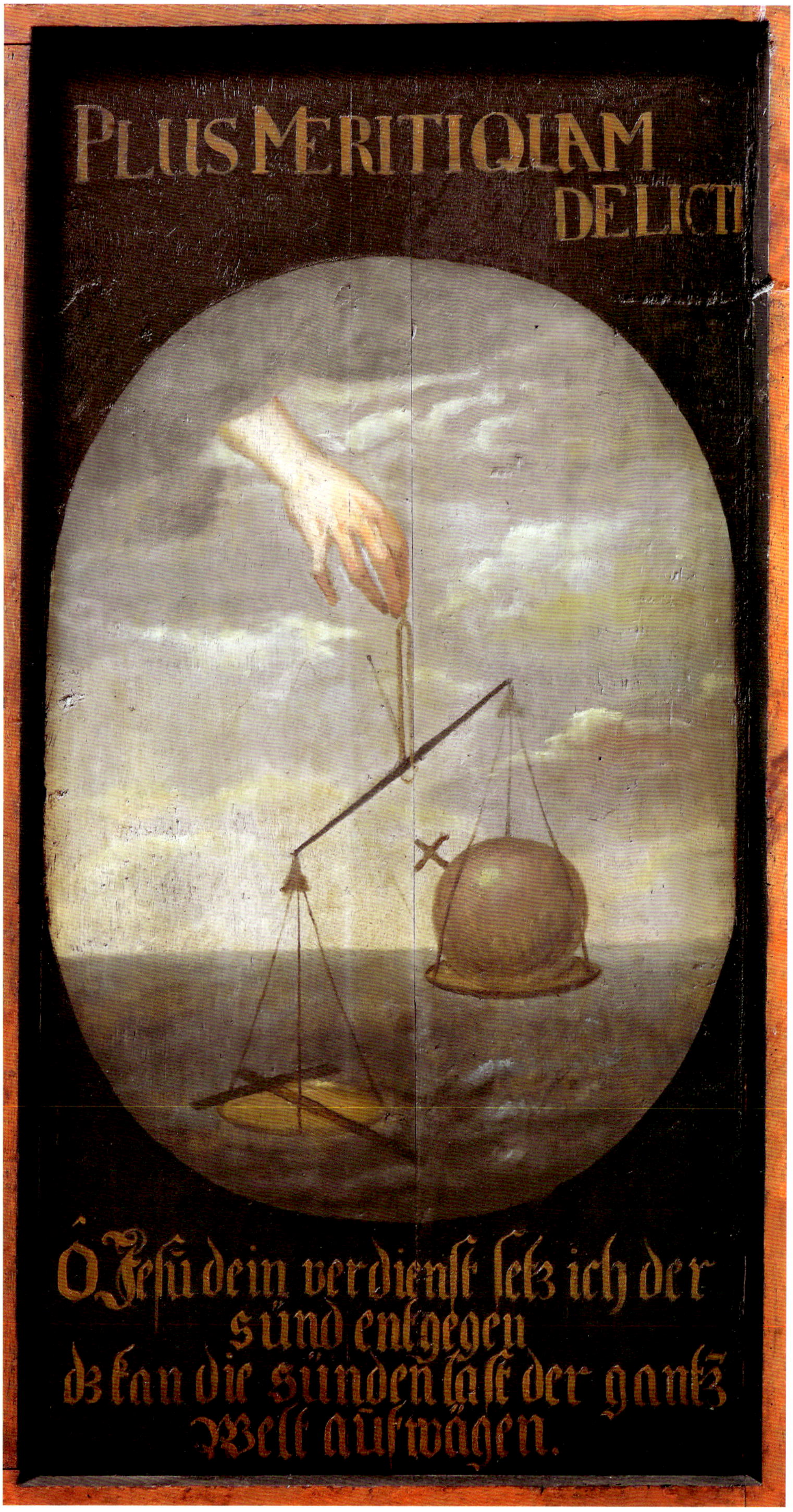

Abb. 1: Geschlossener Zustand, linker Flügel, Emblemgemälde Nr. 2.

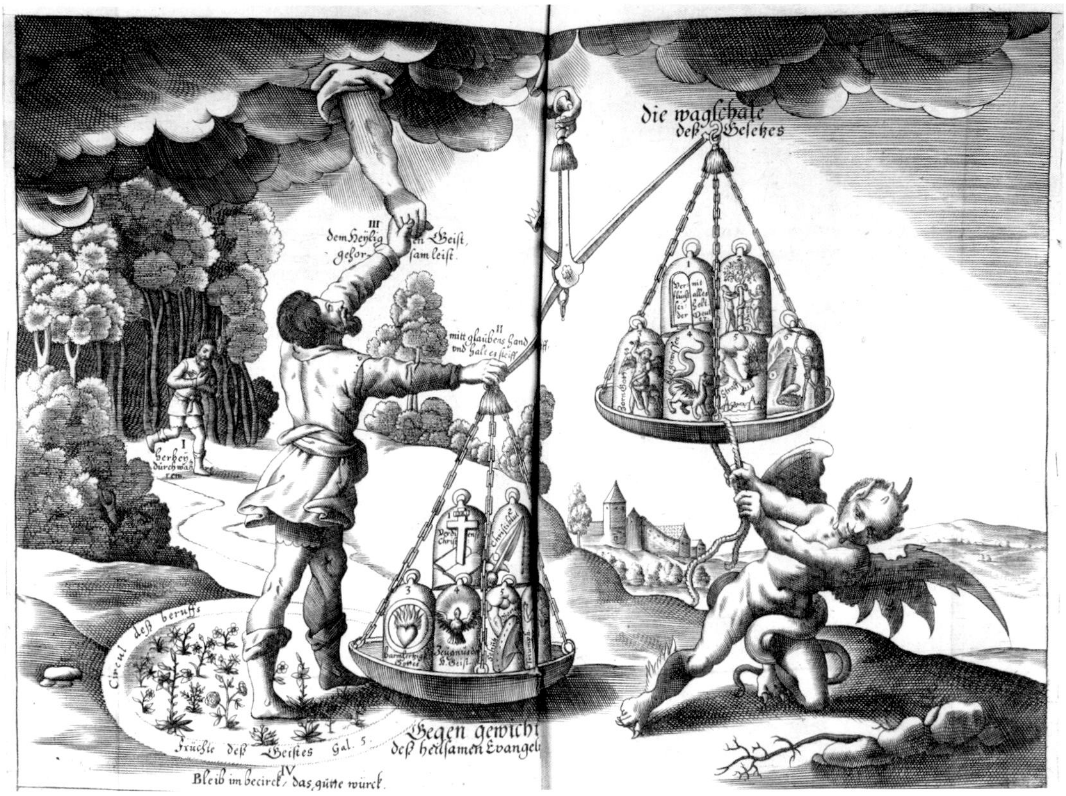

Abb. 2: Johann Saubert: PONDERATIO SALVTIS, Das ist: Ein Geistliche Wage […]. Nürnberg 1635 (Stadtbibliothek Nürnberg 6 an Theol. 4. 1228), Kupferstich.

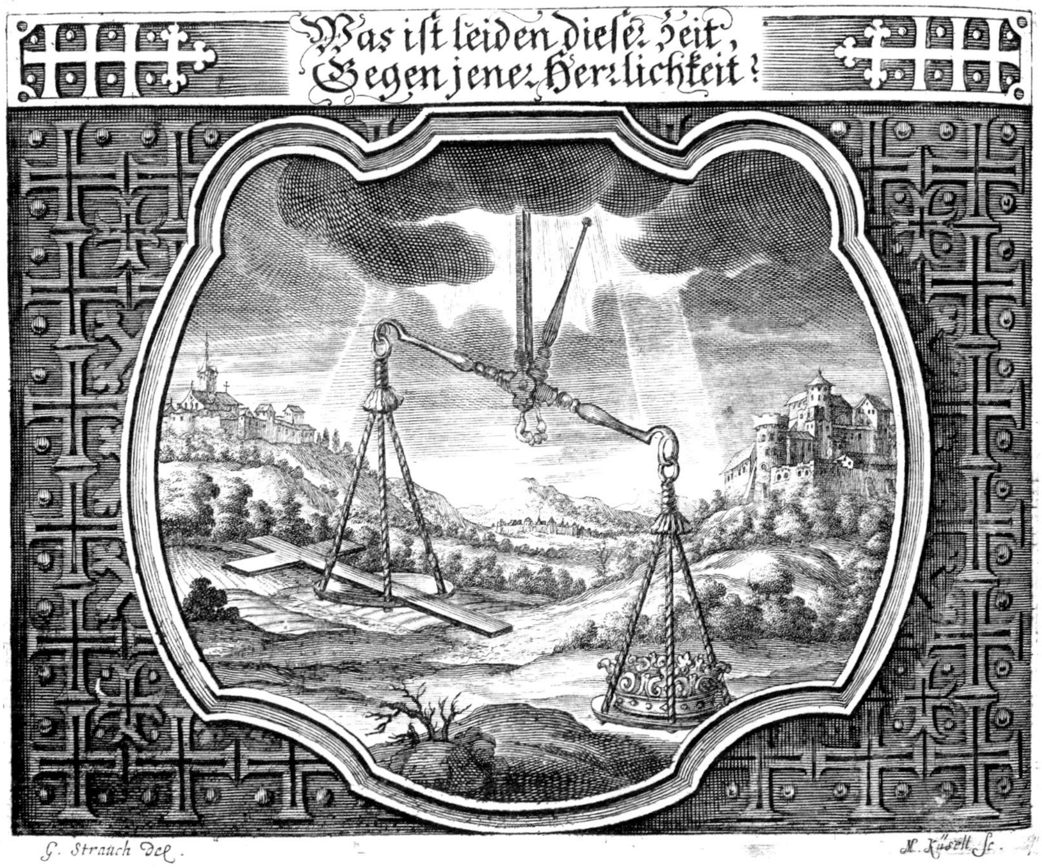

Abb. 3: Johann Michael Dilherr: Heilig-Epistolischer Bericht/ Licht/ Geleit und Freud. Das ist: Emblematische Fürstellung/ Der Heiligen Sonn- und Festtäglichen Episteln […]. Nürnberg 1663 (Privatbesitz), S. 254.

Sünden, Gerechtigkeit und ewiges Leben angedeihen zu lassen.

Bei Johann Michael Dilherr findet sich ein Emblem (Abb. 3), das eine Waage verbildlicht, in deren einer Waagschale ebenfalls ein Kreuz zu finden ist, welches sich jedoch als leichter erweist denn die Krone in der anderen Schale. Das Kreuz steht hier (anders als im Segeberger Gemälde) nicht für die Passion Christi, sondern für die Leiden der Christen, welche gemäß Römer 8,18 leichter wiegen als die himmlische Bekrönung, die ihnen verheißen ist – ein Thema, das in Emblem IV, 3 behandelt wird.

VII, 3

> Bild: Die fromme Seele bringt ihr Herz auf einem Altar als Brandopfer dar.
> Bildüberschrift: QUID ENIM TIBI CHRISTI [richtig: CHRISTE] REPENDAM? (Was soll ich dir, Christus, als Vergeltung geben?)
> Bildunterschrift: Der du aus lieb am Creütze bist gebraten | dz meiner selen möchte sein gerathen | mein Jesu wie vergelt ich solches dir? | ich opffre dir mein gantzes Hertz dafür.

Das Emblemgemälde (Abb. 1) schildert eine weibliche Gestalt, die mit erhobenen Händen an einem Altar kniet. Auf dem Altar steht aufrecht ein Herz, aus dem große Flammen emporlodern. Das Herz, die Flammen und die nach oben weisenden Hände verdeutlichen, daß es in vorliegendem Gemälde um eine geistlich-innere Aufwärtsbewegung geht, welche bekanntermaßen auch in der Abendmahlsliturgie mit dem Aufruf *sursum corda* (die Herzen in die Höhe!) zentral steht. Blickt man auf die Komposition des Bildprogramms des Altars im geschlossenen Zustand, so fällt auf, daß das hier in Rede stehende Emblem mit demjenigen rechts gegenüber (VIII, 4) eng verknüpft ist, in dem ebenfalls die schon im Kontext des irdischen Lebens realisierbare geistliche Erhebung des Glaubenden in himmlische Gefilde traktiert wird.

Die Bildkomposition knüpft an eine in der Barockzeit gängige Motivik an: an die Symbolisierung rechter Frömmigkeit, insbesondere der Gebetsfrömmigkeit, die häufig als geistliches Brand- bzw. Rauchopfer bezeichnet wurde. Dies wird z. B. anhand des doppelseitigen Titelkupfers zum *Geistlichen Dank-Altar* des Rostocker Theologen Heinrich Müller deutlich.[81] Die Druckgraphik zeigt den Autor, der mit zum Gebet gefalteten Händen vor einem Altar kniet. Auf dem Altar liegen Herzen, die Gott als Brandopfer dargebracht werden (Abb. 2). Das flammende Herz steht ferner für die Inbrunst der Liebe zu Gott,[82] wie umgekehrt das mit dem griechischen Christusmonogramm (»XP«) beschriftete lodernde Herz (gemäß Johannes 3,16) die Liebe Gottes symbolisieren kann, die dieser der Welt dadurch erwies, daß er seinen Sohn dahingab. Nicht nur dieses Bildmotiv begegnet bei Johann Michael Dilherr (Abb. 3), sondern überdies ein dreiständiges Emblem mit einer Bilderfolge, welche sowohl den Prozeß der Entflammung des Herzens als auch dessen hierdurch ermöglichte Aufwärtsbewegung eindrücklich veranschaulicht (Abb. 4). Das Sinnbild bezieht sich auf den Osterdienstag und entwickelt aus der rückblickenden – mehr ausrufenden als fragenden – Feststellung der Emmaus-Jünger »Brannte nicht unser Herze in uns, da er mit uns redete auf dem Wege, als er uns die Schrift öffnete?« (Lukas 24,32) eine Bilderfindung. Sie trägt vor, daß der Glaube das Herz zunächst zum Glühen bringt, es sodann (aufrecht auf der Erde stehend) entflammt, damit es dereinst, mit »Himmelsglut« ausgestattet, im Himmel seine Heimstatt finden möge.

Die in der Segeberger Bildüberschrift aufgeworfene Frage »QUID ENIM TIBI CHRISTE REPENDAM?« erheischt, reflektiert man sie vor dem Hintergrund der zeitgenössischen lutherischen Deutungstradition eine doppelte Antwort: Die erste lautet: nichts. Denn keine einzige Aktivität des durch die überfließende Gnade und Liebe Gottes beschenkten Menschen kann jemals eine Vergeltung der von Christus bewerkstelligten Versöhnung sein – auch nicht ansatzweise, weil nichts, was der Mensch zu tun im Stande ist, vor Gott einen verdienstlichen Charakter hat. Die zweite Antwort lautet: einiges, was auch die Bildunterschrift in Versform vorträgt. Denn sehr wohl ist der Christenmensch in der Lage, Dankopfer darzubringen, Opfer mithin, die keinerlei Versöhnung erwirken, auch nicht partiell zu ihr beitragen, sondern lediglich die Dankbarkeit des unwürdig Beschenkten artikulieren – sei es in Gestalt von Gebeten, Lobgesängen oder Werken der Nächstenliebe. Bemerkenswerterweise identifiziert

81 Vgl. Müller, Geistlicher Dank-Altar (wie Anm. 22).

82 Vgl. z. B. Dilherr, Augen- und Herzens-Lust (wie Anm. 34), S. 71.

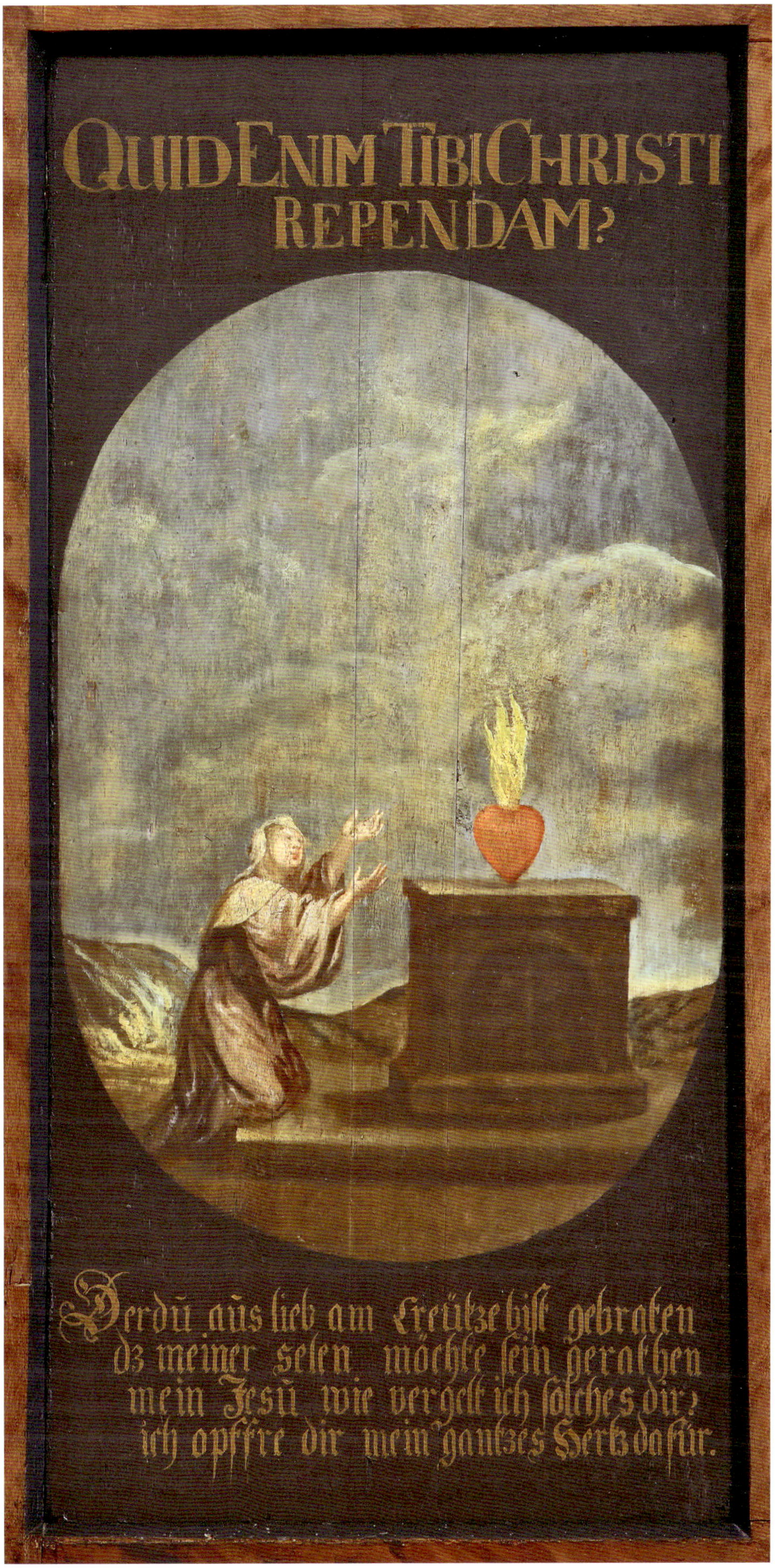

Abb. 1: Geschlossener Zustand, linker Flügel, Emblemgemälde Nr. 3.

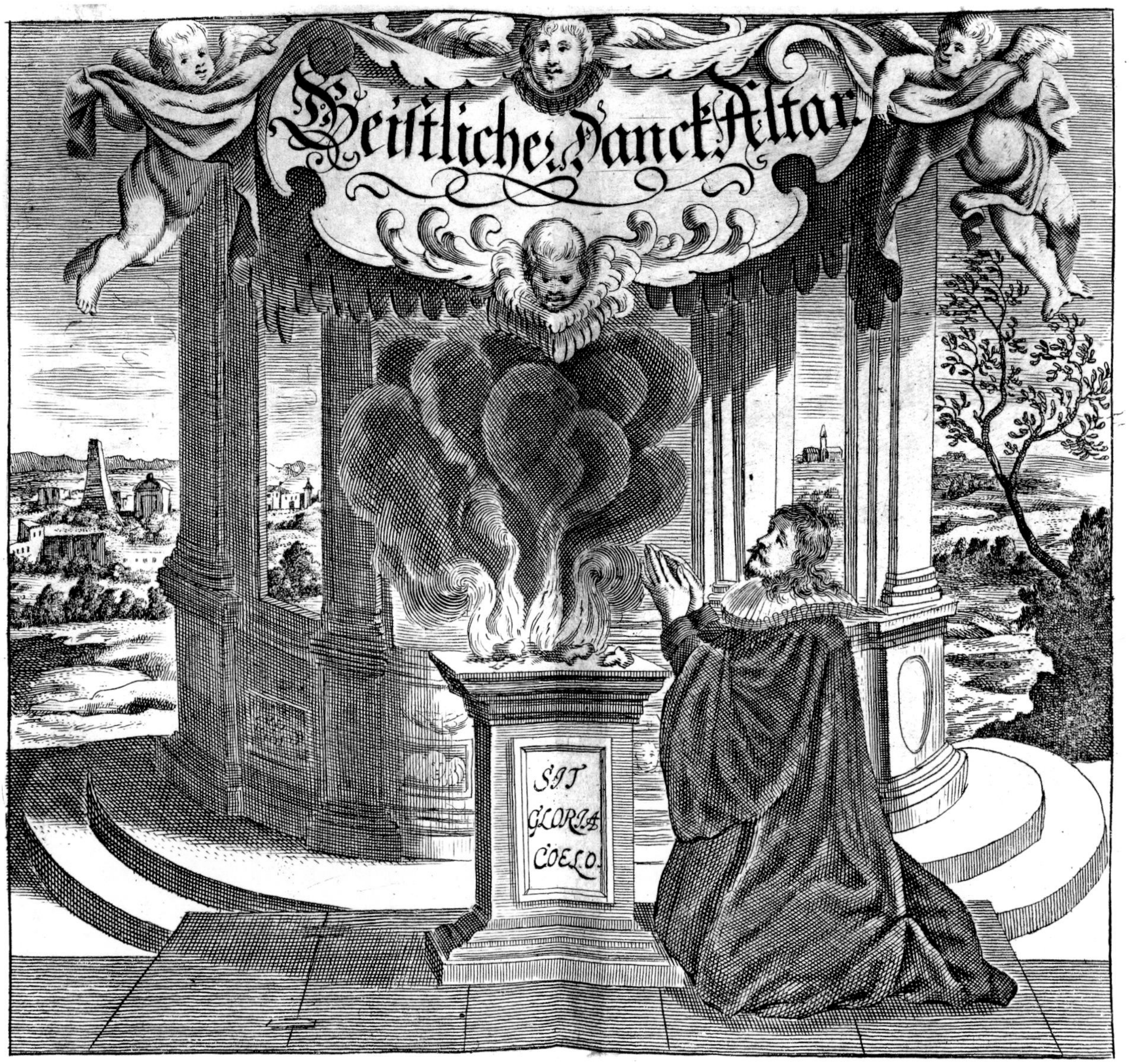

Abb. 2: Heinrich Müller: Geistlicher Danck-Altar/ Zum täglichen Lob-Opffer der Christen […]. Frankfurt a. M. 1670 (UB Rostock Fm-3082), Frontispiz.

Heinrich Müller übrigens den Dankaltar, auf dem die Glaubenden ihre Dankopfer darbringen, mit Christus, womit klargestellt wird, daß die menschliche Opferpraxis einzig und allein auf der Basis des von Christus geleisteten allgenugsamen Versöhnopfers möglich ist:

> Der Dankaltar, darauf wir unser Lobopfer Gott bringen, ist Christus, wie die Epistel zun [= an die] Hebräer ermahnet am 13. Lasset uns opfern das Lobopfer durch Christum Gott allezeit, das ist die Frucht unserer Lippen [Hebräer 13,15].[83]

Im Kontext der am Segeberger Altar zentral stehenden Abendmahlsthematik betrachtet, kann das Emblem VII, 3 auch dahingehend gedeutet werden, daß im liturgischen Vollzug der Abendmahlsfeier – anders als dies römisch-katholischer Sicht der Dinge zufolge der Fall ist – keine unblutige Wiederholung des Ver-

83 Heinrich Müller: Apostolische Schluß-Kette/ Und Krafft-Kern/ Oder Gründliche Auslegung der gewöhnlichen Sonn- und Fest-Tags-Episteln/ worinnen nicht allein der Buchstab nach dem Sinn des Geistes erkläret/ sondern auch die Glaubens-Stärckung und Lebens-Besserung aus den Kraft-Wörtern der Grundsprachen heraußgezogen/ vorgetragen wird/ Jn öffentlichen Predigten vorgestellet […]. Frankfurt a. M. 1671 (UB Rostock Fl-2), S. 352b.

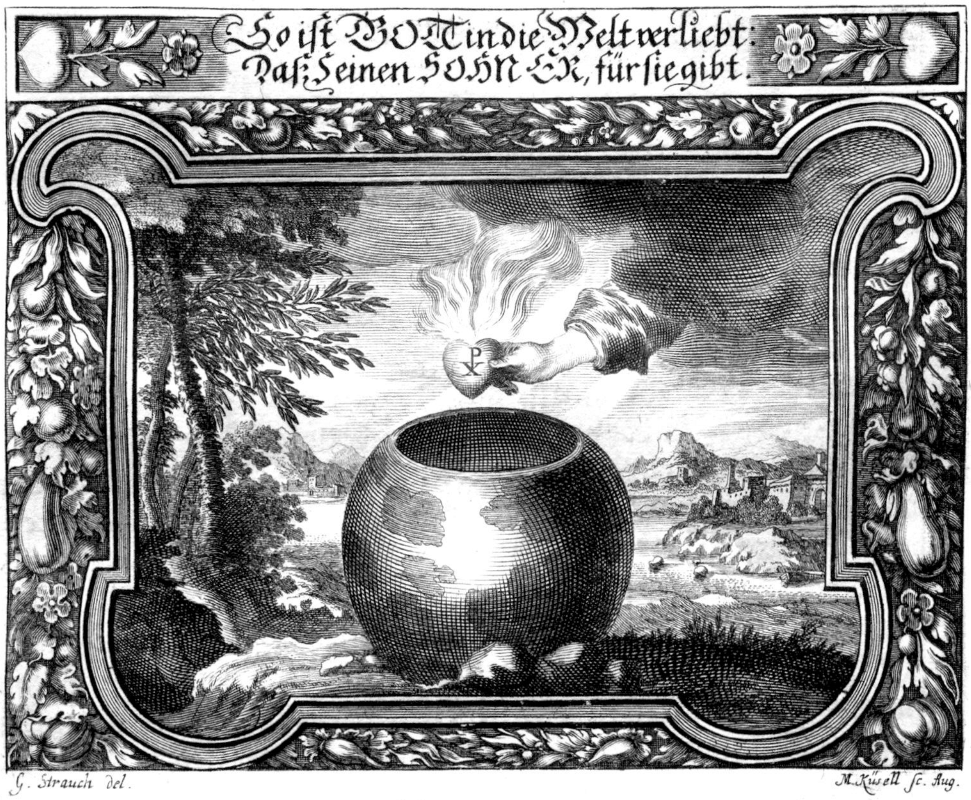

Abb. 3: Johann Michael Dilherr: Augen- und Hertzens-Lust. Das ist/ Emblematische Fürstellung der Sonn- und Festtäglichen Evangelien. […]. Nürnberg 1661 (Privatbesitz), S. 319.

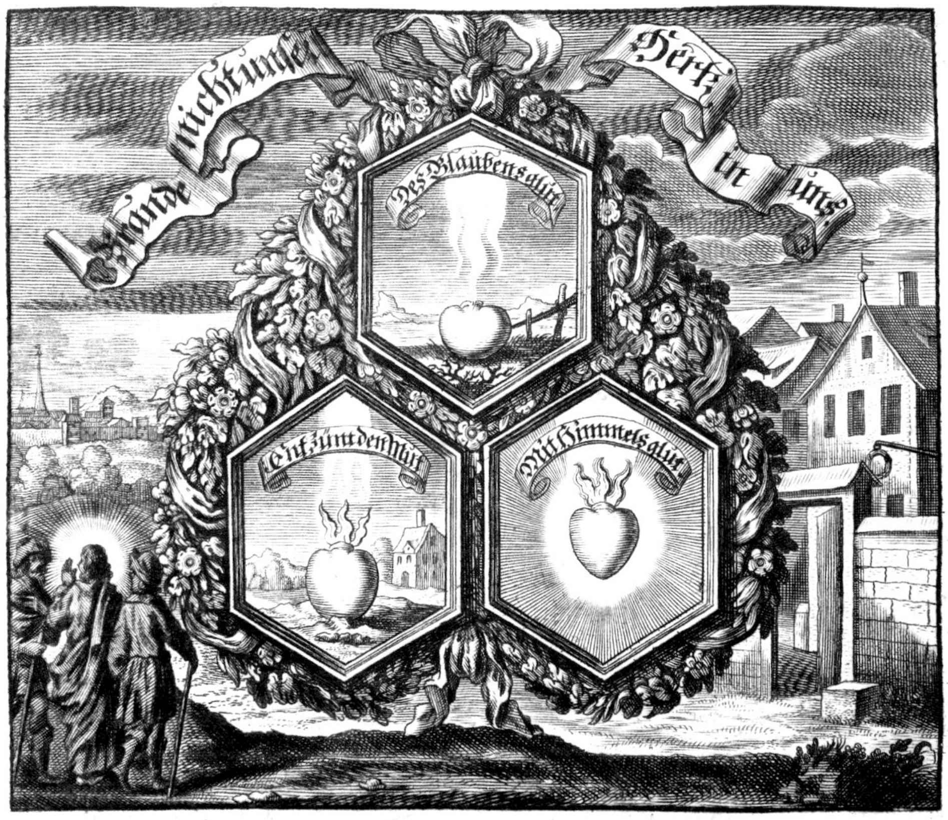

Abb. 4: Johann Michael Dilherr: Heilige Sonn- und Festtags-Arbeit/ Das ist: Deutliche Erklärung Der jährlichen Sonn- und Festtäglichen Evangelien: in welcher Dreyständig-nachdenckliche Sinnbilder vorangesetzet […]. Nürnberg 31674 (Theologische Bibliothek der Universität Hamburg L IV d 853), S. 1006.

söhnopfers Christi auf Golgatha stattfindet, sondern allenfalls in Form von Gebeten Dankopfer dargebracht werden, die sich responsorisch zu dem vom Sohn Gottes Geleisteten verhalten.

Die in Versen formulierte Bildunterschrift stammt nicht aus einem Kirchengesang, bezieht sich aber hinsichtlich der Bezeichnung Christi als des aus Liebe gebratenen Osterlamms eindeutig auf einen solchen, nämlich auf die fünfte Strophe von Luthers Lied »Christ lag in Todesbanden«:

> Hier ist das recht' Osterlamm,
> Davon Gott hat geboten,
> Das ist an des Kreuzes Stamm
> In heißer Lieb' gebroten [= gebraten].
> Des Blut zeichnet unser Tür,
> Das hält der Glaub' dem Tod für.
> Der Würger kann uns nicht rühren.[84]

Die Bildüberschrift basiert auf einem Text, als dessen Autor in der Frühen Neuzeit Bernhard von Clairvaux galt. In diesem Text redet das Sprecher-Ich den Sohn Gottes, der starb, um ewiges Leben zu erwerben, direkt an und lobt dessen unermeßliche Liebe (»charitas tam immensa«) gegenüber der sündigen Menschheit. Die eine negative Antwort erheischende rhetorische Frage des Ich an Christus lautet: »Et quid, bone Jesu, pro tali tua morte et mea vita tibi rependam?« (›und was, guter Jesus, ist dir für solchen deinen Tod und mein Leben als Vergeltung zu geben?‹). Nichts kann dem Sohn Gottes wiedererstattet werden, denn: »Plus enim videris diligere vitam meam, quam animam tuam, quam in manus inimicorum tradidisti pro me«[85] (›mehr nämlich scheinst du mein Leben geliebt zu haben als deine Seele, die du in die Hände der Feinde ausgeliefert hast für mich‹).

VII, 4

> Bild: Sündenfall Adams und Evas
> Bildüberschrift: EN FERCULA MORTIS. (Siehe, Tragegestelle/Speisebretter des Todes)
> Bildunterschrift: Dort assen wir den tod | hier essen wir daß leben.

Vorliegendes Emblemgemälde (Abb. 1) zeigt in seitlicher Ansicht den auf einem Felsen sitzenden Adam und in Frontalansicht Eva unter dem Baum der Erkenntnis. In beiden Händen hält Eva je einen Apfel – Früchte, die sie trotz des diesbezüglichen göttlichen Verbots (1. Mose 2,17) zuvor vom Baum der Erkenntnis gepflückt hat. Adams linker, angewinkelt erhobener Arm scheint seine Bereitschaft zu signalisieren, einen der beiden Äpfel in Empfang zu nehmen.

Dieses Gemälde stellt das verderbliche, todbringende »Frühstück« (s. o. S. 95) der Erzeltern Adam und Eva im Paradies vor Augen. Es befindet sich in direkter kontrastiver Nachbarschaft zum rechts daneben plazierten Emblemgemälde VI, 2, in dem vorgetragen wird, daß Jesus Christus das rechte Himmelsbrot und das Brot des (ewigen) Lebens ist, welches den Sündenfall und die seither alle Menschen bestimmende Todesverfallenheit wettmacht und in der Speisung des Volkes Israel mit Manna vorabgebildet wird. Mittig über dem Erzelternpaar ist die Schlange zu erblicken, welche Eva zu diesem Akt des Ungehorsams und Unglaubens überredete. Der Baum der Erkenntnis wird als Todesbaum inszeniert, denn sein Stamm ist als in der Bildmitte loziertes Totenskelett gestaltet, womit eine Bildmotivik wiederaufgegriffen wird, die bereits in den beiden ersten Emblemen der sogenannten grünen Seite (III, 1 und 2) präsent war. Das Totenskelett sieht die Bildbetrachter direkt an und

84 Martin Luther: Geistliche Lieder und Kirchengesänge. Vollständige Neuedition in Ergänzung zu Bd. 35 der Weimarer Ausgabe. Hg. von Markus Jenny. Köln u. a. 1985 (= Archiv zur Weimarer Ausgabe der Werke Martin Luthers 4), S. 195. Wie stark diese Strophe auf die Passionslieddichtung des 17. Jahrhunderts eingewirkt hat, wird z. B. deutlich anhand von Johann Rist, Johann Schop: Himmlische Lieder (1641/42). Kritisch hg. und kommentiert von Johann Anselm Steiger. Kritische Edition des Notentextes von Konrad Küster. Mit einer Einführung von Inge Mager. Berlin 2012, S. 34, Z. 73–80: »Du trägst die Strafen meiner Schuld | Und schweren Missetaten, | Ja, lässest dich aus lauter Huld | Am Pfahl des Kreuzes braten, | Das tat die Lieb', | Herr, die dich trieb, | Die Sünder aus dem Rachen | Der Höllen frei zu machen.«

85 Bernhard von Clairvaux: Opera omnia. Bd. 3. Paris 1859 (= Migne, Patrologia latina 184), hier: Ps-Bernhard von Clairvaux: Lamentatio in passionem Christi, Sp. 772A/B.

ruft ihnen in Erinnerung, daß sich ihre Sündhaftigkeit und Sterblichkeit dem im Bild geschilderten Akt der Ureltern verdanken. Hiermit folgt das Segeberger Gemälde einem Bildsujet, das bereits im 16. Jahrhundert gängig war und u.a. in einem 1543 von den Brüdern Hans Sebald Beham (1500–1550) und Barthel Beham (ca. 1502–1540) verantworteten Kupferstich begegnet (Abb. 2). Auch hier ist der Stamm des Baumes der Erkenntnis als Totenskelett modelliert, das allerdings seine (nicht vorhandenen) Augen nicht auf den Bildbetrachter, sondern auf Eva richtet. Ein weiterer Unterschied besteht darin, daß im Segeberger Gemälde die Schlange im Geäst über dem Knochenmann plaziert ist, während sie sich im Kupferstich um das Skelett herumwindet und gar dessen Beckenzone durchdringt, als wollte es mit diesem verschmelzen.

Die bereits benannte ikonographische *oppositio*, welche das Gemälde gemeinsam mit dem rechts daneben befindlichen zum Ausdruck bringt, wird in der Bildunterschrift knapp zusammengefaßt: »Dort assen wir den tod | hier essen wir daß leben.« Vergleichbares ist bei Johann Gerhard zu lesen:

> Endlich weil der erste Adam durch's Essen von den Früchten des verbotenen Baums den Schatz der himmlischen Güter, welcher ihm vertrauet war, verloren hat (1. Mose 3,15–19), darum hat dieser andere und himmlische Adam (1. Korinther 15,47 f.) seinen wahren Leib und sein wahres Blut im heiligen Abendmahl, dadurch er die verlornen Güter uns wiederum erworben, zu essen und zu trinken verordnen wollen, auf daß wir also im Glauben versichert und vergewissert würden, daß wir in Christo alles reichlich wiederum bekommen, was wir vorher in Adam verloren.[86]

86 Gerhard, Taufe und Abendmahl (wie Anm. 54), S. 394 f.

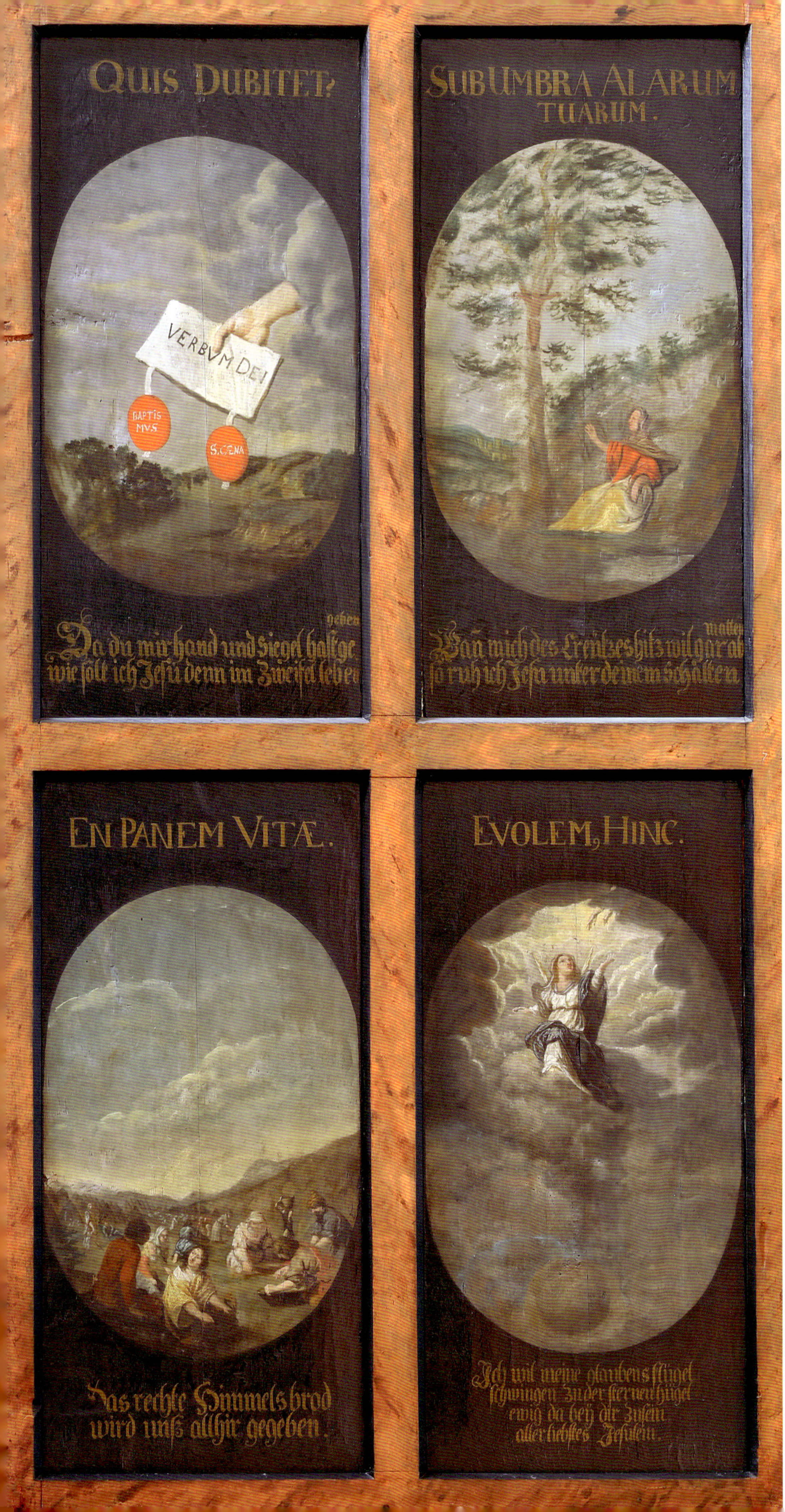

Abb. 1: Geschlossener Zustand, rechter Flügel.

VIII. GESCHLOSSENER ZUSTAND, RECHTER FLÜGEL

VIII, 1

> Bild: Eine himmlische Hand reicht das Wort Gottes und die beiden Sakramente in Form einer mit zwei Siegeln versehenen Urkunde herab.
> Bildüberschrift: QUIS DUBITET? (Wer mag zweifeln?)
> Bildunterschrift: Da du mir hand und Siegel hast gegeben | wie solt ich Jesu denn im Zweifel leben

Abgesehen vom Segeberger Gemälde VI, 4, in dem am Kreuz Christi die übliche Inschrift »INRI« (Iesus Nazarenus Rex Iudaeorum; Jesus aus Nazareth, König der Juden) zu lesen ist, ist das vorliegende Bild (Abb. 2) das einzige am Altarretabel, in dem im Bild selbst Inschriften untergebracht sind. Zu sehen ist erneut die himmlisch-göttliche Hand, die das Wort Gottes (»VERBVM DEI«) in Form einer Urkunde herabreicht. Auf die ikonographische Korrespondenz mit dem links daneben stehenden Gemälde VII, 2 wurde bereits hingewiesen (s. o. S. 107). An dem Schriftstück sind – ähnlich wie an vormodernen Urkunden – zwei Siegel angebracht, welche die Taufe (»BAPTISMVS«) und das Abendmahl (»S[ACRA] COENA«) symbolisieren. Dies entspricht der zeitgenössischen Auffassung, der zufolge Gott seine gnädige Botschaft mit einem doppelten Sakrament und Siegel (»Duplex Sacramentum & Sigillum«[87]) versieht, d. h. bestätigt und äußerlich sichtbar macht. So nennt Johann Gerhard die Sakramente Taufe und Abendmahl »die Siegel, welche Gott an diesen seinen Gnadenbund gehänget [hat]«,[88] und erläutert dies so:

> Die heilige Taufe ist der Bund eines guten Gewissens mit Gott (1. Petrus 3,21), nämlich weil wir getauft werden zur Vergebung der Sünde (Apostelgeschichte 2,38). Im heiligen Abendmahl empfangen wir den wahren Leib Christi, welchen er in den Tod gegeben für unsere Sünde, wir empfangen das wahre Blut Christi, welches er vergossen hat zur Bezahlung für unsere Sünde (Matthäus 26,28). Darum so gewiß als wir den Leib Christi essen und sein Blut trinken, so gewiß können wir auch sein, daß uns Christus schenken wolle, was er uns mit Darreichung seines Leibes und mit Vergießung seines Blutes erworben hat, nämlich Vergebung der Sünde.[89]

Bemerkenswerterweise ist das Segeberger Sinnbild auch in der in Printmedien verbreiteten geistlichen Emblematik auffindbar, etwa bei Johann Michael Dilherr. Der betreffende Kupferstich (Abb. 3) zeigt vier Putti, die eine himmlische Urkunde präsentieren, die als »Christen-Testament« bezeichnet ist und an der zwei Siegel hängen. Dem linken Siegel ist eine Wasserkanne und dem rechten ein Abendmahlskelch mit einer Oblate darüber eingeprägt. Die später vorgetragene »Erklärung des Sinnbildes« entschlüsselt das Bildmotiv dahingehend, daß die beiden Siegel für die zwei Sakramente stehen:

> An solches Testament hat er [= Gott] zwei Siegel gehänget, nämlich die heilige Tauf' und das hochwürdige Abendmahl. Denn dieses sind zwei von

87 Gerhard, Postilla (wie Anm. 43), Bd. 3, S. 307, Anm. 9.
88 Ebd., S. 307, Z. 18 f.
89 Ebd., S. 307, Z. 19–27.

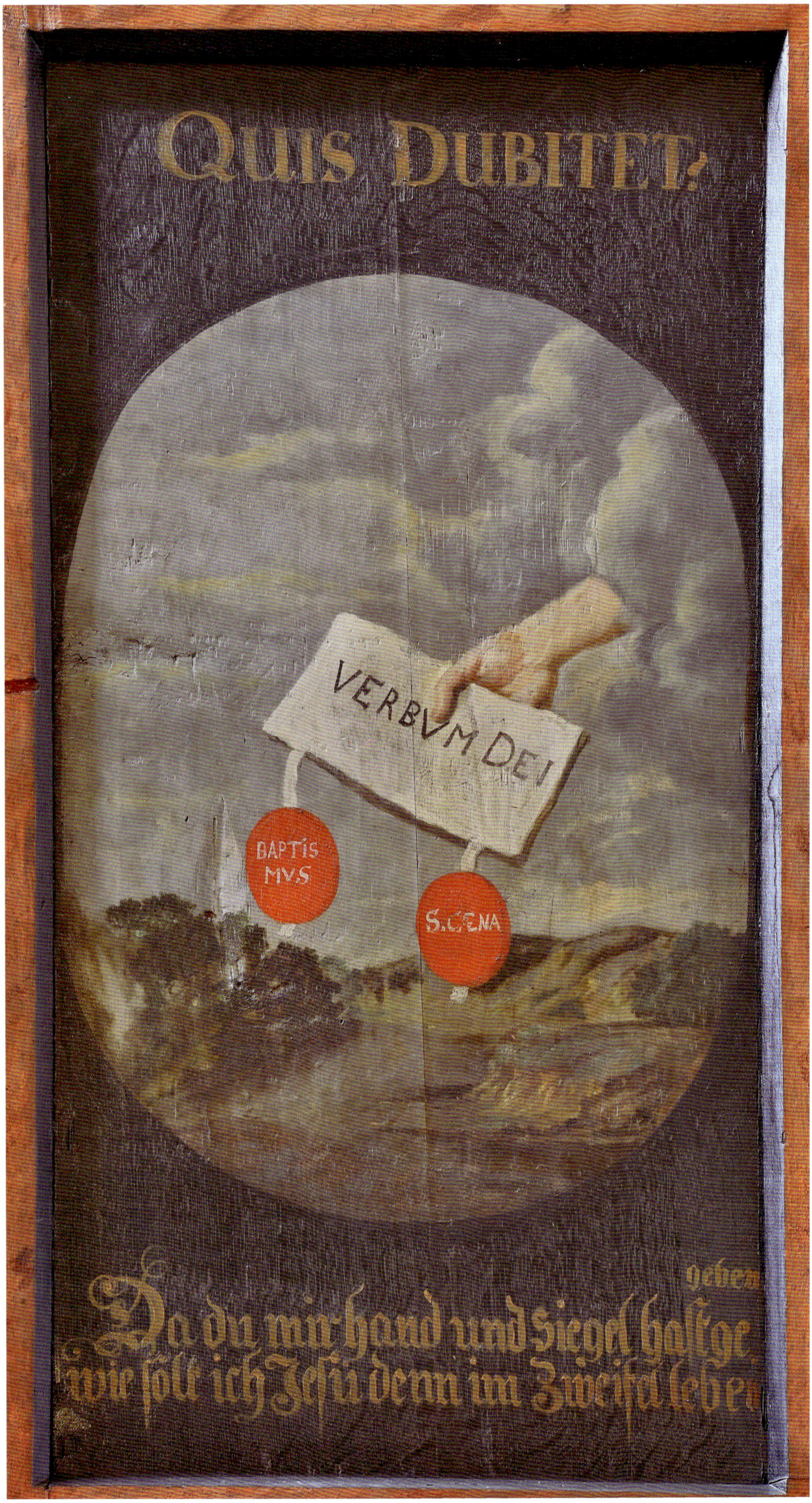

Abb. 2: Geschlossener Zustand, rechter Flügel, Emblemgemälde Nr. 1.

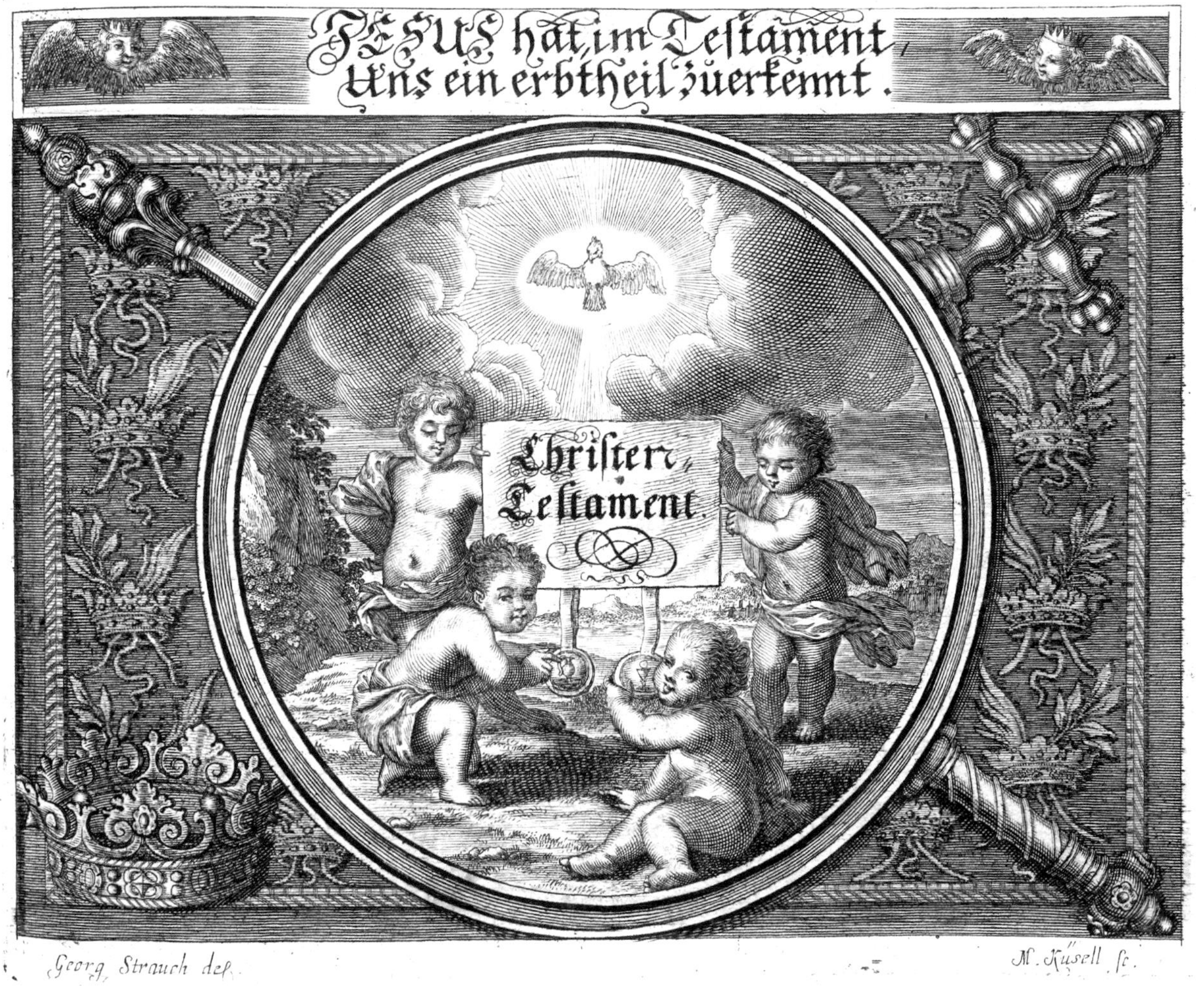

Abb. 3: Johann Michael Dilherr: Heilig-Epistolischer Bericht/ Licht/ Geleit und Freud. Das ist: Emblematische Fürstellung/ Der Heiligen Sonn- und Festtäglichen Episteln [...]. Nürnberg 1663 (Privatbesitz), S. 289.

> Gott verordnete sichtbarliche Bunds-Zeichen, dadurch die gnädige Verheißung der unsichtbaren Seligkeit gleichsam versiegelt, vergewissert und bekräftiget wird. Beide sind von Gott selbsten eingesetzt und befohlen und haben die göttliche Verheißung des ewigen Lebens.[90]

Was im Segeberger Emblemgemälde vor Augen steht, sind mithin die drei Heilsmittel (*media salutis*): das Wort Gottes, wie es in der Heiligen Schrift bezeugt und in der Predigt verkündigt wird, sowie die beiden Sakramente. In Erwägung zu ziehen ist hierbei allerdings ferner, daß gemäß dem Sakramentsverständnis Luthers und seiner frühneuzeitlichen Erben auch Taufe und Abendmahl worthaltig sind, da in ihnen die Verheißungsworte Gottes tragende Bedeutung haben. Dementsprechend werden die liturgischen Vollzüge von Taufe und Abendmahl als Akte der Verkündigung des Wortes Gottes aufgefaßt, in denen Christus, der das Wort Gottes in Person ist (Johannes 1,1), gegenwärtig wird. Umgekehrt wird die Predigt, in der Gott durch sein Wort präsent ist, stark auf die Sakramente bezogen, in denen Christus sich in, mit und unter den Elementen (Brot und Wein bzw. Wasser) leiblich vergegenwärtigt. Daher werden die Sakramente als sichtbare Worte (*verba visibilia*) und wird die Predigt als hörbares Sakrament (*sacramentum audibile*) bezeichnet.

Bildüberschrift und Bildunterschrift des Segeberger Gemäldes verdeutlichen, daß angesichts der drei göttlichen Heilsmedien und der in ihnen vermittelten

90 Dilherr, Heilig-Epistolischer Bericht (wie Anm. 24), S. 294.

Heilsgüter jeglicher Zweifel auf seiten der Adressaten unangebracht ist. Dies deckt sich mit der zeitgenössischen Predigtpraxis, in der oftmals hervorgehoben wird, daß die Menschen im Glauben ihrer Rettung gewiß sein dürfen, weil sie Brief und Siegel der göttlichen Gnade haben. Die römisch-katholischerseits (im Gefolge Thomas' von Aquin) propagierte Sicht der Dinge, die Glaubenden müßten bis zum Endgericht bezüglich ihres Heils einen permanenten Zweifel (*dubitatio perpetua*) hegen,[91] beruht nach frühneuzeitlich-lutherischer Ansicht auf einem Irrtum. Vielmehr sei Zweifel gleichbedeutend mit Unglauben, durch den Gott zu einem Lügner gemacht werde:

> Die Papisten lehren, man müsse immerdar zweifeln an der Gnade Gottes, dies läuft wider den Katechismus, denn wir glauben Vergebung der Sünden. Glaube und Zweifel streiten widereinander. Wir [er]bitten Vergebung der Sünden, wenn wir aber bitten nach Gottes Willen, so erhöret er uns (1. Johannes 5,14). Die heiligen Sakramente bekräftigen uns die Verheißung Gottes von Vergebung der Sünden. Diese Lehre nimmt auch Gott die Ehre der Wahrheit, denn er hat in seinem Wort Vergebung der Sünde, Gerechtigkeit und Gnade versprochen allen, die an Christum glauben; wer demnach nicht glaubt, der macht Gott zum Lügner (1. Johannes 5,10). Diese Lehre nimmt auch den Menschen allen Trost, denn was wollt' ein gläubiges Herz für Trost haben, wenn es nicht von Gottes Gnade versichert [ist]?[92]

VIII, 2

> Bild: Die fromme Seele sitzt unter einem Baum, an dem der gekreuzigte Christus hängt.
> Bildüberschrift: SUB UMBRA ALARUM TUARUM.
> (Unter dem Schatten deiner Flügel)
> Bildunterschrift: Wann mich des Creützes hitz wil gar abmatten | so ruh ich Jesu unter deinem Schatten

In vorliegendem Gemälde (Abb. 1) ist Christus zu erkennen, der nicht an einem Kreuz, sondern an einem Baum hängt – am Lebensbaum, der er selbst ist. Dieser Baum des Lebens (*arbor vitae*) steht im typologischen Kontrast zum Baum der Erkenntnis, von dem Adam und Eva die tödliche Speise empfingen, welcher in der unteren Zone des gegenüberliegenden Flügels dargestellt ist (vgl. VII, 4). Unter dem Lebensbaum sitzt die in einer weiblichen Gestalt personifizierte fromme Seele, die – wie die Bildüberschrift deutlich macht – die ausgebreiteten Arme des Gekreuzigten als Flügel auffaßt, die Schatten spenden und somit Schutz gewähren. In der zeitgenössischen Frömmigkeitstheologie wird diesbezüglich oftmals auf das Hohelied Salomos 2,3 Bezug genommen. Hier spricht die Braut, in der allegorisch der Glaubende erkannt wird, über ihren Bräutigam, in dem Christus in Erscheinung tritt: »Ich sitze unter dem Schatten des ich begehre.«

Johann Michael Dilherr befaßt sich mit diesem Sachverhalt in der achten Andacht seines Meditationswerkes *Göttliche Liebesflamme*[93] ausführlich. Eröffnet wird der Text von einer Radierung,[94] die von dem Nürnberger Maler, Zeichner und Radierer Georg Strauch geschaffen wurde und auffällige Ähnlichkeiten mit dem Segeberger Emblemgemälde aufweist, kaum aber als dessen direkte Vorlage fungiert haben dürfte. Die Topik der Schutz vor allen verderblichen Mächten bietenden Flügel Christi wird recht häufig mit den hinsichtlich dieser Bildmotivik einschlägigen Psalmen in Verbindung gebracht, inbesondere mit Psalm 91,1–4. Auch das Bildmotiv von Christus als Gluckhenne ist diesbezüglich relevant, das auf Matthäus 23,37 basiert, wo von Christus die Rede ist, der seine Kinder »wie eine Henne […] ihre Küchlein unter ihre Flügel« »versammelt«.

Die Flügel Christi gewähren dem Glaubenden zeitgenössischer Auffassung zufolge Schutz vor allem, was ihn bedroht, u. a. vor Leiden und Anfechtungen, wie die Segeberger Bildunterschrift hervorhebt, aber auch vor dem göttlichen Zorn, wie Luther betont:

> Also schützen und beschirmen wir uns unter dem Schatten der Flügel unsers Herrn Jesu Christi, daß uns der Zorn Gottes nicht treffe. Welche aber an ihn nicht glauben und derhalb [= deshalb] unter seinen Flügeln nicht erfunden werden, die sind und bleiben unter Gottes Zorn. Da hilft keine Hei-

91 Vgl. Alexander Bitzel: Anfechtung und Trost bei Sigismund Scherertz. Ein lutherischer Theologe im Dreißigjährigen Krieg. Göttingen 2002 (= Arbeiten zur Kirchengeschichte Niedersachsens 38), S. 75–77.

92 Gerhard, Postilla (wie Anm. 43), Bd. 3, S. 132, Z. 16–27.

93 Vgl. Bd. 4, S. 121–123.

94 Vgl. Bd. 4, S. 123, Abb. 2.

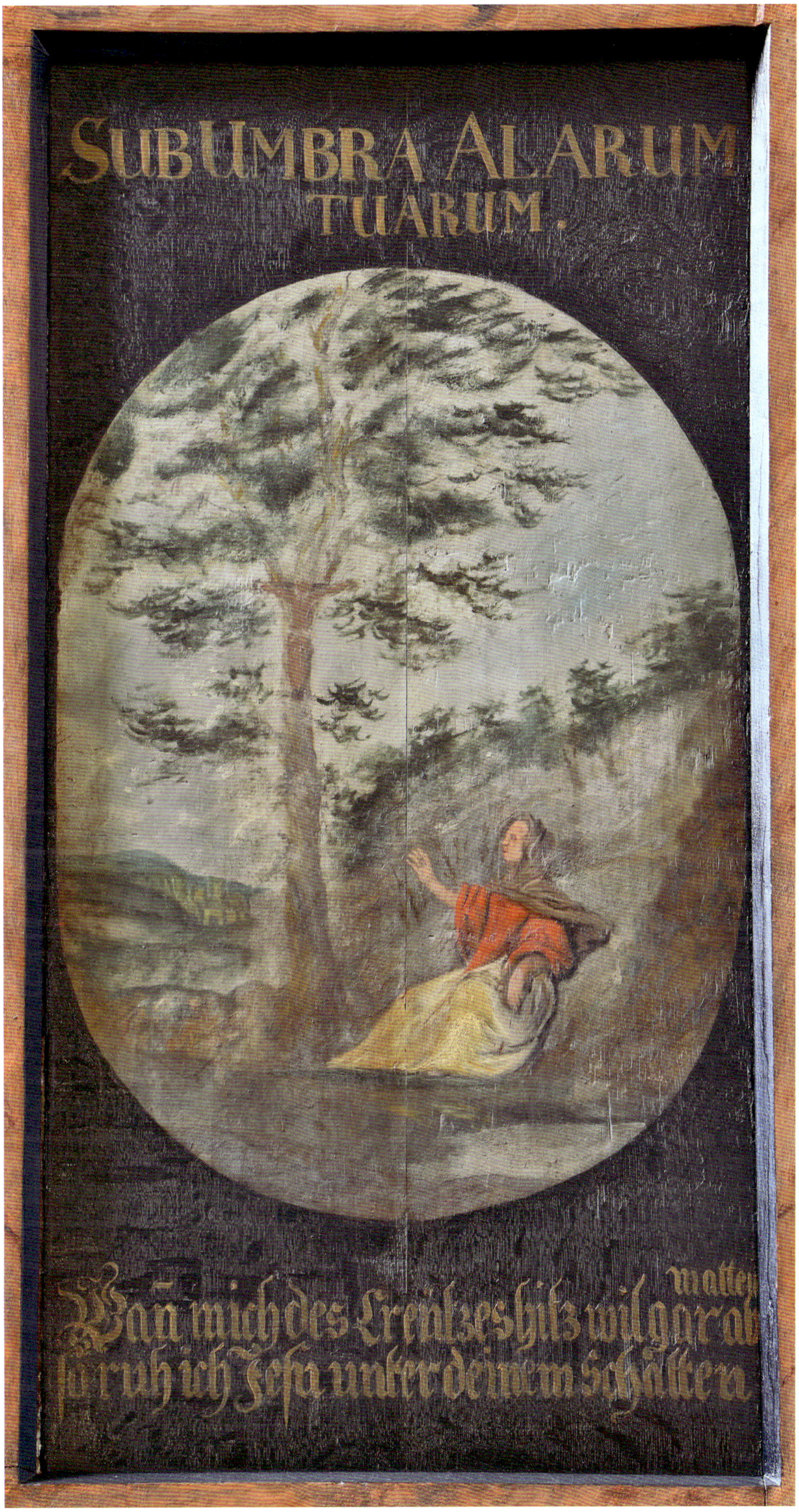

Abb. 1: Geschlossener Zustand, rechter Flügel, Emblemgemälde Nr. 2.

ligkeit weder des Gesetzes Gottes noch der Philosophen und Weltklugen, ehrbar' Leben und Weisheit [...].[95]

Auch in der geistlichen Lyrik der Frühen Neuzeit begegnet der Topos von den schützenden Flügeln des Sohnes Gottes häufig, so etwa bei Sigmund von Birken (1626–1681),[96] in dessen Lied »Großer Gott, du Menschenhüter« es in der fünften Strophe heißt:

Deine Flügel laß mich decken,
die da über alle Welt
ihren Schutz und Schatten strecken:
sichrer decket mich kein Zelt.
[...][97]

Es liegt auf der Hand, daß hinsichtlich der Thematik des den Glaubenden durch Christus gewährten Schutzes eine enge Verwandtschaft zwischen vorliegendem Emblemgemälde und dem Sinnbild IX, 4 auf der Rückseite des Altars besteht.

VIII, 3

Bild: Das Volk Israel in der Wüste sammelt Manna.
Bildüberschrift: EN PANEM VITAE.
(Siehe, das Brot des Lebens!)
Bildunterschrift: Das rechte Himmelsbrod |
wird unß allhir gegeben.

Hier wird eine Szene aus der Exodusgeschichte ins Bild gesetzt: die wunderbare Speisung des Volkes Israel mit Manna und Wachteln (2. Mose 16,4–17). Diese alttestamentliche Erzählung wird in Johannes 6,31–35 als Präfiguration des Abendmahls bezeichnet: So wie Gott dem Volk Israel Brot vom Himmel gab, so sendet er ihnen im Neuen Bund seinen Sohn, der das Brot des Lebens ist, das nicht nur leiblich (und zeitweise) sättigt, sondern den geistlichen Hunger ewig stillt. Das Emblem (Abb. 1) steht in einer deutlichen Opposition zu dem links daneben befindlichen Sinnbild VII, 4, das die von den Erzeltern im Paradies konsumierte tödliche Speise thematisiert (s. o. S. 114–117).

Auffälligerweise wird (auch diesbezüglich) in der zeitgenössischen Auslegungstradition sehr viel Mühe darauf gewandt, zunächst die Konsonanz des Typus (d. h. der wunderbaren Ernährung Israels in der Wüste mit Manna und Wasser) und des Antitypus (Abendmahl) in den Vordergrund zu heben. Die Tatsache, daß den Israeliten in der Wüste durch das Manna nicht das ewige Leben, sondern das zeitliche Überleben gewährt wurde, schmälert dieser Deutung zufolge das Wunderbare des hier in Erscheinung tretenden göttlichen Gnadenaktes nicht. Zugleich aber wird deutlich, daß Christus als Brot des Lebens und Verkörperung des himmlischen Manna zeitlich unbegrenztes Leben in Fülle gewährt und somit das, was einst in der Wüste geschah, weit übertrifft, zugleich aber die damalige rettende Intervention Gottes in Erinnerung hält und somit vergegenwärtigt.

2. Mose 16,15 lässet Gott das Manna vom Himmel fallen, dadurch die Israeliten gespeiset worden; auch ließ Gott der Herr das Wasser aus dem Felsen fließen, dadurch die Kinder Israel in der Wüsten getränket wurden: Dies zieht Christus auf sich selbst, Johannes 6,49: Eure Väter haben Manna [ge]gessen in der Wüsten und sind gestorben, v. 50. Dies ist das Brot, das vom Himmel kommt, auf daß, wer davon isset, nicht sterbe, v. 51. Ich bin das lebendige Brot vom Himmel [ge]kommen, wer von diesem Brot essen wird, der wird leben in Ewigkeit, und das Brot, das ich geben werde, ist mein Fleisch, welches ich geben werde für das Leben der Welt. Gleicher Gestalt erkläret dies Vorbild St. Paulus [in] 1. Korinther 10,3. Unsere Väter haben alle einerlei geistliche Speise [ge]gessen, v. 4. und haben alle einerlei geistlichen Fels, der mitfolget, welcher war Christus. Wie nun die Kinder Israel in der Wüsten

95 Luther, WA 46,642,1–6.
96 Vgl. Klaus Garber, Hartmut Laufhütte, Johann Anselm Steiger (Hg.): Sigmund von Birken (1626–1681). Ein Dichter in Deutschlands Mitte. Berlin u. a. 2019 (= Frühe Neuzeit 215). Hartmut Laufhütte: Art. Birken (Betulius), Sigmund von. In: Frühe Neuzeit in Deutschland 1620–1720. Literaturwissenschaftliches Verfasserlexikon. Hg. von Stefanie Arend, Bernhard Jahn, Jörg Robert, Robert Seidel, Johann Anselm Steiger, Stefan Tilg, Friedrich Vollhardt. Bd. 1. Berlin u. a. 2019, Sp. 648–672. Klaus Garber: Art. Birken, Sigmund von. In: Killy Literaturlexikon. Autoren und Werke des deutschsprachigen Kulturraumes. 2., vollständig überarbeitete Auflage. Hg. von Wilhelm Kühlmann u. a. Bd. 1. Berlin u. a. 2008, S. 558–564. Hartmut Laufhütte: Sigmund von Birken. Leben, Werk und Nachleben. Gesammelte Studien. Passau 2007.
97 Sigmund von Birken: Psalterium Betulianum. 2 Teile. Hg. von Alexander Bitzel. Berlin, Boston 2016 (= Sigmund von Birken: Werke und Korrespondenz 5 = Neudrucke Deutscher Literaturwerke NF 83 f.), S. 179, Z. 33–36.

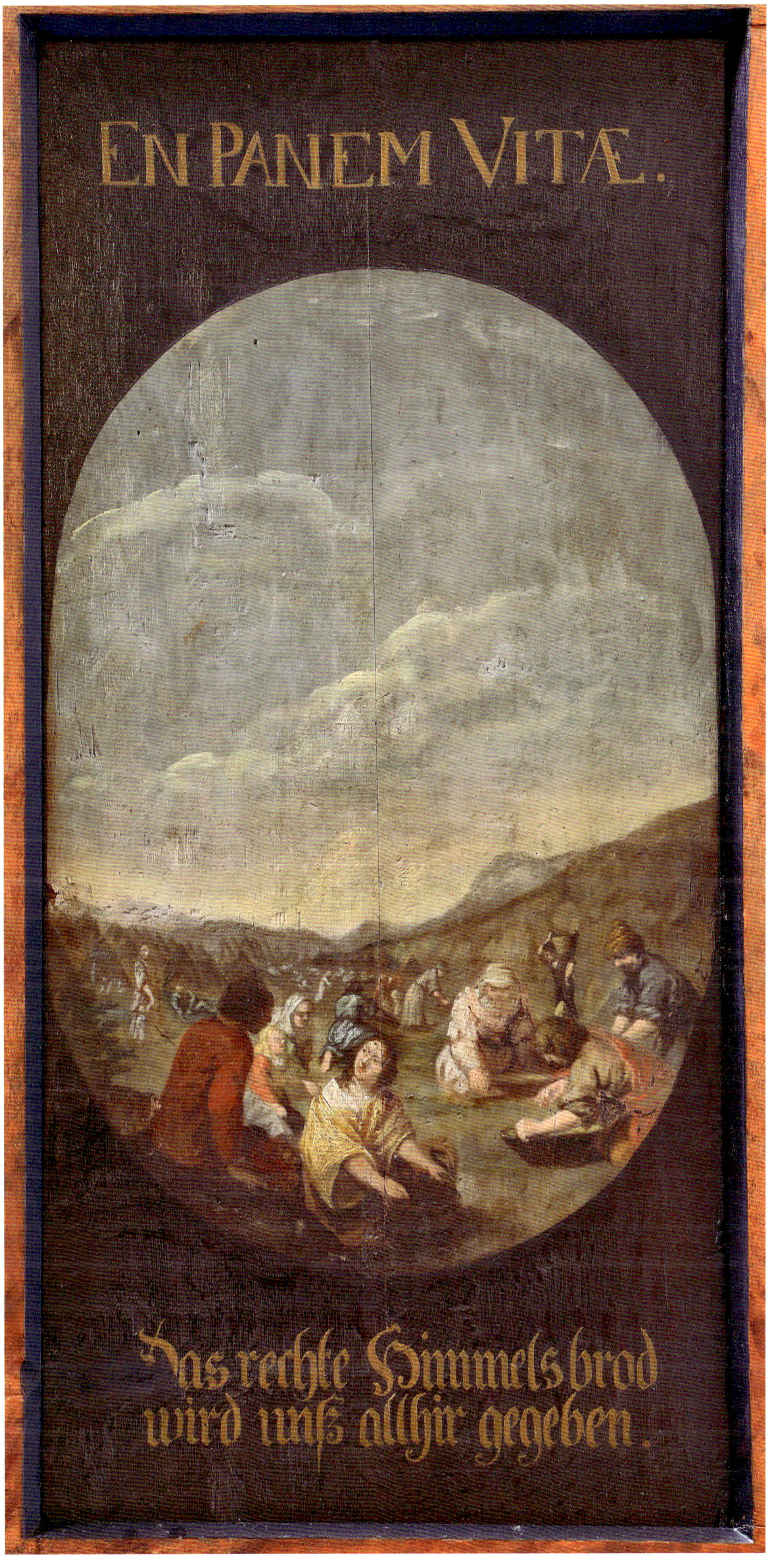

Abb. 1: Geschlossener Zustand, rechter Flügel, Emblemgemälde Nr. 3.

mit diesem Himmelbrot gespeiset und mit dem Wasser aus dem Felsen wunderbarlich getränket sind, also werden wir im heiligen Abendmahl mit dem lebendigen Brot, das vom Himmel [ge]kommen, das ist, mit Christi Fleisch gespeiset und mit seinem heiligen Blute, welches aus seinen Wunden geflossen, getränket, daß unsere Seelen in der Wüsten dieser Welt vor geistlichem Hunger und Durst nicht verschmachten. Gleich wie das Manna und das Wasser aus dem Felsen ein klares Zeugnis der göttlichen Gnade gewesen, also auch hat Christus in Einsetzung des heiligen Abendmahls seine wunderbare Güte uns erwiesen.[98]

Anhand der Erzählung von der Erhaltung und Rettung des Volkes Israel in der Wüste und deren Deutung in Johannes 6 läßt sich mithin erfassen: Erstens, daß bereits die Mannaspeisung in geistlicher Weise vorausverweist auf die Einsetzung des Sündenvergebung und ewiges Lebens schenkenden Abendmahls. Und zweitens, daß auch eben dieses Sakrament nur dann recht, d.h. geistlich erfaßt wird, wenn man die äußeren Elemente Brot und Wein als Zeichen deutet, in, mit und unter denen Christus als geistlicher »Speisemeister« selbst gegenwärtig ist.

Er will so viel sagen: Ihr sollet das Wunderwerk nicht mit fleischlichen Augen und Sinn ansehen, daß ihr die zeitliche Bauchfülle bei mir suchen wolltet, sondern mit geistlichen Augen sollet ihr's ansehen, daß ich mich darinnen erwiesen als den einigen Speisemeister eurer Seelen, welcher einig und allein eure Seelen zum ewigen Leben speisen kann, da sonsten eine lautere Wüste und Mangel ist. Ich bin das Brot des Lebens, wer zu mir kommt, den wird nicht hungern, und wer an mich glaubet, den wird nicht dürsten. Eure Väter haben Manna [ge]gessen und sind gestorben, ich aber bin das lebendige Brot vom Himmel [ge]kommen; wer von diesem Brot essen wird, der wird leben in Ewigkeit [Johannes 6,35.49.51]. Da weiset uns Christus selber, daß wir ihn aus diesem Wunderwerk für den Speisemeister unserer Seelen sollen erkennen und mit wahrem Glauben seiner genießen. Das wolle er selber durch seinen heiligen Geist in unsern Herzen wirken, Amen.[99]

VIII, 4

Bild: Die fromme Seele fliegt mit Flügeln angetan in den Himmel, aus dem sich ihr ein Händepaar entgegenstreckt.
Bildüberschrift: EVOLEMUS HINC. (Von hier wollen wir emporfliegen.)
Bildunterschrift: Jch wil meine glaubensflügel | schwingen zu der sternen hügel | ewig da beÿ dir zusein | allerliebstes Jesulein.

Thema des vorliegenden Emblemgemäldes (Abb. 1) ist – ähnlich wie in II, 4 – die sogenannte geistliche Weltflucht (*fuga spiritualis*), die bestimmt ist von der Überzeugung, daß der Glaubende schon während seines irdischen Lebens ein Heimatrecht im Himmel hat, nach dem er sich voller Sehnsucht ausstreckt. Eine vergleichbare Bildkomposition findet sich in Johann Michael Dilherrs *Göttlicher Liebesflamme*.[100] Die Radierung zur zehnten Andacht, welche Meditation und Deutung von Hohelied 2,14 zum Gegenstand hat, zeigt die Braut mit ausgebreiteten Flügeln – und zwar in dem Moment, in dem sie sich von den Klippen zu erheben beginnt, die sie nur noch mit dem rechten Fuß berührt. Ihre Absicht ist, zu ihrem Bräutigam emporzufliegen, der in den Wolken des Himmels kniet und ihre Ankunft sehnlich erwartet.[101]

Die Bildunterschrift des Segeberger Gemäldes zitiert (mit leichten Abweichungen) einen Teil der vierten Strophe von Johann Francks (1618–1677)[102] Kirchenlied »Du, o schönes Weltgebäude«, welche folgenden Wortlaut hat:

Andre mögen durch die Wellen
Und durch Wind und Klippen gehn,
Ihren Handel zu bestellen
Und da Sturm und Not ausstehn:
Ich will meine Glaubensflügel

98 Gerhard, Taufe und Abendmahl (wie Anm. 54), S. 232f.
99 Gerhard, Postilla (wie Anm. 43), Bd. 1, S. 381, Z. 11–24.
100 Vgl. Bd. 4, S. 128, Abb. 2.
101 Vgl. Bd. 4, S. 126–130.
102 Vgl. Dietmar Peil, Redaktion: Art. Franck, Johann. In: Killy Literaturlexikon. Autoren und Werke des deutschsprachigen Kulturraumes. 2., vollständig überarbeitete Auflage. Hg. von Wilhelm Kühlmann u.a. Bd. 3. Berlin u.a. 2008, S. 521f.

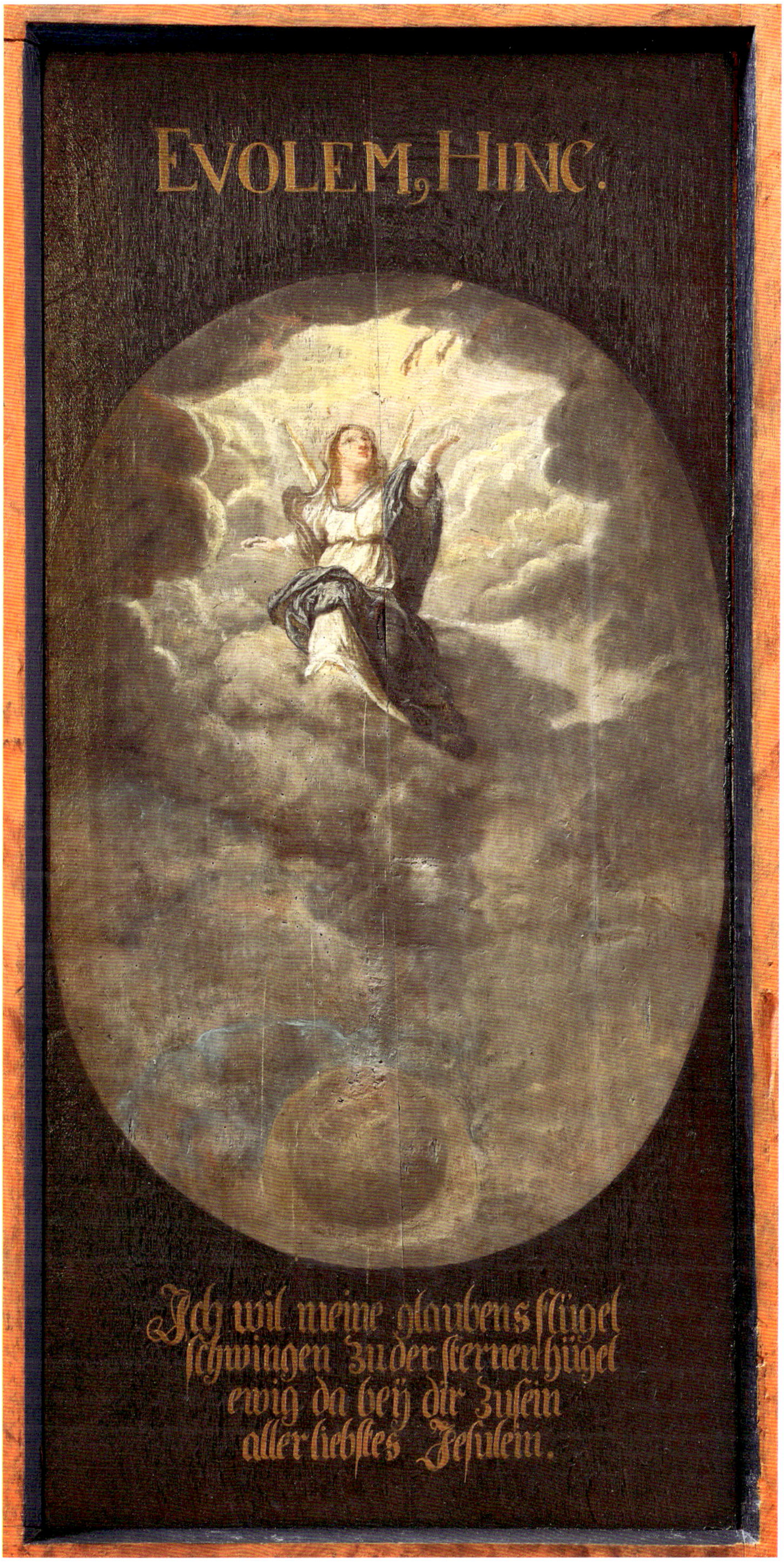

Abb. 1: Geschlossener Zustand, rechter Flügel, Emblemgemälde Nr. 4.

Schwingen an der Sternen Hügel,
Ewig da bei dir zu sein,
Allerschönstes Jesulein.[103]

Das lateinische Motto »EVOLEMUS HINC«, welches eine kollektive Selbstaufforderung darstellt, die irdischen Verhältnisse mit Hilfe der geistlichen Flügel jetzt schon zu verlassen, begegnet in frühneuzeitlichen Erbauungstexten und Leichenpredigten recht häufig. Nicht immer, aber oftmals wird dieser Kurztext als Ausspruch von Augustins Mutter Monica bezeichnet – sowohl von protestantischen als auch von römisch-katholischen Autoren. Dem Lindauer Prediger Balthasar Philgus (gest. 1653)[104] zufolge ist diese Selbstaufforderung dadurch motiviert, daß der Glaubende gewiß sein darf, durch den als Übergang (*transitus*) verstandenen Tod in die lieblichen Gefilde des himmlischen Jerusalem einzugehen und dort ewig zu leben. Diese tröstliche Botschaft bekräftigt Philgus durch die Zitation der ersten und der neunten Strophe des Sommerliedes »Herzlich tut mich erfreuen«. Dieses Lied stammt aus der Feder von Luthers wichtigstem musiktheologischem Mitarbeiter und Berater Johann Walter (1496–vor 1570)[105] und stellt eine geistliche Kontrafaktur eines auf den (irdischen) Sommer bezogenen Volkslieds dar.

Evolemus hinc, evolemus hinc! Lasset uns von dannen fliegen! Lasset uns von dannen fliegen! O, es wartet ein heller Morgen, ein lieblicher Frühling, eine schöne Krone, eine liebe Sommerzeit und fröhlicher Tag auf uns und alle die, so zu ihrer Ruhe in Buß' und Glauben hingegangen sind! Freue dich des, du traurige Seele, wische deine tränenden Augen mit diesem Trost und freue dich, dem gläubigen Frommann klingend und singend nachzusprechen:

Herzlich tut mich erfreuen
Die liebe Sommerzeit,
Wann Gott wird schön verneuen
Alles zur Ewigkeit.
Den Himmel und die Erden
Wird Gott neu schaffen gar,
All' Kreatur soll werden
Ganz herrlich, schön und klar.

Fröhlich pfleg ich zu singen,
Wann ich solch Freud' betracht
Und geh' in vollen Springen.
Mein Herz vor Freuden lacht.
Mein G'müt tut sich hoch schwingen
Von dieser Welt mit Macht,
Sehn' mich nach solchen Dingen,
Der Welt ich gar nicht acht.[106]

103 Albert Friedrich Wilhelm Fischer, Wilhelm Tümpel: Das deutsche evangelische Kirchenlied des 17. Jahrhunderts. 6 Bde. Gütersloh 1904–1916 (Reprint Hildesheim 1964), hier Bd. 4, S. 90.

104 Vgl. Andreas Gößner: Art. Philgus, Balthasar. In: Biographisch-Bibliographisches Kirchenlexikon 37 (2016), Sp. 826–831.

105 Vgl. Friedhelm Brusniak: Art. Walter (Blankenmüller), Johann. In: Religion in Geschichte und Gegenwart⁴ 8 (2005), Sp. 1299. Walter Blankenburg: Johann Walter. Leben und Werk. Hg. von Friedhelm Brusniak. Tutzing 1991. Johann Walter publizierte anläßlich von Luthers Tod: EPITAPHIVM Des Ehrwirdigen Herrn vnd Vaters/ Martini Luthers/ der Heiligen schrifft Doctorn/ vnd des reinen wahren Euangelions trewen Lerhers [so!] vnd Predigers. Wittenberg 1546 (UB Rostock Fm-1191.7).

106 Balthasar Philgus: EPITAPHIUM DANIELIS, Das ist/ Grabschrifft deß lieben wehrten Daniels. Bey trawriger Leichbegängnus deß weiland Edlen/ Großachtbaren vnd Hochgelahrten Herrn DANIELIS HEIDERI, Beyder Rechten weitberühmbten Doctoris, der Röm. Key. Maj. Rahts von Hauß auß/ hiesiger deß H. Röm. Reichs (leider) hochbetrangten Stadt Lindaw/ Alt vnd wolverdienten Rahts-Advocaten/ vnterschiedlicher Graven- vnd Herrenstands/ wie auch benachbarter Städt getrewen Consulenten/ vnnd vnsers Evangelischen Consistorij formati, oder ordentlich bestellten KirchenRahts allhier/ ansehenlichen Praesidis vnd wachtsamen Scholarchen. Welcher Montags den 1. Februarij im eingegangenen Jahr Christi 1647. nachmittag vmb ein Vhren/ auß dieser Welt sanfft vnd selig dahin gegangen. Von wegen dazumal fürgefallener Belägerung vnd eingeworffener Granaten/ in dessen hinterlassenen Hoff vnd Wohnung/ Mitwochs den 3. Februarij des 1647. Jahrs. Auß dem 12. Capitel Daniels v. ult. in Christlicher Einfalt offentlich gehalten [...]. Ulm 1648 (Staats- und Stadtbibliothek Augsburg 4 Bio 700-500), S. 26f.

Abb. 2: Bad Segeberg, St. Marien, Inneres nach Nordosten.

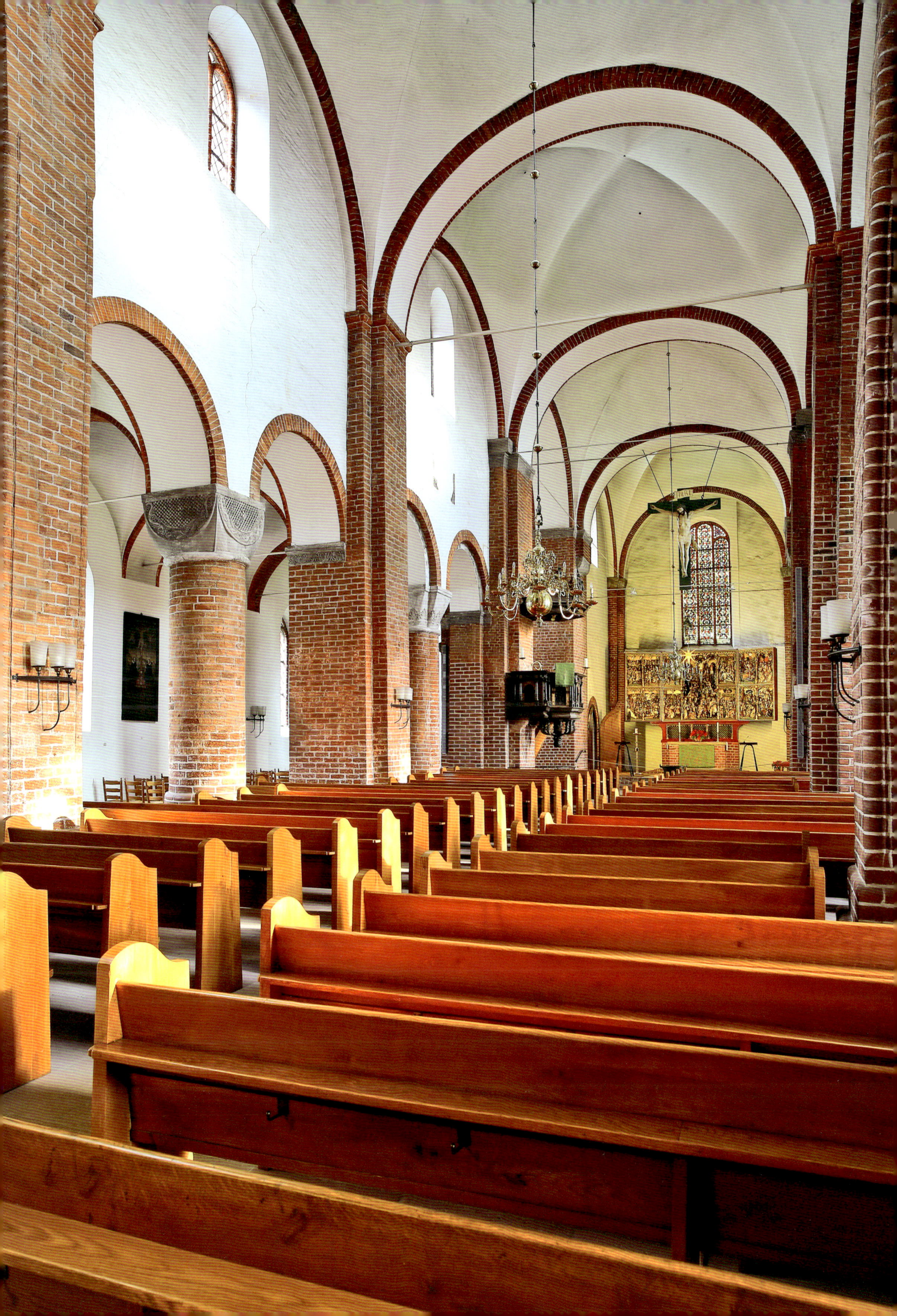

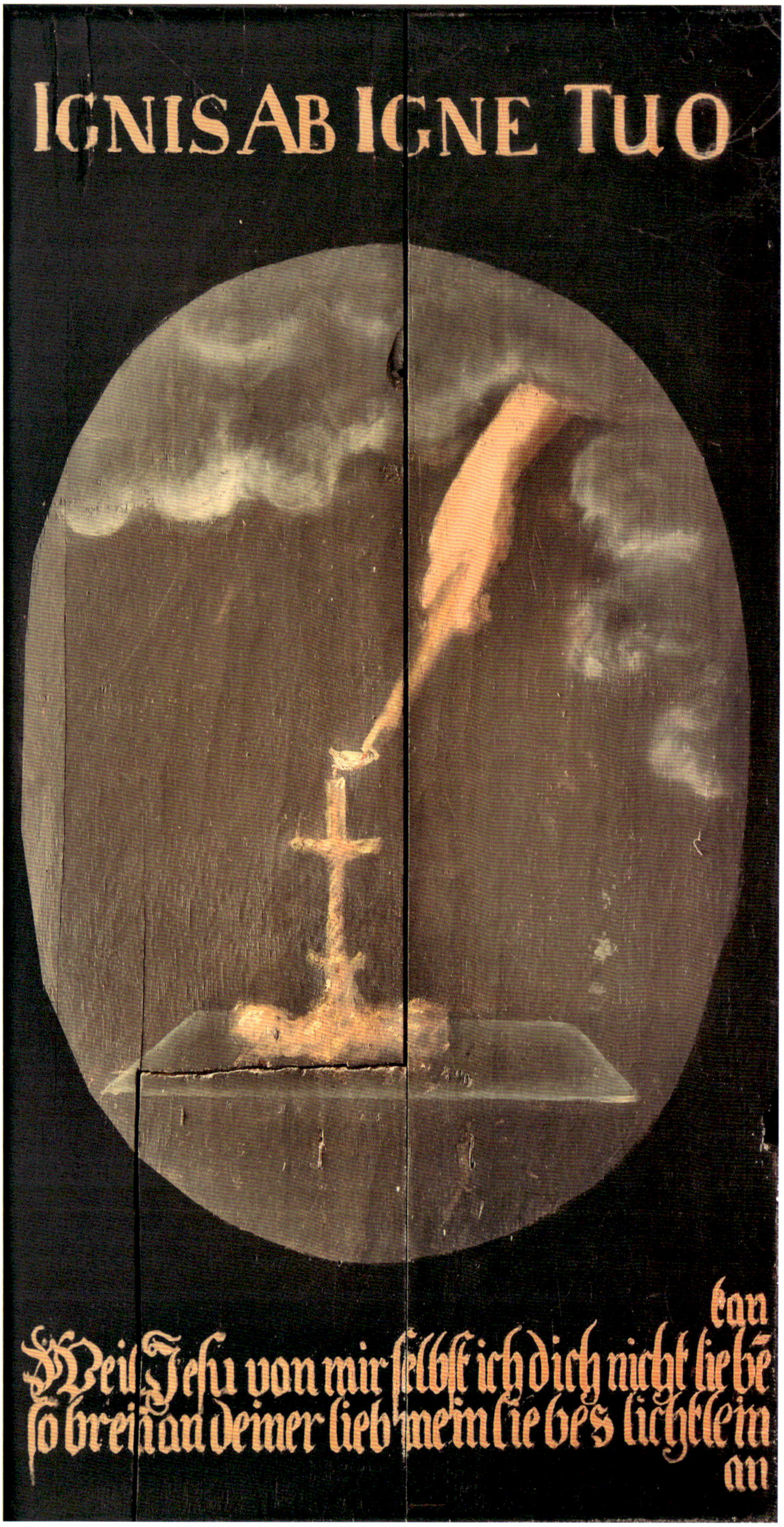

Abb. 1: Rückseite, Emblemgemälde Nr. 1.

IX. RÜCKSEITE

IX, 1

> Bild: Eine himmlische Hand entzündet eine Kerze.
> Bildüberschrift: IGNIS AB IGNE TUO (Feuer von deinem Feuer)
> Bildunterschrift: Weil Jesu von mir selbst | ich dich nicht lieben kan | so brenn an deiner lieb | mein liebes lichtlein an

Dieses Gemälde (Abb. 1) schildert eine himmlische Hand, welche von rechts oben herabragt, um mit einer brennenden Kerze eine weitere Kerze zu entzünden, die in einem Ständer plaziert ist. Die Bildunterschrift entschlüsselt die Szene, indem sie die Flamme – im impliziten Rekurs auf Hohelied Salomos 8,6 (»Denn die Liebe ist […] eine Flamme des Herrn«) – als Sinnbild der Liebe dechiffriert: So wie die Flamme entfacht werden muß und sich nicht selbst entzünden kann, so kann auch der Glaubende Jesus nicht aus eigenen Kräften lieben; seine Liebe zum Sohn Gottes muß vielmehr durch dessen dem Menschen zugewandte, d.h. ihm zuvorkommende Liebe hervorgerufen werden. So wie nach reformatorischer Auffassung der Glaube nicht ein Werk des Menschen, sondern Werk Gottes im Menschen ist, so ist auch die Liebe, die der Glaubende hegt und im Sinne der Werke der Gottes- und der Nächstenliebe praktiziert, letztendlich nichts anderes als Wirken Gottes bzw. Reaktion auf die Vorgängigkeit der göttlichen Liebe.

Ein diesbezüglich wichtiger neutestamentlicher Basistext ist 1. Johannes 4,19: »Lasset uns ihn lieben, denn er hat uns [zu]erst geliebet.« Diesen Vers legt der Wittenberger Theologe Aegidius Hunnius (1550–1603)[107] dahingehend aus, daß Gott Quelle aller Güter (»Deum esse fontem omnis boni«[108]) und daher auch der Liebe (*caritas*) sei. Nikolaus Selnecker (1530–1592)[109] zufolge ist 1. Johannes 4,19 im Sinne der reformatorischen Botschaft von der Erlangung der Rechtfertigung und des ewigen Lebens allein durch die Gnade Gottes zu entziffern:

> Auf diese Lehre von der Liebe gegen Gott und gegen den Nächsten macht St. Johannes die Beschlußrede und spricht: Lasset uns ihn lieben, denn er hat uns erst geliebet, wie er auch oben gesaget hat, die Lieb' stehet darin, nicht daß wir Gott geliebet haben, sondern daß er uns geliebet hat. So sollen wir nun, spricht er, Gott lieben nicht aus der Meinung, daß wir durch unsere Liebe könnten oder sollten Kinder Gottes werden und Vergebung der Sünden, Gerechtigkeit und ewiges Leben erlangen, sondern darum sollen wir ihn lieben, dieweil er uns zuvor erst geliebet hat und gesandt seinen Sohn zur Versöhnung für unsere Sünde. Dieses ist eine sonderliche [= besondere] Weise zu reden, damit ausgeschlossen wird alle Vermessenheit und stolzes Vertrauen auf gute Werke oder auf unsere eigene Liebe.[110]

107 Vgl. Markus Matthias: Art. Hunn (Hunnius), Aegidius. In: Religion in Geschichte und Gegenwart⁴ 3 (2000), Sp. 1958f.

108 Aegidius Hunnius: OPERVM LATINORVM […] Tomus Quartus. COMPLECTENS COMMENTARIOS EIVS IN EPISTOLAS B. PAVLI APOSTOLI, CANONICAM IOANNIS, & eam, quae est ad HEBRAEOS. […]. Frankfurt a.M. 1606 (ULB Halle/S. AB BB 439 [4]), S. 1030.

109 Vgl. Wolfgang Sommer: Art. Selnecker, Nikolaus. In: Religion in Geschichte und Gegenwart⁴ 7 (2004), Sp. 1187.

110 Nikolaus Selnecker: Die Erste Epistel des Heiligen Apostels vnd Euangelisten Johannis/ kurtz/ deutlich/ vnd tröstlich außgelegt […]. Mit einer kurtzen erinnerung/ von der Andern vnd Dritten Epistel. Leipzig 1561 (HAB Wolfenbüttel 231.160 Theol. [3]), S. 106.

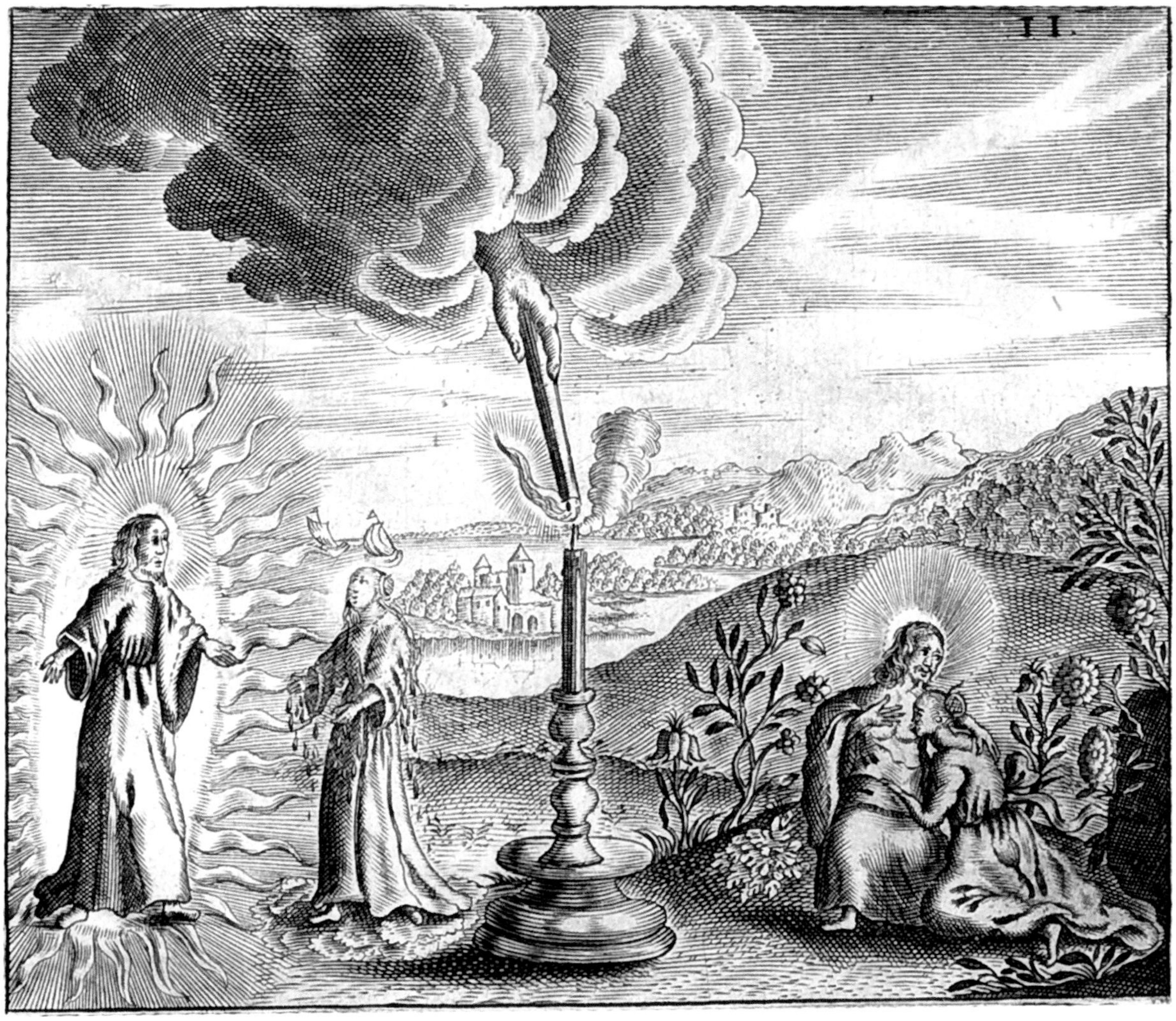

Abb. 2: Heinrich Müller: Himmlischer Liebes-Kuß/ Oder Vbung deß wahren Christenthumbs/ fliessend auß der Erfahrung Göttlicher Liebe: […]. Frankfurt a. M. 1659 (HAB Wolfenbüttel Th 1849), nach fol.):():(2v.

Die enge Relation zwischen dem Kerzen-Bildmotiv und 1. Johannes 4,19 wird bestätigt durch eine emblematische Radierung (und deren Kontext) in Heinrich Müllers *Himmlischem Liebes-Kuß*, welche der Komposition des Segeberger Gemäldes recht nahekommt (Abb. 2). Die in der Bildmitte befindliche Szene zeigt ebenfalls eine Wolkenhand, die mit Hilfe einer brennenden Kerze eine in einem Ständer plazierte Kerze entzündet, wird jedoch flankiert von zwei weiteren Szenen: Links ist die glaubende Seele als Braut dargestellt, der Christus in einer Strahlenmandorla mit ausgebreiteten Armen begegnet, während man rechts die Braut sieht, die in einem Garten an der Brust ihres Bräutigams Christus ruht. Die Radierung selbst ist textlos; in der ihr zugehörigen Andacht jedoch entfaltet Müller den Gedanken, daß der Mensch des Geliebtwerdens durch Gott bedarf, um in den Stand versetzt zu werden, selbst zu lieben.

> Darum ist auch Gottes Sohn dir in allem gleich geworden und hat deine Natur an sich genommen, daß er mit der Natur deine Liebe an sich nehme. […] So ist's auch ja billig, daß unsere Liebe aus Gottes Liebe angezündet werde wie ein Licht vom andern. Darum spricht Johannes (1. Johannes 4,19). Das sei die Liebe Gottes, nicht daß wir ihn, sondern daß er uns erst [= zuerst] geliebet hat.[111]

Das Motiv der Kerze(n) und der von Jesus als Bräutigam dem Menschen eingestifteten Liebe begegnet auch in der barocken geistlichen Lyrik, etwa in einem Gedicht, das Sigmund von Birken zu Johann Michael

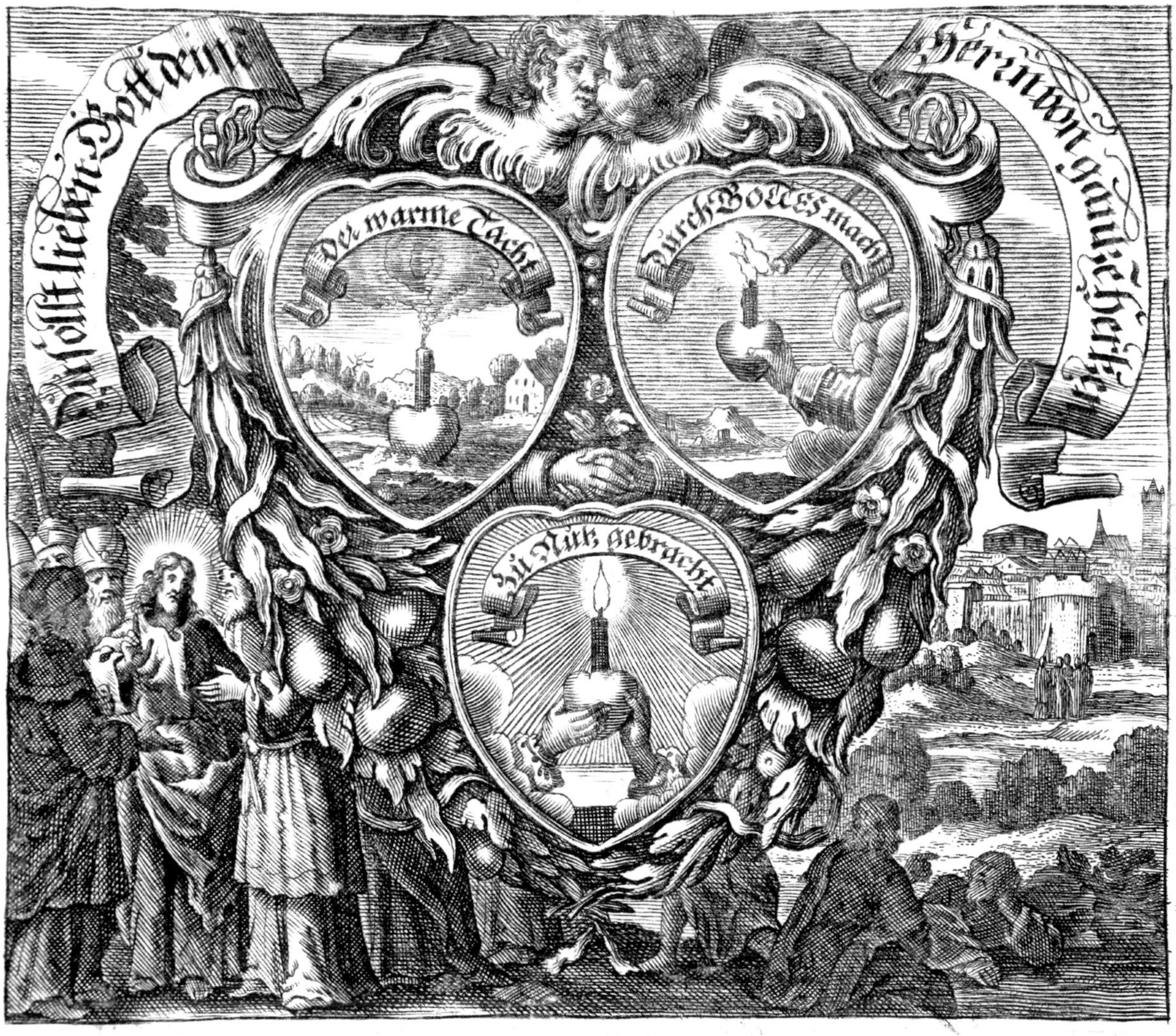

Abb. 3: Johann Michael Dilherr: Heilige Sonn- und Festtags-Arbeit/ Das ist: Deutliche Erklärung Der jährlichen Sonn- und Festtäglichen Evangelien: in welcher Dreyständig-nachdenckliche Sinnbilder vorangesetzet […]. Nürnberg [3]1674 (Theologische Bibliothek der Universität Hamburg L IV d 853), S. 734.

Dilherrs Andachtswerk mit dem Titel *Herz- und Seelen-Speise* (1663) beisteuerte. Die dritte (abschließende) Strophe lautet:

Laß' mich fühlen deine Kerzen,
Jesu, sei mein ander Ich,
Laß mich lieben dich von Herzen,
Gleichwie du auch liebest mich.
Jesu, hol' mich bald von hinnen
Zu dir in die Himmelzinnen,
Edler Bräut'gam, deine Braut,
Daß ich werd' mit dir getraut.[112]

Das Bildsujet der Kerze, die durch eine himmlische Kerze (neu) entflammt wird, erinnert zudem an Psalm 18,29 (»Denn du erleuchtest meine Leuchte;

111 Heinrich Müller: Himmlischer Liebes-Kuß/ Oder Vbung deß wahren Christenthumbs/ fliessend auß der Erfahrung Göttlicher Liebe: […]. Frankfurt a. M. 1659 (HAB Wolfenbüttel Th 1849), S. 2.

112 Johann Michael Dilherr: Hertz- und Seelen-Speise/ Oder Emblematische Haus- und Reise-Postill: in welcher Alle Sonn- und Festtägliche Evangelia gründlich erkläret/ und der heilsame Nutz/ zu Stärckung deß Glaubens/ und Besserung deß Lebens/ deutlich gezeiget/ die gantze Predigt zum Beschluß/ auf das allerkürtzeste wiederholet/ und mit einem Sinnbild geendet wird. Jtzo zum andernmal aufgeleget/ und mit vielen neuen Predigten/ auch schönen erbaulichen Liedern/ auf alle Evangelia/ vermehret. Nürnberg 1663 (ehemals ULB Halle/S. AB 43 1/k, 1; elektronische Ressource: digital.bibliothek.uni-halle.de/hd/content/pageview/279703), S. 989.

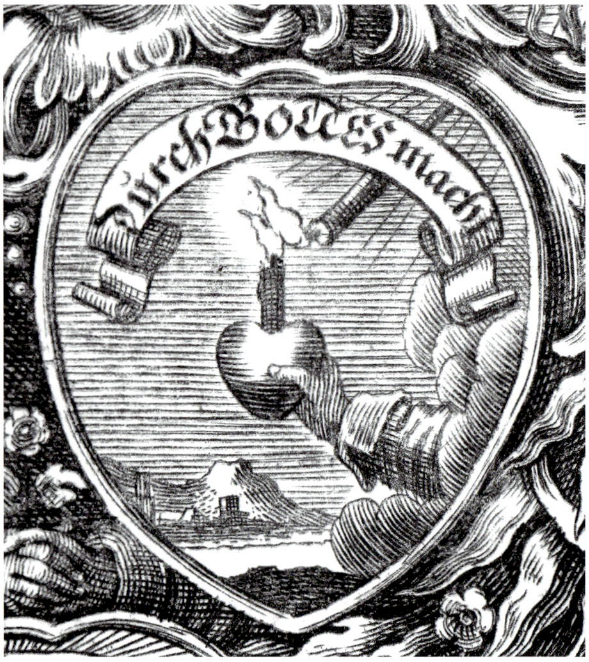

Abb. 4: Dasselbe, Detail.

der Herr, mein Gott, machet meine Finsternis licht«) und ist auch in der emblematischen Druckgraphik zu finden, z. B. in Johann Michael Dilherrs *Heiliger Sonn- und Festtags-Arbeit*. Das dreiständige Sinnbild (Abb. 3) erzählt eine (Bild-)Geschichte von einer infolge von Sündhaftigkeit erloschenen Kerze, welche – wie eine der drei Embleminschriften es formuliert – »durch Gottes Macht« erneut entfacht wird (Abb. 4), um sich fortan in Werken der Nächstenliebe zu betätigen. Anders als im Segeberger Emblemgemälde geht es hier mithin nicht um die Stiftung der Liebe zu Gott bzw. Christus durch deren zuvorkommende Liebe, sondern um die Liebe Gottes zu den Menschen, ohne die keine menschliche Nächstenliebe möglich ist. Entsprechend lautet das Erklärungsgedicht:

> Es wird des Herzens Licht erlöscht [= ausgelöscht] vom Wind der Sünden,
> Doch kann es Gottes Flamm' mit neuer Lieb' entzünden,
> Daß es strahlt himmelan mit heilig-reinem Schein,
> Begierig mit dem Glanz, dem Nächsten nutz zu sein.[113]

IX, 2

> Bild: Ein Baumstumpf mit zwei eingepfropften Ästen, die von einem Gärtner mit einer Sichel bearbeitet werden
> Bildüberschrift: NON SUM QUI FUERAM (Nicht bin ich, der ich gewesen war.)
> Bildunterschrift: Jch war gantz wilder arth: | jetzt hab ich Christ[i] sinn | ich bin nicht wz ich war, | u. war nicht wz ich bin.

Vorliegendes Gemälde (Abb. 1) stellt einen Baumstumpf dar, in den zwei Äste eingepfropft sind, die prächtig grünen und von einem Gärtner mit einer Sichel bearbeitet werden. Die Inschriften machen deutlich, daß hier von dem Verhältnis der Glaubenden, für die die Pfropfzweige stehen, zu Christus gehandelt wird, der durch den Baumstamm bezeichnet wird. Das Bild impliziert, daß die Zweige einzig und allein durch ihr Eingepfropftsein in den Baumstamm gedeihen können und als zuvor von einem anderen Gewächs abgeschnittene Zweige verdorrt wären, hätte man sie nicht eingepfropft.

Von barocken Predigern wird diese Metaphorik gerne verwendet: Demnach ist Christus der Lebensbaum (*arbor vitae*), in den die Glaubenden eingepfropft werden und als zuvor Tote neues Leben erlangen, im Rahmen der Wiedergeburt (*regeneratio*) also gänzlich neu werden – weswegen zurecht mit der Bildüberschrift gesagt werden kann: »NON SUM QUI FUERAM« – und in Werken der Liebe aufblühen können:

> Was ein wahres Glied an dem geistlichen Leibe Christi ist, dasselbe lebet und wirket; was noch ein lebendiges Sprößlein ist an einem Baum, das grünet; welcher noch gepfropfet ist in dem Baum des Lebens, in Christo, derselbe grünet durch die Liebe und gute Werk, und darum sprach David Psalm 92,13–15: Der Gerechte wird grünen wie ein Palmenbaum, er wird wachsen wie eine Zeder auf dem Libanon, die gepflanzet sind in dem Hause des Herrn, werden in den Vorhöfen unsers Gottes grünen, und wenn sie gleich alt werden, werden sie

113 Johann Michael Dilherr: Heilige Sonn- und Festtags-Arbeit/ Das ist: Deutliche Erklärung Der jährlichen Sonn- und Festtäglichen Evangelien: in welcher Dreyständig-nachdenckliche Sinnbilder vorangesetzt; Hernach Die Wort gründlich erwogen/ nützliche Lehren herausgezogen/ und über die meinsten Text/ Drey Predigten zu finden sind: So/ in unterschiedlichen Jahren/ gehalten worden […]. Nürnberg ^{3}1674 (Theologische Bibliothek der Universität Hamburg L IV d 853), S. 734. Die erste Auflage des Werkes erschien 1660.

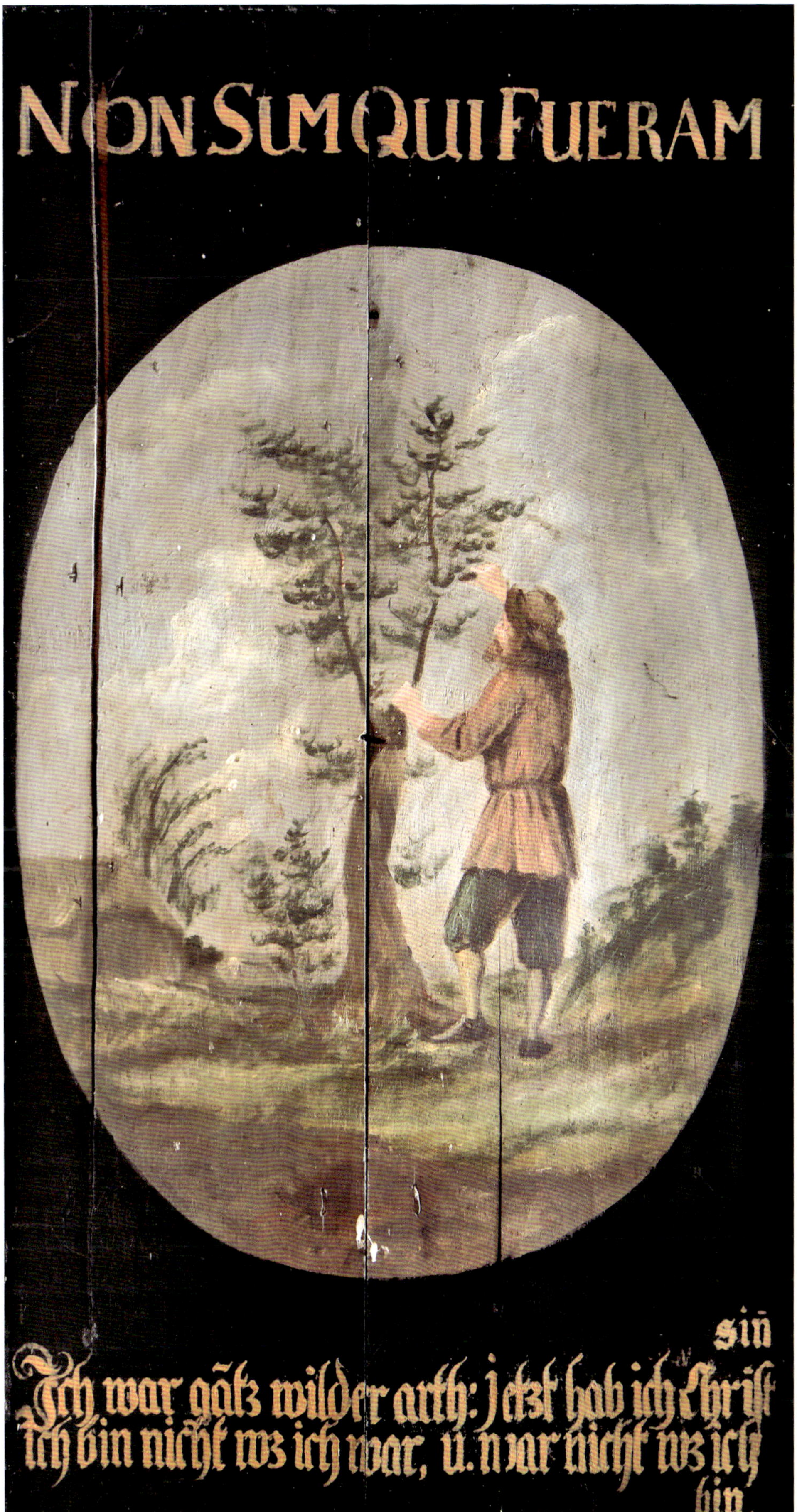

Abb. 1: Rückseite, Emblemgemälde Nr. 2.

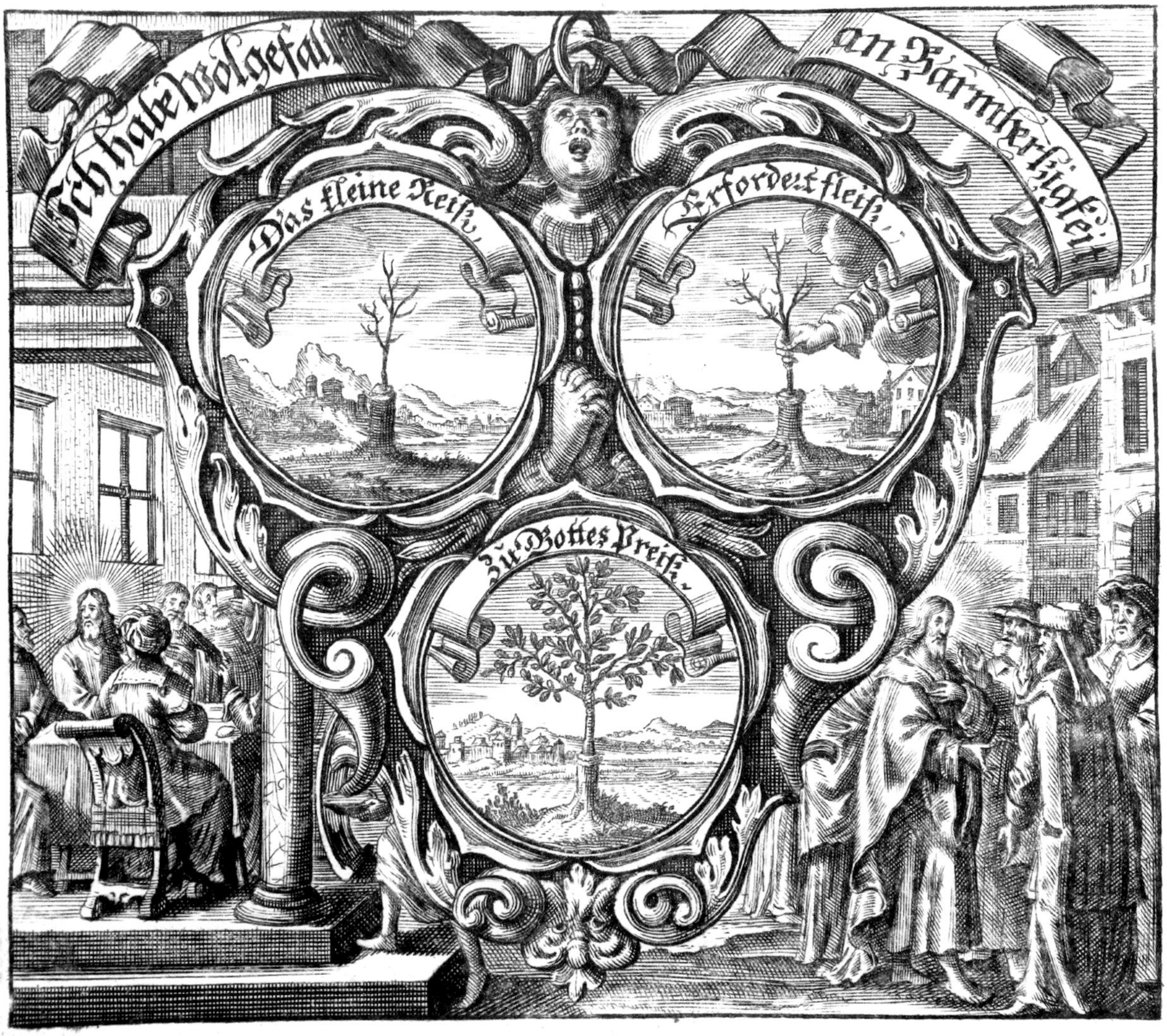

Abb. 2: Johann Michael Dilherr: Heilige Sonn- und Festtags-Arbeit/ Das ist: Deutliche Erklärung Der jährlichen Sonn- und Festtäglichen Evangelien: in welcher Dreyständig-nachdenckliche Sinnbilder vorangesetzet […]. Nürnberg [3]1674 (Theologische Bibliothek der Universität Hamburg L IV d 853), S. 1104.

> dennoch blühen, fruchtbar und frisch sein. Dies sind herrliche Wort', damit er alle wahre Christen mit frischen, grünenden, fruchtbaren Bäumen vergleichet, wo aber dürre und unfruchtbare Äste sind, die sind nicht in Christo, dem rechten Baum des Lebens.[114]

Recht häufig wird das Bildmotiv des Baumes und seiner eingepfropften Äste in Beziehung zu Jesu Selbstbezeichnung als Weinstock in Johannes 15,1.5 gesetzt, an dem die Jünger (und so alle an ihn Glaubenden) die Reben sind, so z. B. in Johann Gerhards *Postilla*:

> Christus ist der rechte Baum des Lebens, welcher kann das Leben geben allen wilden und ungeschlachten [= nicht von derselben Gattung stammenden, unedlen] Pfropfreisern, welche in ihn durch den Glauben gepflanzt werden. Darum sprach er Johannes 15,1.5: Ich bin ein rechter Weinstock, ihr seid die Reben, wer in mir bleibet und ich in ihm, der bringet viel Früchte. Wie der Rebe kan keine Frucht bringen von ihm [= sich] selber, er bleibe dann am Weinstock, also auch ihr nicht, ihr bleibet denn an mir. Wie wir nun durch unsere Geburt von dem Adam den Tod empfangen,

114 Gerhard, Postilla (wie Anm. 43), Bd. 3, S. 137, Z. 17 – S. 138, Z. 2. Vgl. zur Thematik der Einpfropfung das entsprechende Emblemgemälde an der Schauwand der Kapelle der Familie Hassert in St. Marien in Anklam, Bd. 4, S. 160 – 174.

also bekommen wir durch die geistliche Wiedergeburt, welche durch den Glauben geschieht, von diesem himmlischen Adam, das ist, von Christo, das Leben. Wie wir durch Adam sind worden dürre, unfruchtbare und tote Bäume, also werden wir durch Christum grüne, fruchtbare und lebendige Bäume.[115]

Diese tröstliche Botschaft ergänzt Johann Gerhard allerdings im Sinne von Johannes 15,2.6 mit der Warnung, daß all die Reben, die keine Frucht bringen, abgeschnitten und verbrannt werden – ein Motiv, das auch im Segeberger Gemälde präsent ist, da der Gärtner, der für Christus steht, eine Sichel in der erhobenen Hand hält.

Darum betrüge sich niemand mit falschem Wahn [= Meinung], er sei ein Christ, wenn er nicht christlich lebet. Wer in dem geistlichen Weinstock, in Christo, bleibet und Christus in ihm, der bringet viel Früchte, Johannes 15,2.6: Einen jeglichen Reben an Christo, der nicht Frucht bringet, wird der himmlische Weingärtner wegnehmen und ins Feuer werfen.[116]

Die Motivik des Eingepfropftseins der Glaubenden in den Baum Christus wird zuweilen auch für eine ethische Deutung fruchtbar gemacht, so etwa in einem Emblem bei Johann Michael Dilherr (Abb. 2). Das Erklärungsgedicht lehnt sich an die metaphorische Bezeichnung der Heiden als wilde Ölbaum-Zweige in Römer 11,17 an, die in den Stamm des Volkes Israel eingepfropft sind, überträgt diese Metapher allerdings auf das Verhältnis der Glaubenden zu Christus, weswegen man es hier mit einer Meta-Metapher zu tun hat. Sie bringt zum Ausdruck, daß die von den Menschen zu praktizierenden Werke der Nächstenliebe einzig und allein dadurch ermöglicht werden, daß die in den Baumstamm eingepfropften Glaubenden den Saft der Liebe aus diesem beziehen, mithin Liebe üben als die zuvor bereits Geliebten:

Des Ölbaums milde[117] Frucht soll auch in uns
bekleiben [= wurzeln]
Und durch der Liebe Saft viel werte Früchte
treiben:
Öl ist die Opfergab zu mehren Gottes Reich.
Durch Wohltun werden wir dem Höchsten
selbsten gleich.[118]

IX, 3

Bild: Ein Engel reicht einem im Gebirge Wandernden aus dem Himmel einen Faden herab.
Bildüberschrift: HOC FILO DUCENTE (Mit diesem führenden Faden)
Bildunterschrift: Jn alle deinem thun bedenck o menschen kind | d[a]s dieses leben seÿ ein rechtes labÿrinth | wilt du hir fur gefahr bewah[r]en schritt und tritt | so nimm die Gottesfurcht als einen faden mit.

Das Gemälde (Abb. 1) konfrontiert den Betrachter mit einem Gebirge und einem barfüßigen Wanderer in Rückenansicht. Sowohl auf der Felsenspitze in der Bildmitte als auch auf dem Felsen am linken Bildrand sind burgartige Bebauungen zu erkennen. Der Wanderer richtet den Blick empor und schickt sich an, den Faden zu ergreifen, der ihm von einem heranschwebenden Engel aus dem Himmel herabgereicht wird.

Die Emblemkomposition unterzieht den antik-griechischen Mythos vom Ariadnefaden einer christlich-allegorischen Deutung: So wie Theseus mit Hilfe des ihm von Ariadne, der Tochter des kretischen Königs Minos, geschenkten Fadens den Weg in das Labyrinth wagen konnte, das Ungeheuer Minotaurus erlegte und hernach anhand des Fadens den Weg aus dem Labyrinth herausfand, so wird es den Christenmenschen unter göttlicher Führung und durch gottesfürchtigen Lebenswandel gelingen, die Gefahren des sündhaften Labyrinths der Welt zu meiden. Das Gemälde und seine Inschriften, insbesondere die Bildunterschrift, machen deutlich, daß die »Gottesfurcht« keineswegs eine vom Menschen aus eigener Kraft zu bewerkstelligende Praxis darstellt, sondern durch denjenigen, der zu verehren ist, selbst gestiftet wird.

115 Gerhard, Postilla (wie Anm. 43), Bd. 5, S. 175, Z. 19 – S. 176, Z. 6.
116 Gerhard, Postilla (wie Anm. 43), Bd. 3, S. 137, Z. 13–18.
117 Es ist zu erwägen, ob hier statt »milde« gemäß Römer 11,17 nicht angemessen »wilde« zu lesen ist.
118 Dilherr, Heilige Sonn- und Festtags-Arbeit 1674 (wie Anm. 113), S. 1104.

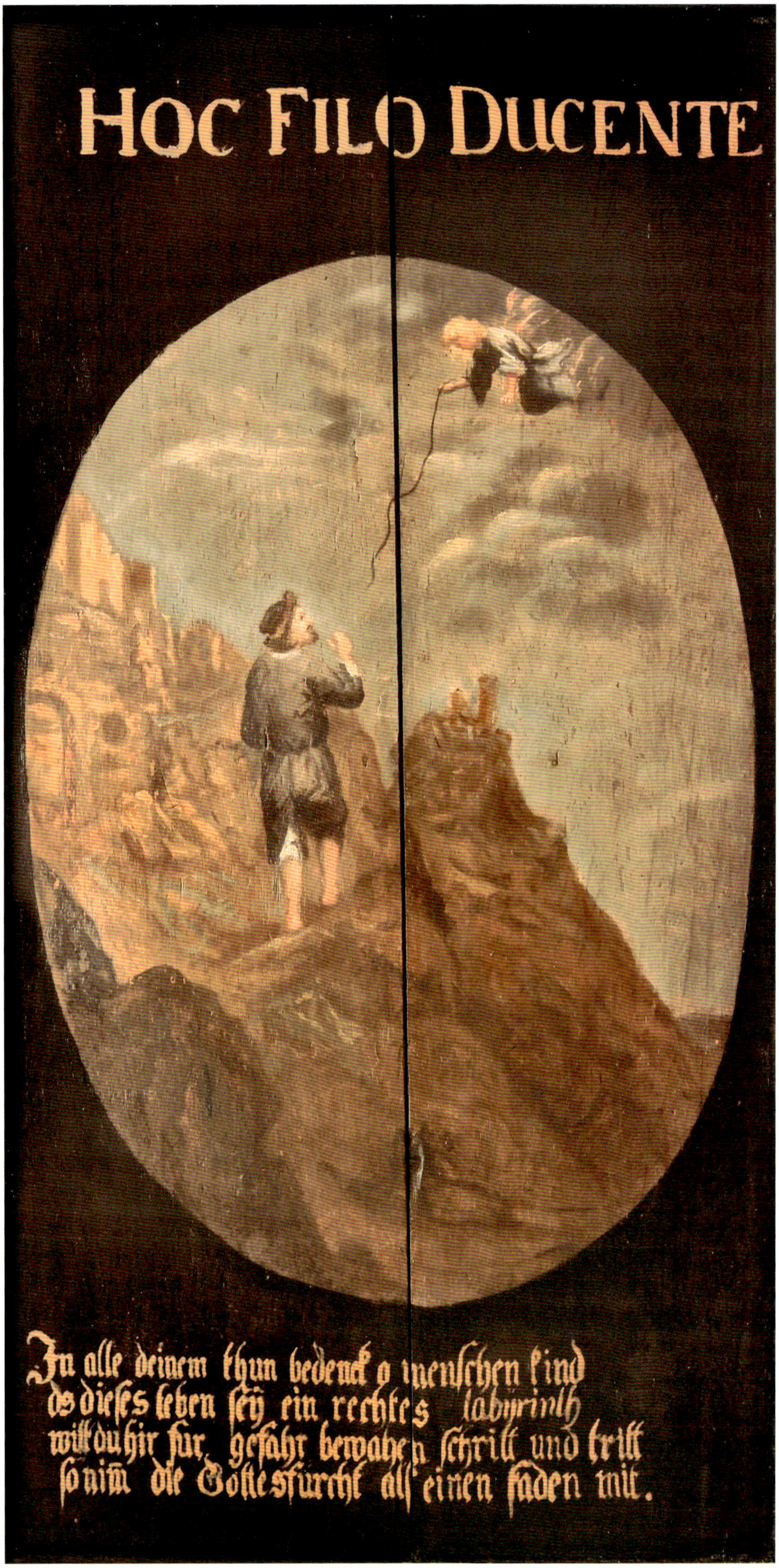

Abb. 1: Rückseite, Emblemgemälde Nr. 3.

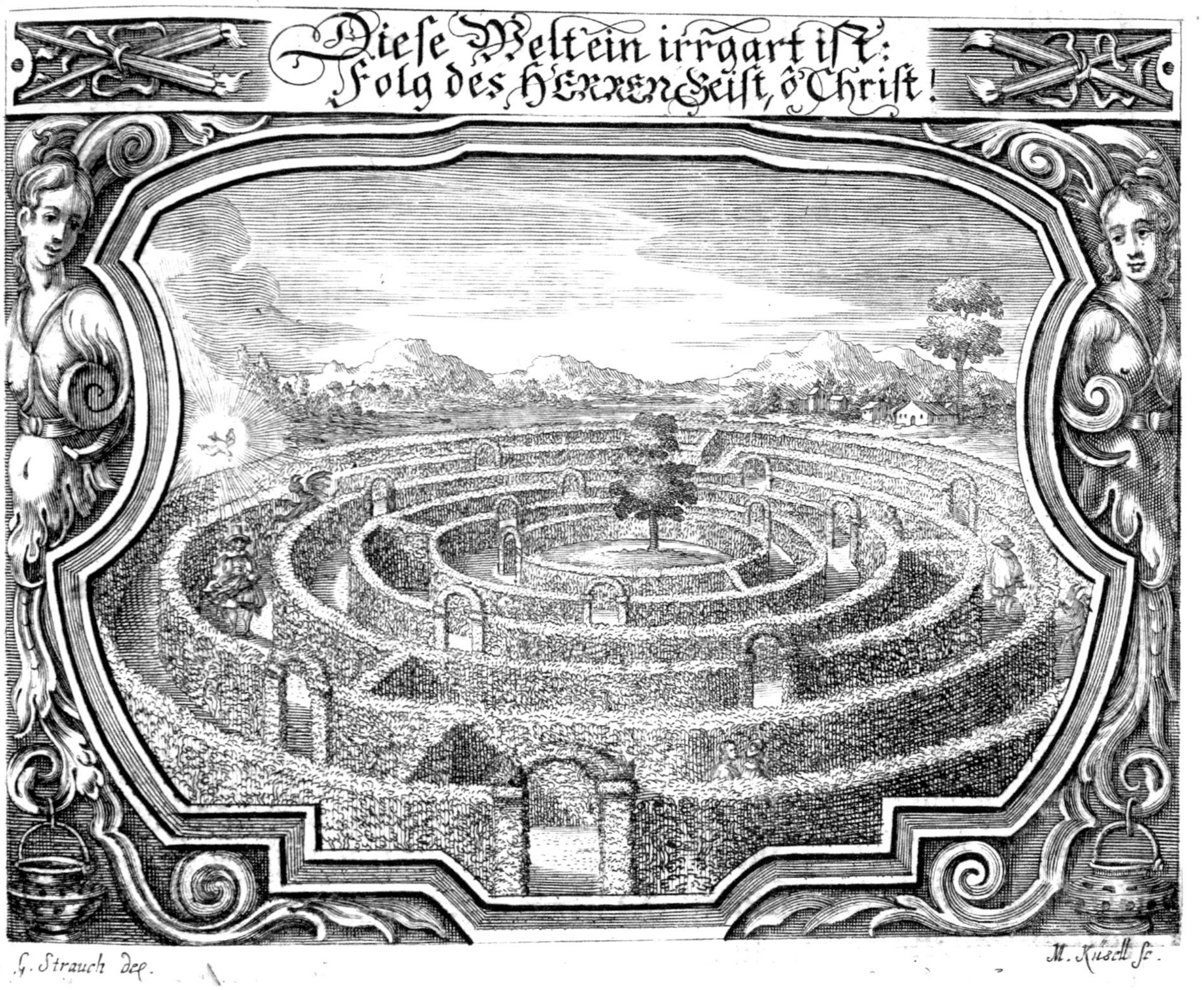

Abb. 2: Johann Michael Dilherr: Heilig-Epistolischer Bericht/ Licht/ Geleit und Freud. Das ist: Emblematische Fürstellung/ Der Heiligen Sonn- und Festtäglichen Episteln […]. Nürnberg 1663 (Privatbesitz), S. 131.

Die Allegorese des betreffenden griechischen Mythos war konfessionsübergreifend gängig und begegnet u.a. bei Friedrich Forner (1570–1630),[119] hier allerdings bezogen auf Leiden und Auferstehung Jesu Christi. Ähnlich wie Theseus »ducente filo«[120] – man beachte die Übereinstimmung mit der Segeberger Bildüberschrift – den Weg aus dem Gefängnis des Minotaurus zurück in die Freiheit fand, nachdem er diesen überwunden hatte, kehrte laut Forner auch der Sohn Gottes von seiner Fahrt in das Labyrinth der Hölle als Sieger zurück, auf der er die Macht des Todes überwand. In der zeitgenössischen römisch-katholischen Deutungstradition wird zuweilen auch die Muttergottes Maria mit Ariadne parallelisiert, so zum Beispiel von Prokop von Templin (1609–1680), welcher der »Vera Ariadna Maria«, der »Aus unserm Labyrinth Helferin Maria«, eine ganze Predigt widmet.[121]

119 Vgl. Friedrich Merzbacher: Förner (Forner), Friedrich. In: Neue Deutsche Biographie 5 (1961), S. 270.

120 Friedrich Forner: PARADISVS MALORVM PVNICORVM, cum Pomorum fructibus, DOMINICAE PASSIONIS, MORTIS, RESVRRECTIONIS, &c. MYSTERIA, ET ARCANA OMNIA, ET SINgula, Concionibus explicata; TOMVS II. […]. Ingolstadt 1626 (UB Freiburg i. Br. O 4751–2), S. 1117.

121 Vgl. Prokop von Templin: MARIALE CONCIONATORIUM, RHYTHMO-MELODICUM. Das ist: Vber hundert vnd Siebenzig Gelehrte/ Geistreiche/ mit grosser Klarheit/ annemblichen Concepten/ Biblischen Schrifften/ der HH. Vättern Authoritäten/ bewehrten Philosophischen vnd Theologischen Rationen, vielfältigen Experienzen, alten vnd newen schönen Historien vnd Exempeln/ guter Connexion in zierlicher hochteutscher Sprach componirte, völlig außgeführte/ dieser vnd jederzeit nohtwendige nützliche Predigen; Von der immerdar höchstgebenedeyten allerseligsten Jungfräwlichen Mutter vnsers HErrn vnd GOttes MARIA, Königin Himmels vnd der Erden. Abgetheilt in Drey Theil: […]. TOMUS I. EDITIO SECUNDA AUCTIOR ET CORRECTIOR. Salzburg 1667 (Staatsbibliothek Bamberg 5 C 20), Teil 2, S. 223–229.

Die Labyrinth-Thematik[122] ist im Segeberger Emblem explizit nur in der Bildunterschrift präsent, von der allein aus sich das Bilddetail des (Leit-)Fadens und damit auch das lateinische Motto intermedial erschließen. Bei Johann Michael Dilherr hingegen begegnet ein von Georg Strauch (1613–1675)[123] entworfenes und von Melchior Küsel (1626–ca. 1683)[124] gefertigtes Emblem (Abb. 2), das in der *pictura* ein Labyrinth (»Irrgarten«) zur Darstellung bringt, während die Leitinstanz, welche dem in die Irre gehenden Menschen Orientierung verschafft, nicht ein Faden, sondern die Heiliggeisttaube ist. Das Emblemmotto lautet: »Diese Welt ein Irrgart' ist: | Folg' des Herren Geist, o Christ!« Das Erklärungsgedicht zu diesem Sinnbild trägt die Überschrift »Der Welt Irrgarten«, erläutert dieses näher und läßt eine starke Verwandtschaft mit der Segeberger Bildunterschrift erkennen:

Diese Welt ein Irrgart' ist,
Voll des Satans Trug und List.
Viel gibt's böse Irrtums-Straßen.
Bete! Gott wird dich nicht lassen.[125]

IX, 4

> Bild: Der Jesusknabe beschützt die fromme Seele mit einem Schirm vor heranfliegenden teuflischen Gestalten und Blitzen.
> Bildüberschrift: TUTA SUB HÔC. (Darunter sicher)
> Bildunterschrift: Vnter deinen schirmen | bin ich für den stürmen | aller sünde[126] freÿ | las den Satan wittern | las die welt erbittern | mir steht Jesus bey.

Das Gemälde (Abb. 1) zeigt in Frontalansicht die auf dem Boden sitzende fromme Seele dicht vor der Abrißkante eines Felsens. Die vor ihrer Brust verschränkten Arme sind als Zeichen der Erschrockenheit zu deuten. Von links fliegen zwei bedrohliche teuflische Gestalten heran, und zwei Blitz fahren vom Himmel hernieder. Hinter der weiblichen Gestalt steht der mit Nimbus versehene Jesusknabe und beschützt sie mit einem aufgespannten schwarzen Schirm, den er Teufeln und Blitzen entgegenreckt. In der rechten Bildhälfte ist eine hohe Mauer mit einer dorischen Säule zu erblicken, die auf das Vorhandensein einer nahegelegenen Festung hindeuten könnte. Nicht explizit, aber doch der Sache nach liegt der Bildkomposition ein tröstlicher Basistext des Alten Testaments zugrunde, nämlich Psalm 91,1 f.: »Wer unter dem Schirm des Höchsten sitzt und unter dem Schatten des Allmächtigen bleibt, der spricht zu dem Herrn: Meine Zuversicht und meine Burg, mein Gott, auf den ich hoffe.«

Diesen Sachzusammenhang ruft auch die Bildunterschrift auf, bei der es sich um ein Zitat aus der zweiten Strophe von Johann Francks Kirchenlied »Jesu, meine Freude« handelt. Die ersten beiden Strophen lauten:

Jesu, meine Freude,
Meines Herzens Weide,
Jesu, meine Zier.
Ach wie lang, ach lange
Ist dem Herzen bange
Und verlangt nach dir!
Gottes Lamm, mein Bräutigam,
Außer dir soll mir auf Erden
sonst nichts Liebers werden.

Unter deinen Schirmen
Bin ich vor den Stürmen
Aller Feinde frei,
Laß den Satan wittern
laß den Feind erbittern,
mir steht Jesus bei!
Ob es jetzt gleich kracht und blitzt,
Obgleich Sünd' und Hölle schrecken,
Jesus will mich decken.[127]

122 Vgl. hierzu auch Bd. 6, S. 73 f. und Bd. 7, S. 46–49, 160–164 sowie Hermann Kern: Labyrinthe. Erscheinungsformen und Deutungen. 5000 Jahre Gegenwart eines Urbilds. München ⁴1999.

123 Zu Georg Strauch vgl. die o. S. 78, Anm. 45 genannte Literatur.

124 Vgl. Anonym: Art. Küsel, Melchior. In: Allgemeines Lexikon der bildenden Künstler von der Antike bis zur Gegenwart 22 (1928), S. 73 f.

125 Dilherr, Heilig-Epistolischer Bericht (wie Anm. 24), S. 131.

126 Es bleibt zu prüfen, ob es sich bei der Formulierung »aller sünde« – richtig müßte es heißen »aller feinde« – um einen Restaurierungsfehler handelt, oder ob das Versehen älteren Datums ist.

127 Christlich-neüvermehrt- und gebessertes GESANGBUCH/ Darinnen D. Martin Luthers/ und viel anderer Gottselig-gelehrten Leute Geistliche Lieder und Psalmen/ welche so wohl Jn öffentlicher Kirch-Versammlung/ als auch zu Hause/ und sonst Zu Vermehrung guter/ und Gott-gefälliger Andacht gebraucht werden mögen/ sammt denen darzu gehörigen lang gewünschten Melodeyen Mit besonderm Fleiß zusammen getragen/ und in gewisse Titul abgetheilet sind [...]. Erfurt 1663 (SB Berlin Slg Wernigerode Hb 2573), S. 701.

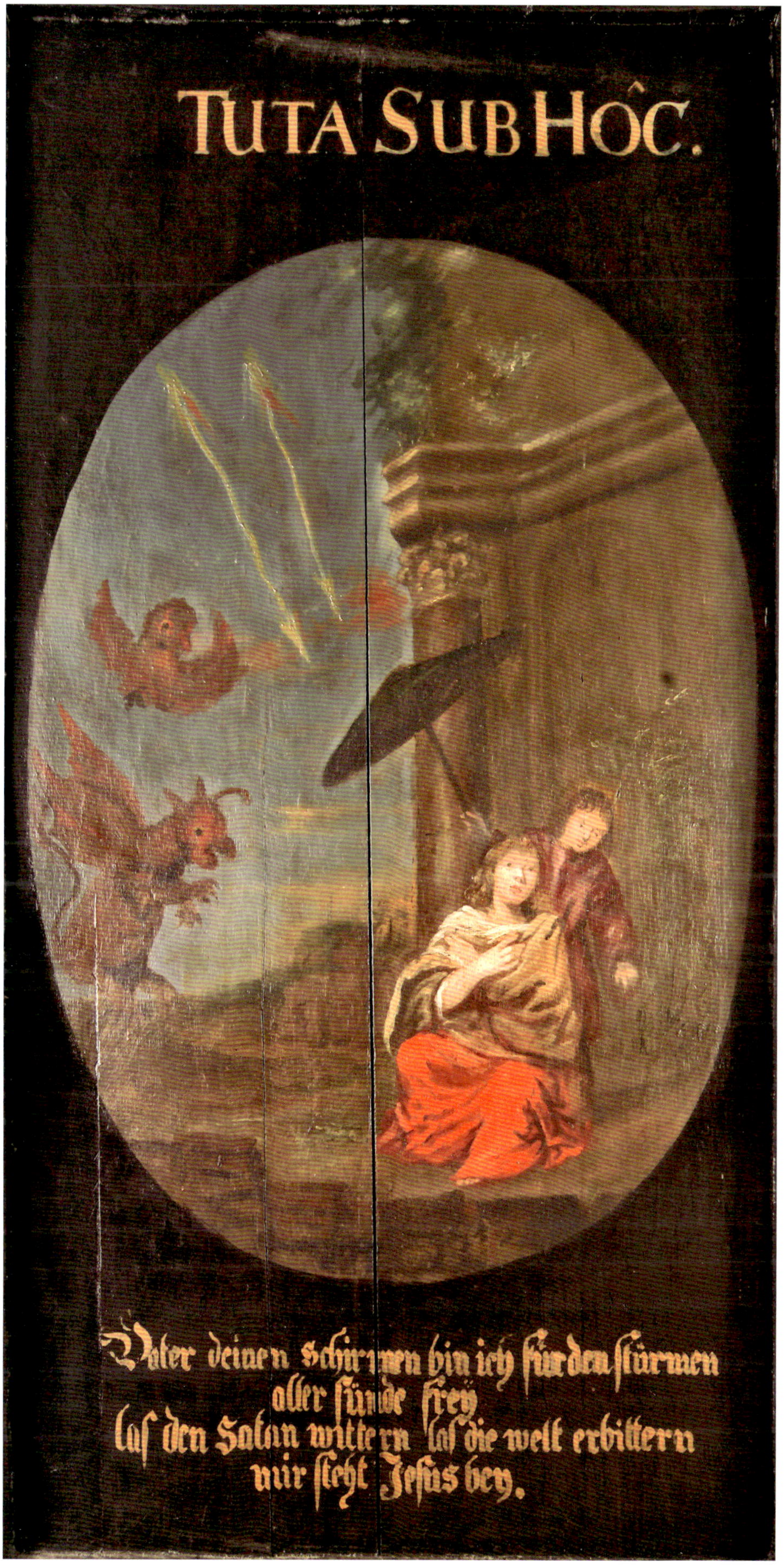

Abb. 1: Rückseite, Emblemgemälde Nr. 4.

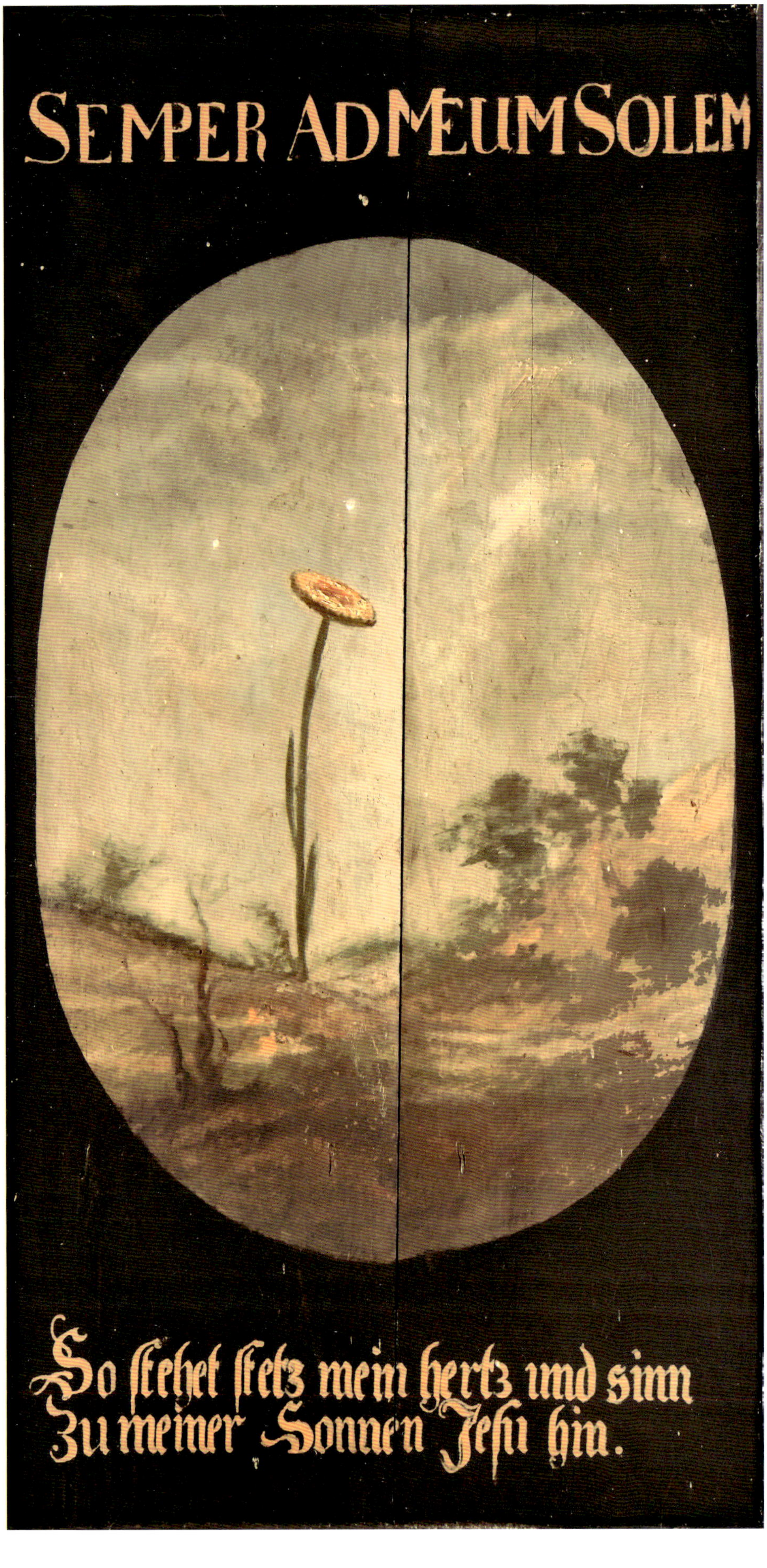

Abb. 1: Rückseite, Emblemgemälde Nr. 5.

IX, 5

> Bild: Eine Sonnenblume in einer hügeligen Landschaft
> Bildüberschrift: SEMPER AD MEUM SOLEM (Immer zu meiner Sonne)
> Bildunterschrift: So stehet stetz mein hertz und sinn | Zu meiner Sonnen Jesu hin.

Das Emblemgemälde (Abb. 1) bietet ein in der frühneuzeitlich-geistlichen Sinnbildkunst verbreitetes Motiv: die Sonnenblume, die sich am Lauf der Sonne ausrichtet und diesem folgt, wie die Bildüberschrift festhält. Dieses empirische Naturphänomen wird üblicherweise (so auch von den beiden Versen unter dem Gemälde) als Sinnbild der rechten Nachfolge Christi (*imitatio Christi*) dechiffriert, der Maleachi 3,20 zufolge als Sonne der Gerechtigkeit gilt, an den allein sich die Glaubenden halten sollen.[128] Dieser Sinnbildtyp[129] begegnet nicht nur in protestantischen und römisch-katholischen Emblembüchern, sondern auch in Kirchenausstattungen recht häufig, zum Beispiel im Dom St. Nikolai zu Greifswald an der Grablege der Familie Corswant (1703).[130] Auf das Motiv der an der Sonnenblume und ihrer Bewegung ablesbaren echten Christusnachfolge greifen auch die frühneuzeitlich-lutherischen Prediger und Erbauungsliteraten gerne zurück. Der Fraustädter Pastor Valerius Herberger (1552–1627)[131] zum Beispiel sagt:

> Laßt auf dem Grund und Boden eurer Herzen lauter Sonnewendelblümleins Art wachsen: Gleich wie sich dieselben alle nach der Sonnen richten, also richtet euch nach eurer Herzsonnen Christo Jesu im Leben, in Not und Tod, so seid ihr wohl hier gewesen, so wird euch diese große Ostersonne, wenn sie wieder von aller Höhe scheinen wird, aus der Erde eures Grabes herfür wärmen, [...] alsdann werdet ihr euren himmlischen Sonnen-Mann in Ewigkeit preisen.[132]

In Johann Michael Dilherrs *Heiliger Sonn- und Fest-tags-arbeit* (1660) findet sich ein sogenanntes dreiständiges Emblem (Abb. 2), welches drei Sonnenblumenpaare visualisiert: Im ersten neigen sich die beiden Blumen noch zum Boden hin, im zweiten haben sie sich bereits weitgehend aufgerichtet, stehen aber noch nicht in voller Blüte, während sie sich im dritten senkrecht der am Zenit stehenden Mittagssonne mit ganz geöffneten Blütenblättern entgegenrecken. Mit Hilfe dieses dreifachen Emblems wird mithin nicht nur der Zielpunkt der sich in die Christus-Nachfolge begebenden Glaubenden vor Augen gestellt, sondern – wie in einem Film vor Erfindung des Films[133] – in einer Bilderfolge der Prozeß der Nachfolge als Bewegung sichtbar. Das Erklärungsgedicht, in dem (der diesbezüglichen Marginalie gemäß) Christus als die Sonne der Gerechtigkeit selbst zu Wort kommt, lautet:

128 Vgl. z. B. Johann Gerhard: Meditationes Sacrae (1606/7). Lateinisch-deutsch. Kritisch hg., kommentiert und mit einem Nachwort versehen von Johann Anselm Steiger. 2 Bde. Stuttgart-Bad Cannstatt 2000 (= Doctrina et Pietas I, 3), S. 173, Z. 65–68: »herbae, quae solsequia dicuntur, semper convertunt se ad solem â quo vitam & succum hauriunt: sic cum omnibus tuis donis & omni tuo honore ad DEUM te converte, & nihil quicquam tibi tribue.« Vgl. ferner Johann Saubert: GEJSTLJCHE GEMAELDE Vber die Sonn- vnd hohe Festtägliche EVANGELJA Sambt etlichen andern Predigten Aus den Sprüchwörtern Salomonis/ den Propheten/ vnd Episteln deß H. Apostels Pauli/ So zur Erklärung der Evangelien dienlich [...]. 2 Teile und Anhang. Nürnberg 1652 (HAB Wolfenbüttel Th 4° 59), Teil 2, S. 100.

129 Vgl. z. B. Daniel Cramer: EMBLEMATUM SACRORUM Prima [– Secunda] Pars. [...]. Frankfurt a. M. 1624 (Reprint. Hg. von Sabine Mödersheim. Hildesheim u. a. 1994), II, S. 105 sowie bereits Joachim Camerarius d. J.: SYMBOLORVM & EMBLEMATVM EX RE HERBARIA DESVMTORVM CENTVRIA VNA COLLECTA [...]. In quibus rariores Stirpium proprietates historiae ac Sententiae memorabiles non paucae breuiter exponuntur. Nürnberg 1590 (SUB Göttingen 8 ART PLAST III, 3380:1 RARA), Nr. 49. Vgl. ferner Arthur Henkel, Albrecht Schöne (Hg.): Emblemata. Handbuch zur Sinnbildkunst des XVI. und XVII. Jahrhunderts. Stuttgart 1996 [[1]1967], Sp. 311.

130 Vgl. Steiger, Gedächtnisorte (wie Anm. 14), S. 271–274.

131 Vgl. Thomas Illg, Johann Anselm Steiger: Art. Herberger, Valerius: In: Frühe Neuzeit in Deutschland 1520–1620. Literaturwissenschaftliches Verfasserlexikon. Hg. von Wilhelm Kühlmann, Jan-Dirk Müller, Michael Schilling, Johann Anselm Steiger, Friedrich Vollhardt. Bd. 3. Berlin u. a. 2014, Sp. 266–278.

132 Valerius Herberger: Evangelische HertzPOstilla [...] Erster Theil/ Jn welcher Alle ordentliche Sonntags-Evangelia und auch aller fürnehmen berühmten Heiligen gewöhnliche Feyertags-Texte/ durchs gantze Jahr aufgeklitschet/ der Kern ausgeschelet/ aufs Hertze andächtiger Christen geführet/ und zu heilsamer Lehre/ nothwendiger Warnung/ nützlichem Troste/ andächtigem Gebet/ unsträfflichem Leben/ und seliger Sterbens-Kunst abgerichtet werden [...]. Leipzig 1691 (UB Rostock Fl-189.1), S. 307.

133 Vgl. Jörg Jochen Berns: Film vor dem Film. Bewegende und bewegliche Bilder als Mittel der Imaginationssteuerung in Mittelalter und Früher Neuzeit. Marburg 2000.

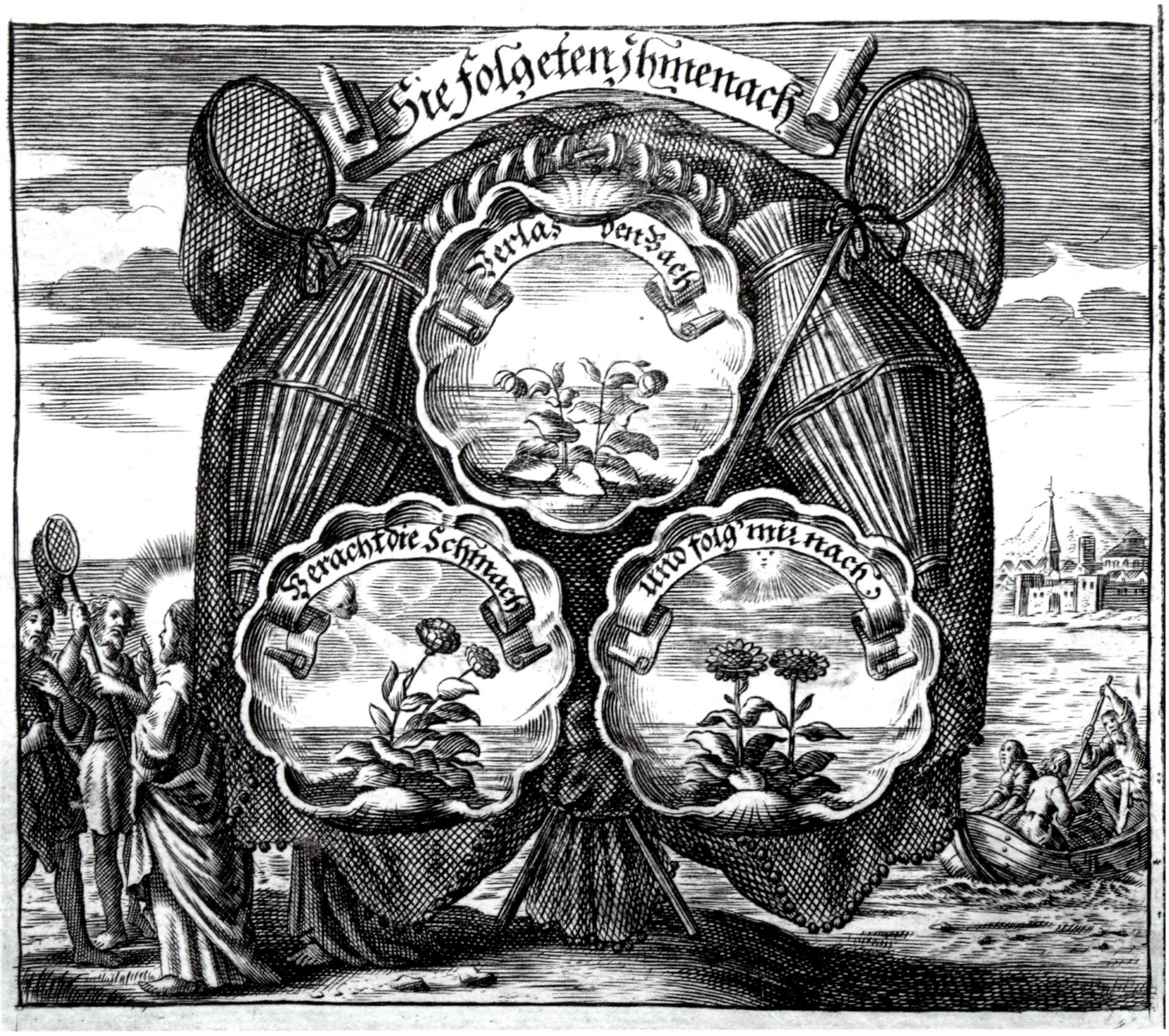

Abb. 2: Johann Michael Dilherr: Heilige Sonn- und Festtags-Arbeit/ Das ist: Deutliche Erklärung Der jährlichen Sonn- und Festtäglichen Evangelien: in welcher Dreyständig-nachdenckliche Sinnbilder vorangesetzet […]. Nürnberg ^{3}1674 (Theologische Bibliothek der Universität Hamburg L IV d 853), S. 882 [richtig: 880].

Die ihr euch von dem Saft (der Eitelkeiten) nähret,
Erhebt das lasse [= nachlässige, hier: hängende] Haupt, das von mir ist gekehret:
Steht fest im Ünglücks-Stand; (verachtet Hohn und Schmach)
Und folget meinem Glanz (in wahrem Glauben) nach.[134]

134 Dilherr, Heilige Sonn- und Festtags-Arbeit 1674 (wie Anm. 113), S. 882 [richtig: 880].

IX, 6

Bild: Die fünf törichten Jungfrauen stehen vor verschlossener Tür.
Bildüberschrift: SERI RARO VERI (Die Späten sind selten die Wahren.)
Bildunterschrift: Hier ist es Zeit: wer hie sich nicht bekehret, | der wird hernachmals dorten nicht erhöret

Dieses Emblemgemälde (Abb. 1) basiert auf dem Gleichnis Jesu von den klugen und törichten Jungfrauen (Matthäus 25,1–13). Dargestellt sind nicht, wie es zunächst den Anschein haben könnte, die fünf klugen Jungfrauen mit ihren brennenden Öllampen. Vielmehr handelt es sich um die fünf törichten Jungfrau-

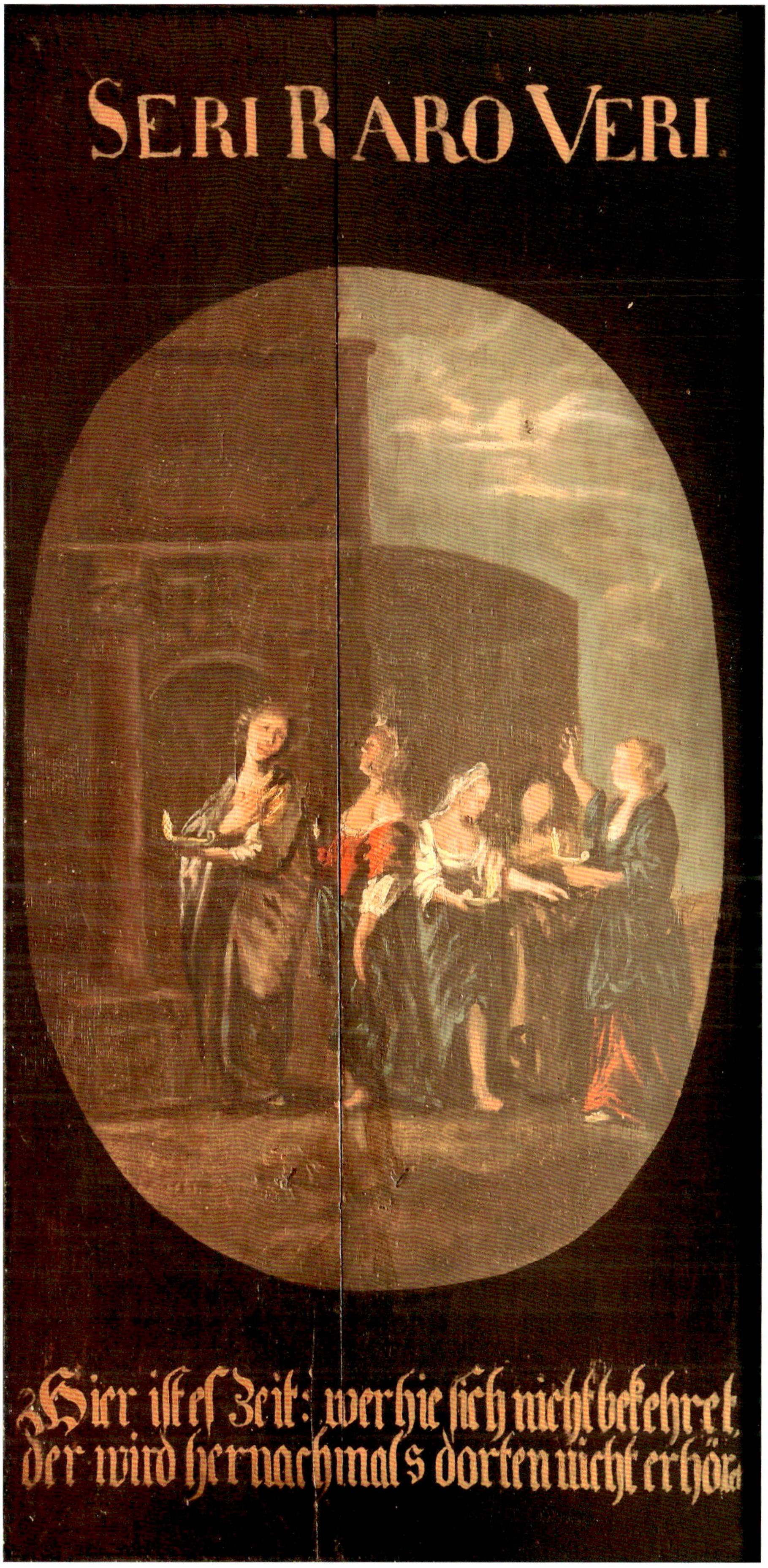

Abb. 1: Rückseite,
Emblemgemälde Nr. 6.

en, denen das Öl ausgegangen war, bevor der Bräutigam die Tür zum Hochzeitssaal öffnete. Die törichten Jungfrauen mußten sich sodann neuen Brennstoff besorgen, um hernach allerdings festzustellen, daß der Bräutigam die Tür ein für allemal verschlossen hatte, sie also schlicht zu spät dran waren. Dargestellt ist mithin die Situation, die in Matthäus 25,11 f. geschildert wird: »Zuletzt kamen auch die andern Jungfrauen und sprachen: Herr, Herr, tu uns auf! Er antwortete aber und sprach: Wahrlich ich sage euch: Ich kenne euer nicht.«

In der zeitgenössischen lutherischen Auslegungstradition gilt dieses Gleichnis als Ermahnung zur Wachsamkeit angesichts des kurz bevorstehenden Jüngsten Tages und zur rechtzeitigen Praktizierung von Buße – ganz im Sinne der von Jesus selbst vorgetragenen Deutung des Gleichnisses (»Darum wachet; denn ihr wisset weder Tag noch Stunde, in welcher des Menschen Sohn kommen wird«, Matthäus 25,13). Verbunden wird dies üblicherweise mit der Warnung davor, die Botschaft von der Rechtfertigung allein aus Gnade nicht dahingehend mißzuverstehen, man könne die Umkehr zu Gott permanent aufschieben. In diesem Sinne hebt z. B. Johann Gerhard hervor, daß es mit Blick auf die Erlangung von Heil allein aus Glauben definitiv ein Zuspät gibt:

> Es werden die Gottlosen über ihre Sünde schreien, aber vergeblich, denn die Zeit der Buße ist dahin. Sie werden Gott bitten um Barmherzigkeit, aber vergeblich, die Zeit der Gnaden ist dahin. Sie werden Besserung zusagen, aber vergeblich, denn die Zeit der Besserung ist dahin. Die törichten Jungfrauen baten auch (Matthäus 25,11): Herr mache uns auf, aber die Tür ward zugeschlossen, das ist die Tür der Vergebung, die Tür der Barmherzigkeit, die Tür des Trosts, die Tür der Hoffnung, die Tür der Gnade, die Tür der Besserung. Siehe, diese Tür wird verschlossen werden und ewig verschlossen bleiben.[135]

Ganz ähnlich legt Johann Michael Dilherr dieses Gleichnis aus und fordert seine Adressaten dazu auf, geistliche Wachsamkeit und Bereitschaft angesichts der baldigen und doch terminlich nicht präzise voraussagbaren Ankunft des himmlischen Bräutigams einzuüben. Zusätzlich jedoch rät er, die biblische Bildlichkeit von der geöffneten bzw. verschlossenen Tür zum Hochzeitssaal meditativ täglich fruchtbar zu machen, also die emblematische Valenz von Ereignissen des alltäglichen Lebens zu entdecken:

> So oft ihr eine Tür ansehet, so denket an diesen unsern Text: Die Tür ward verschlossen [...]. So oft ihr eine Tür zuschließet, so seufzet: O Jesu, Jesu, allerliebster Herr Jesu, laß die schwarze Höllentür ewig vor uns verschlossen bleiben. So oft ihr eine Tür aufschließet, so seufzet: O Jesu, Jesu, allerliebster Herr Jesu, laß uns an unserm Ende die blaue Himmelstür aufgeschlossen finden.[136]

IX, 7

> Bild: Die Stifterin sitzt an einem Tisch; vor ihr sind ein aufgeschlagenes Buch und ein Kruzifix plaziert.
> Bildüberschrift: IN ANGELLO CUM LIBELLO (Im Eckchen mit einem Büchlein)
> Bildunterschrift: Wenn ich in nöthen beth und sing | so wird mein hertz recht guther ding | dein geist bezeugt das solches freÿ | des ewigen lebens vorsmack seÿ.

Das Gemälde (Abb. 1) zeigt die Stifterin Gese Brüggemann, die auf einem Stuhl an einem Tisch sitzt, den Bildbetrachter anblickt und mit ihrer Rechten auf ein Kruzifix deutet. Klar ist, daß die hier dargestellte Gese Brüggemann den Deutegestus Johannes des Täufers nachahmt, zumal dieser in zahlreichen (auch frühneuzeitlichen) Bildwerken als auf den Gekreuzigten (bzw. auf das Lamm Gottes oder beide) weisend ins Bild gesetzt wird. Vor der Stifterin auf dem mit einer roten Decke versehenen Tisch steht ein Lesepult, auf dem ein aufgeschlagenes größeres Buch seinen Platz gefunden hat. Die linke Hand Brüggemanns ruht auf einem kleinformatigen, ebenfalls aufgeschlagenen Buch, das auf ihrem linken Oberschenkel liegt.

135 Gerhard, Postilla (wie Anm. 43), Bd. 5, S. 192, Z. 14–23.
136 Johann Michael Dilherr: Heilige Sonn- und Festtags-arbeit. Das ist: Deutliche Erklärung Der jährlichen Sonn- und Festtäglichen Evangelien: in welcher Dreiständig-nachdenckliche Sinnbilder vorangesetzet; Hernach Die Wort gründlich erwogen/ nützliche Lehren herausgezogen/ und über die meinsten Text/ Drei Predigten zufinden sind: So/ in unterschiedlichen Jahren/ gehalten worden [...]. Nürnberg 1660 (BSB München 4 Hom. 2403 h-1/2), S. 626.

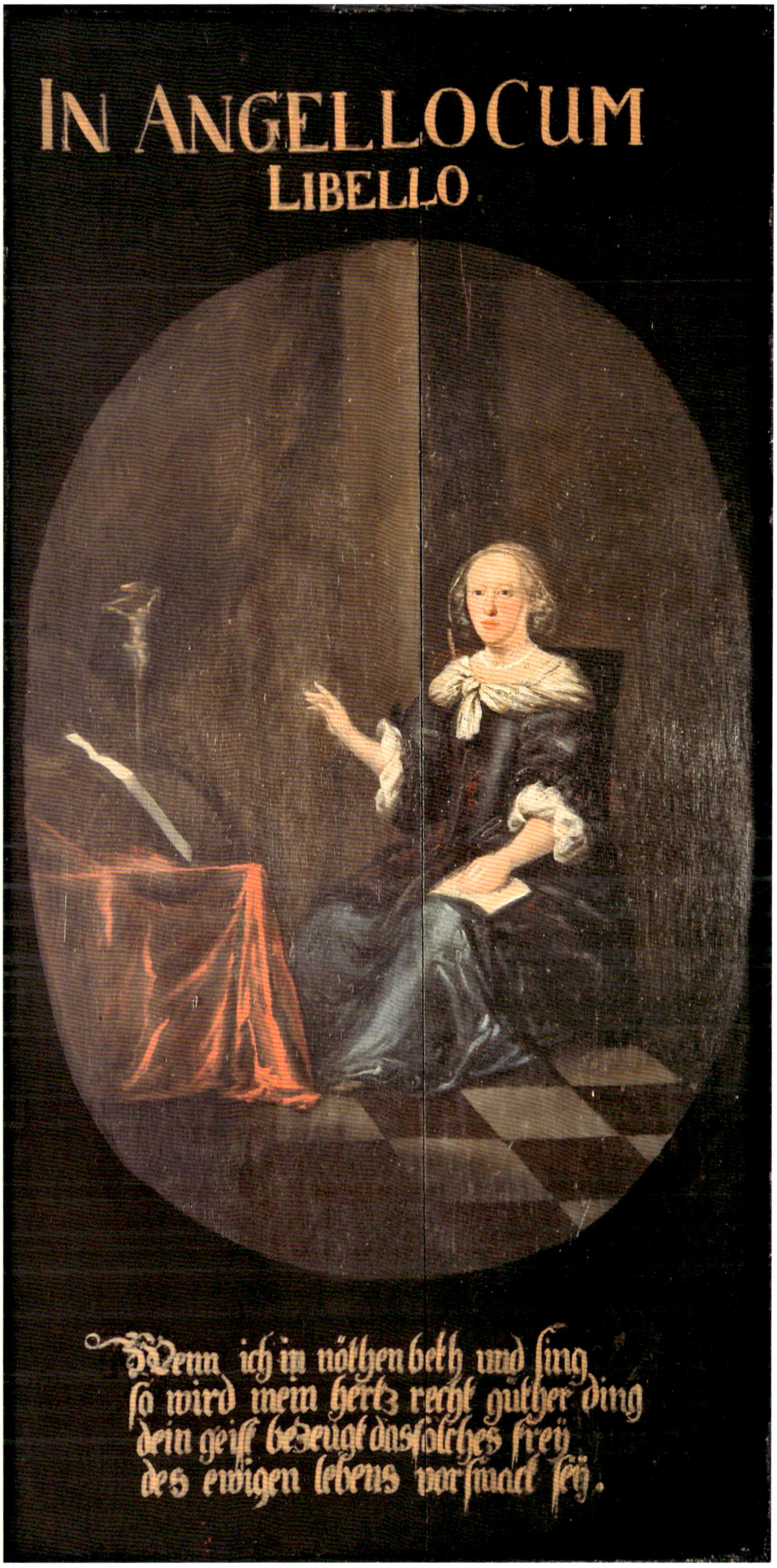

Abb. 1: Rückseite, Emblemgemälde Nr. 7.

Die Bildunterschrift zitiert ein geistliches Lied (»Ach Gott, wie manches Herzeleid«), das der Görlitzer Prediger und Erbauungsliterat Martin Moller (1547–1606)[137] zwecks Vorbereitung auf den Tod verfaßte und in seinem (durch zahlreiche Auflagen weitverbreiteten) *Manuale de praeparatione ad mortem* (›Handbüchlein über die Vorbereitung auf den Tod‹; Erstdruck 1593) publizierte. Die zehnte Strophe des Gesangs, mit dem Moller sein Erbauungsbuch abschließt und der in zahlreiche Kirchengesangbücher der Frühen Neuzeit Aufnahme fand, lautet:

Wenn ich mein' Hoffnung stell' zu dir,
So fühl' ich Fried' und Trost in mir,
Wenn ich in Nöten bet' und sing',
So wird mein Herz recht guter Ding'.
Dein Geist bezeugt, daß solches frei
Des ew'gen Lebens Vorschmack sei.[138]

Die Tröstung und Befriedung des Herzens durch die Praktizierung von Gebet und geistlichem Gesang werden in dieser Liedstrophe als »Vorschmack« (*praegustatio*) des ewigen Lebens bezeichnet. Dies erinnert an die Art und Weise, in der die Abendmahlsthematik im Segeberger Emblemprogramm abgehandelt wird, insofern dieses – wie bereits gezeigt wurde – keinen Zweifel daran läßt, daß die Teilnahme an der Feier des Altarsakraments ein Vorschmack ist hinsichtlich der noch bevorstehenden Abhaltung des Abendmahls im Neuen Jerusalem in Gegenwart des Lammes Gottes (vgl. V, 1).

Im lateinischen Motto des Segeberger Gemäldes (»IN ANGELLO CUM LIBELLO«) ist die Rede von einem Büchlein, bei dem es sich um die besagte Mollersche Erbauungsschrift handeln dürfte, der die Bildunterschrift entnommen wurde.

Die Frömmigkeitspraxis (*praxis pietatis*) Gese Brüggemanns ist, so die Botschaft des Bildes, konsequent ausgerichtet auf die Einübung in die Sterbekunst (*ars moriendi*). Hierzu paßt im übrigen auch der Crucifixus – erneut handelt es sich um ein Bild im Bild – auf den Brüggemann weist. Gehört es doch im Gefolge von Luthers *Sermon von der Bereitung zum Sterben* (1519) zu den in der lutherischen Sterbeseelsorge verbreitetsten Topoi, daß man, wenn es ans Sterben geht, einzig und allein den gekreuzigten Christus und die in ihm in Erscheinung tretenden Bilder der Gnade, des ewigen Lebens und der Seligkeit vor Augen haben möge.[139] Genau hierauf basiert auch die dritte Strophe von Valerius Herbergers (1552–1627) berühmtem Lied »Valet will ich dir geben«:

In meines Herzens Grunde
Dein Nam' und Kreuz allein
Funkelt allzeit und Stunde,
Drauf kann ich fröhlich sein.
Erschein' mir in dem Bilde
Zu Trost in meiner Not,
Wie du, Herr Christ, so milde
Dich hast geblut' zu Tod.[140]

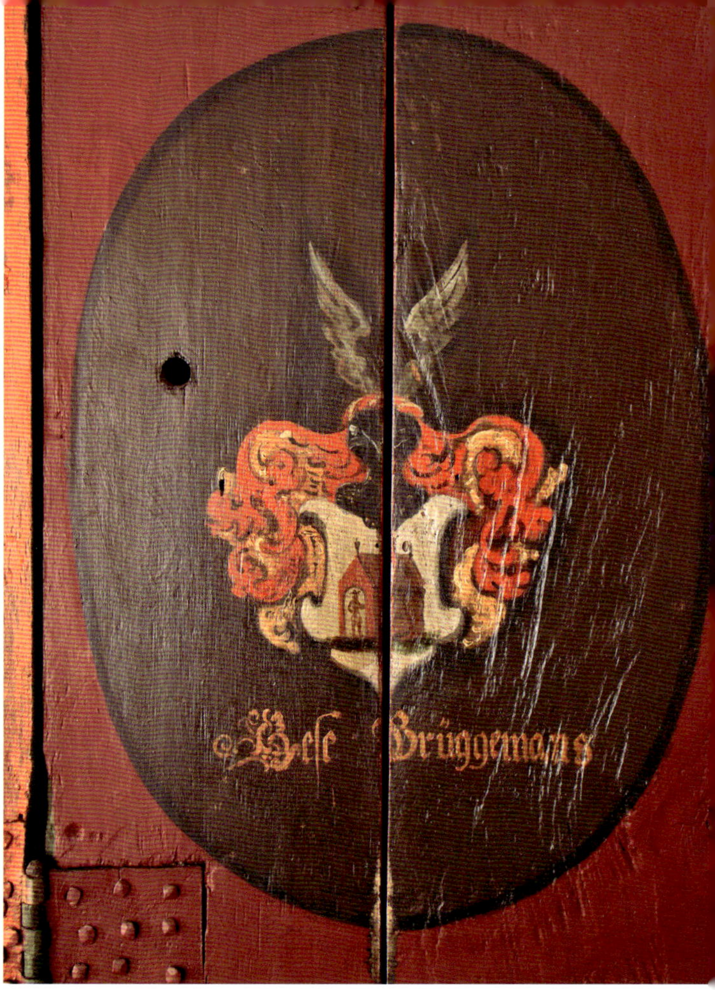

Abb. 2: Rechte Schmalseite des Altarschreins in geschlossenem Zustand, unten: Wappen Gese Brüggemanns.

137 Vgl. Johann Anselm Steiger: Art. Moller, Martin. In: Frühe Neuzeit in Deutschland 1520–1620. Literaturwissenschaftliches Verfasserlexikon. Hg. von Wilhelm Kühlmann, Jan-Dirk Müller, Michael Schilling, Johann Anselm Steiger, Friedrich Vollhardt. Bd. 4. Berlin u.a. 2015, Sp. 452–462.

138 Martin Moller: Manuale DE PRAEPARATIONE AD MORTEM. Heilsame vnd sehr nützliche Betrachtung/ wie ein Mensch Christlich leben/ vnd Seliglich sterben sol. Görlitz 1596 (BSB München Asc. 5561 u), S. 119.

139 Vgl. Luther, WA 2,687,34 f.; 688,33–37; 689,28 f.

140 Fischer / Tümpel (wie Anm. 103), Bd. 1, S. 98.

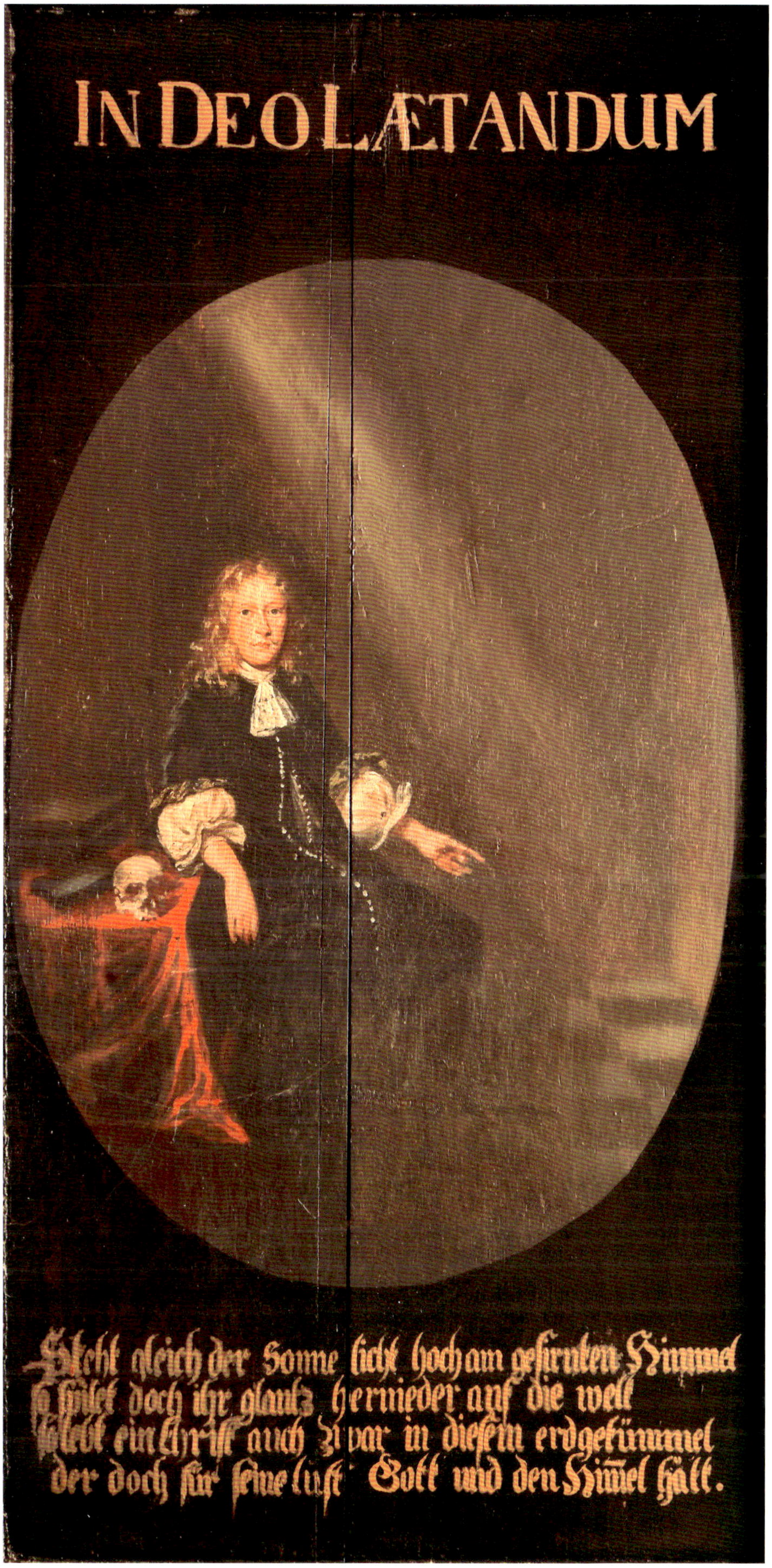

Abb. 1: Rückseite, Emblemgemälde Nr. 8.

IX, 8

> Bild: Der Stifter sitzt an einem Tisch, auf dem ein Totenschädel und Bücher plaziert sind.
> Bildüberschrift: IN DEO LAETANDUM (Über Gott muß man sich freuen.)
> Bildunterschrift: Steht gleich der Sonne licht hoch am gestirnten Himmel | so spilet doch ihr glantz hernieder auf die welt | so lebt ein Christ auch zwar in diesem erdgetümmel | der doch für seine lust Gott und den Himmel hält.

Das Gemälde (Abb. 1) zeigt Nicolaus Brüggemann, der an einem Tisch sitzt, dem er den Rücken zuwendet, während er den Bildbetrachter anblickt. Auf dem Tisch liegen drei Bücher sowie ein Totenschädel, was darauf hindeutet, daß auch in Brüggemanns Frömmigkeitspraxis – ähnlich wie in derjenigen seiner Frau – die Todesmeditation (*meditatio mortis*) eine wichtige Rolle spielte, wenngleich er zwecks Ausübung derselben (im Unterschied zu seiner Gattin) einem anderen Gegenstand den Vorzug gab, nämlich nicht einem Crucifixus, sondern einem Totenschädel, womit ein Rückbezug auf das Emblem III, 2 gegeben ist. Die Bildkomposition (Innenraum, Totenschädel, Bücher) zeigt einige Verwandtschaft mit dem in der Frühen Neuzeit weitverbreiteten Bildtypus des Heiligen Hieronymus im Gehäus (Abb. 3).

Mit seiner linken Hand weist Brüggemann auf den von Sonnenstrahlen beschienenen Boden, die von oben links in den Raum fallen. Die Bildgestaltung und das lateinische Motto »IN DEO LAETANDUM« rufen das Sinnbild Nr. 13 in den *Emblemata partim moralia partim etiam civilia* (1618) des Florentius Schoonhovius[141] (1594–1648) in Erinnerung. Dieses weist dasselbe Motto auf und stellt in der *pictura* das ebenfalls von links oben herabstrahlende Sonnenlicht dar (Abb. 4). Dieses erleuchtet freilich nicht ein Zimmer, sondern eine Landschaft; in ihr steht am rechten Bildrand eine männliche Person, die den Blick nach oben richtet. Die dem Sinnbild von Schoonhovius beigegebenen Verse sowie der recht ausführliche Kommentar fordern den Adressaten dazu auf, sich im Geiste konsequent an Gott auszurichten, auch wenn der Leib des auf Erden lebenden Menschen den irdischen Gefilden (noch) verhaftet ist. In eine ähnliche Richtung weisen die Verse, die dem Segeberger Gemälde beigesellt sind und rufen eine Thematik auf, die auch in Emblemgemälde II, 4 bestimmend ist: Der Glaubende hat seine wahre Heimat und sein Bürgerrecht jetzt schon im Himmel, wiewohl er noch auf Erden lebt. Zwar nicht explizit, aber doch der Sache nach wird die Segeberger Bild-Inschriften-Komposition regiert von dem in Kolosser 3,1–4 artikulierten Imperativ:

> […] so suchet, was droben ist, da Christus ist, sitzend zu der Rechten Gottes. Trachtet nach dem, das droben ist, nicht nach dem, das auf Erden ist. Denn ihr seid gestorben, und euer Leben ist verborgen mit Christo in Gott. Wenn aber Christus, euer Leben, sich offenbaren wird, dann werdet ihr auch offenbar werden mit ihm in der Herrlichkeit.

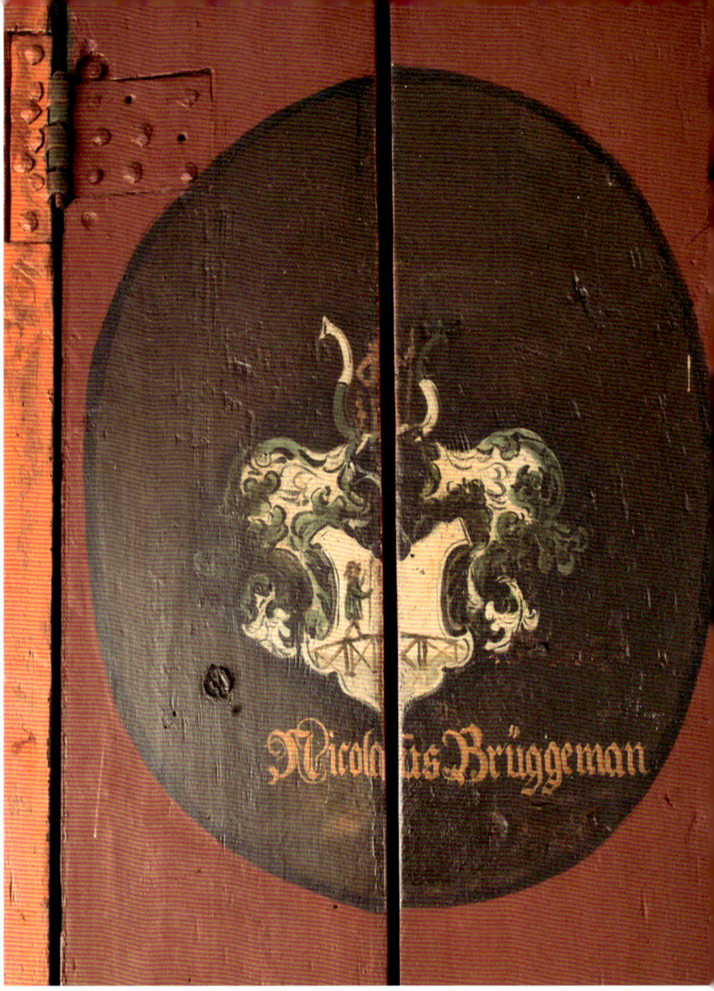

Abb. 2: Rechte Schmalseite des Altarschreins in geschlossenem Zustand, oben: Wappen Nicolaus Brüggemanns.

141 Florentius Schoonhovius: Emblemata […] Partim Moralia partim etiam Civilia. Cum latiori eorundem ejusdem Auctoris interpretatione. Accedunt et alia quaedam Poëmatia in alijs Poëmatum suorum libris non contenta. Gouda 1618 (SUB Göttingen 4 BIBL UFF 467), S. 40.

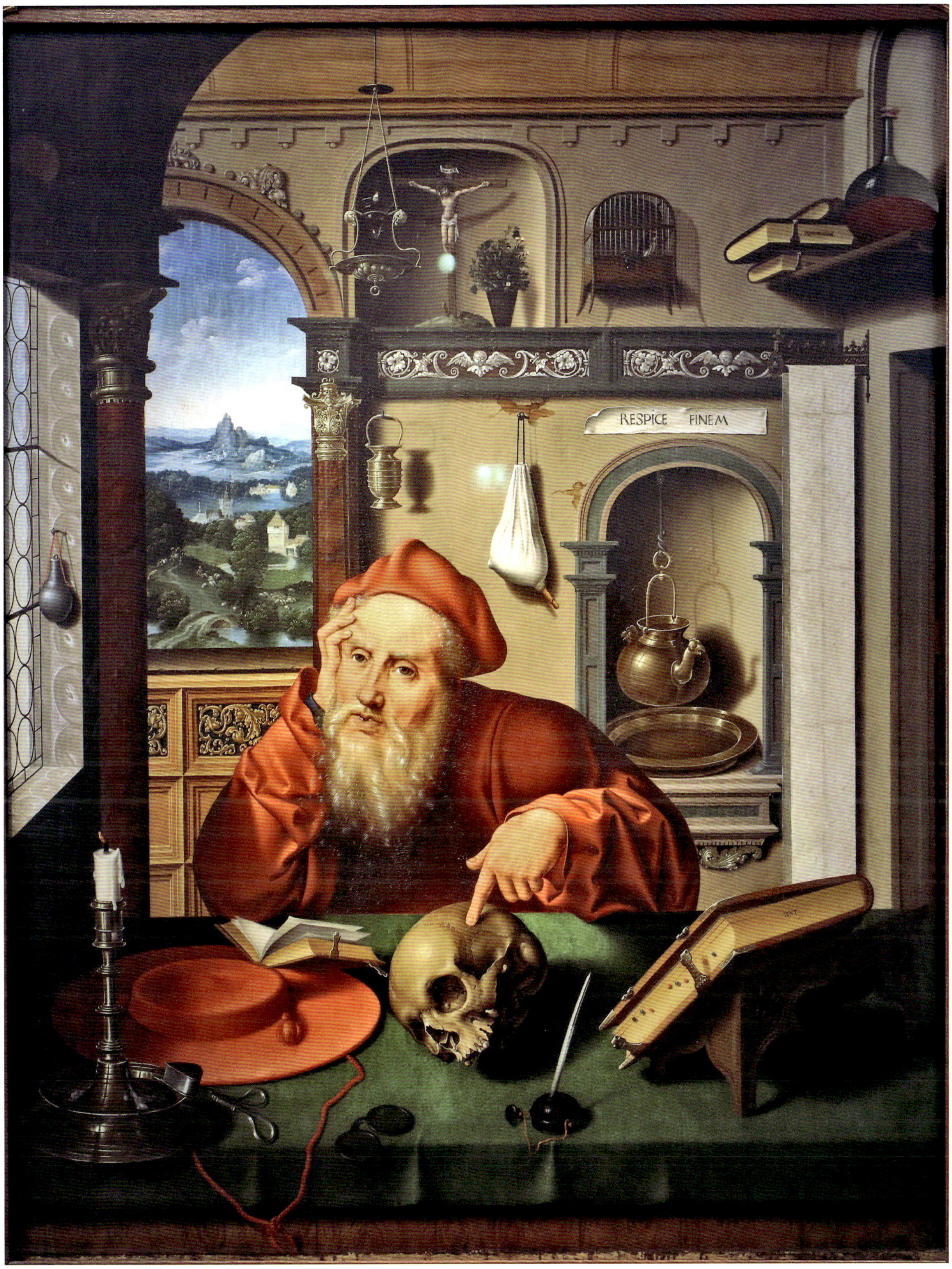

Abb. 3: Joos van Cleve: Der heilige Hieronymus, ca. 1510, Schleswig-Holsteinisches Landesmuseum Schloß Gottorf, Detail.

40 FLORENTII SCHOONHOVII

In Deo lætandum.

EMBLEMA XIII.

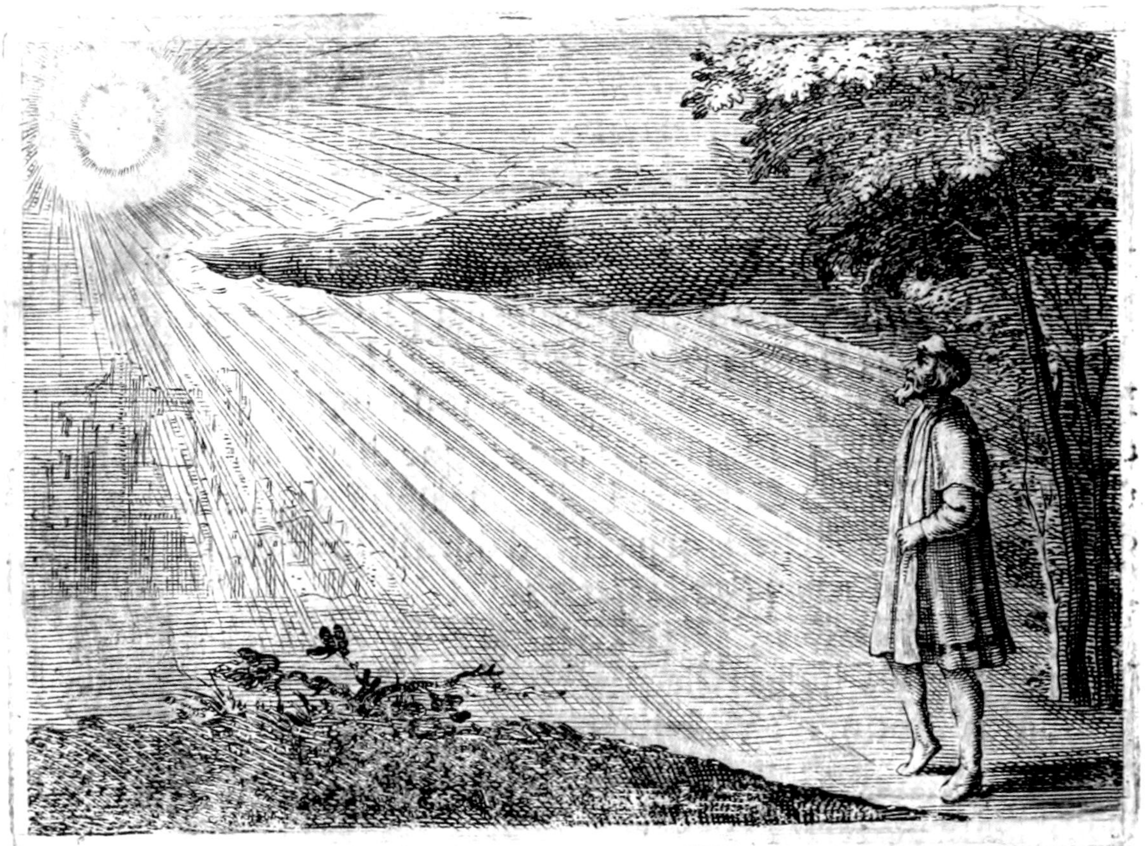

Cynthius igniferâ contingit lampade terram,
Et tamen æthereo ſervat in axe locum:
Sic Animus, quanquam ſit noſtri corporis hoſtes,
Aßiduò auctori debet adeſſe Deo.

Abb. 4: Florentius Schoonhovius: Emblemata […] Partim Moralia partim etiam Civilia. […]. Gouda 1618 (SUB Göttingen 4 BIBL UFF 467), S. 40.

X. DAS EMBLEMPROGRAMM AM FLÜGELALTAR ALS ZEUGNIS FRÜHNEUZEITLICH-GEISTLICHER INTERMEDIALITÄT, INTERTEXTUALITÄT UND INTERPIKTURALITÄT

Das Emblemprogramm am Segeberger Flügelaltar ist ein herausragendes Zeugnis frühneuzeitlich-geistlicher Intermedialität, Intertextualität und Interpikturalität. Alle drei Gegebenheiten regen zu einer verweilenden und vertieften Meditation der vielfältigen am Altar vorgetragenen geistlichen, v.a. sakramentstheologischen Themen an. Die stark ausgeprägte Intermedialität verdankt sich der Tatsache, daß jedes Emblem (und auch die Predellenwand) in sehr durchdachter Weise Kurztexte mit Bildmotiven kombiniert, welche je für sich genommen deutungsbedürftig, ja rätselhaft sind und sich erst in ihrer wechselseitigen Bezogenheit von Texten und Gemälden entschlüsseln lassen. Zieht man in Betracht, daß immer dann, wenn am Altar das Abendmahl gefeiert wird, auch der Tast-, Geruchs- und Geschmackssinn der Kommunikanten, die mit Wein und Brot in Kontakt kommen und diese zu sich nehmen, sowie deren Gehör mit Worten, Gesang und Musik adressiert werden, zeigt sich, daß der Altar, der bereits für sich genommen von Intermedialität geprägt ist, in einem noch komplexeren Intermedialitätsgefüge seinen Ort hat. Denn hier ist eine Medienvielfalt gewährleistet, die sämtliche Sinne des Menschen (*visus*, *auditus*, *tactus*, *gustus*, *olfactus*) involviert und mit allen erdenklichen Mitteln dafür Sorge trägt, daß in der Handhabung des Abendmahls als Heilsmittel (*medium salutis*) der Mittler (*mediator*) Christus gegenwärtig wird und sich in derartiger sakramental-medialer Vermittlung mit den Kommunikanten mystisch vereinigt. Hier wird eine *unio mystica* konstituiert, die Luther zufolge nicht nur als innerlich-geistliche Vereinigung der Glaubenden mit Christus aufzufassen ist, sondern auch als wechselseitige äußerlich-leibliche Inkorporation, wodurch den sündigen Menschen eine ganzheitliche, d.h. sowohl geistliche als auch leibliche *transmutatio* zuteil wird:

> Isset man ihn geistlich durch's Wort, so bleibt er geistlich in uns in der Seele. Isset man ihn leiblich, so bleibt er leiblich in uns und wir in ihm. Wie man ihn isset, so bleibt er in uns und wir in ihm. Denn er wird nicht verdauet noch verwandelt, sondern verwandelt ohn' Unterlaß uns, die Seele in Gerechtigkeit, den Leib in Unsterblichkeit.[142]

An dieser Stelle zeigt sich, daß Luther die von ihm abgelehnte scholastische Lehre von der Transsubstantiation,[143] d.h. von der substantiellen Wandlung der Abendmahlselemente einer Transformation, mithin einer soteriologischen Reformulierung unterzieht, welche die gänzliche Wandlung der Kommunikanten ins Zentrum stellt.

Zwar fanden für die Schaffung der Sinnbildserie am Altar keine Emblembücher als Vorlagenspender Verwendung, aber der Segeberger Flügelaltar gleicht mit seinen vier Flügeln schon infolge seiner Machart einem Buch, in dem man blättern kann, nur mit dem Unterschied, daß – anders als bei einem Buch – je nach Klappart Links- und Rechtsseiten unterschiedlich miteinander kombiniert werden können. Dieses ›Buch‹ ist von starker Intertextualität geprägt. Dies gilt schon hinsichtlich der einzelnen Embleme, weil hier – interlingual – lateinische Motti mit frühneuhochdeutschen Texten kombiniert sind, welche sich wechselsei-

142 Luther, WA 23,256,24–28.

143 S. o. S. 57.

tig beleuchten und auslegen. Dies gilt aber auch mit Blick auf das Verhältnis der Über- und Unterschriften unterschiedlicher Sinnbilder, die, wie beobachtet, aufeinander Bezug nehmen bzw. gar einander unmittelbar fortsetzen (so in VI, 3 und V, 4). Hinzu kommt jedoch eine weitere Spielart von Intertextualität, da es sich – wie dargelegt – bei den meisten Texten um Zitate handelt. Durch diese extratextuellen Verweise wird der Altar mit einer Vielzahl sehr heterogener Textwelten vernetzt: mit der Heiligen Schrift, mit patristischen und mittelalterlichen Traditionslinien, mit antik-paganem Schrifttum sowie mit der frühneuzeitlichen geistlichen Lyrik, mit Textbeständen also, welche in der zeitgenössischen homiletischen und liturgischen Praxis sowie im Kirchengesang – auch in St. Marien zu Segeberg – präsent waren.

Schließlich ist der Flügelaltar Konkretion von frühneuzeitlich-geistlicher Interpikturalität,[144] insofern in den Emblem-*picturae* zahlreiche Wiederaufnahmen (himmlische Hände, Kreuze, Wolken, Engel, Totengerippe bzw. -schädel, kaiserliche Herrschaftsinsignien usw.) zu beobachten sind. Von Interpikturalität sind zweifelsohne auch diejenigen Bildpaare bestimmt, die typologisch – sei es synthetisch, sei es antithetisch – aufeinander bezogen sind wie die Eherne Schlange (IV, 2) und der ans Kreuz erhöhte Menschensohn Christus (VI, 4) oder der Baum der Erkenntnis (VII, 4) und der Lebensbaum Christus (VIII, 2, vgl. auch IX, 2). Als interpiktural sind aber nicht nur Bild-Bild-Beziehungen zu bezeichnen, sondern durchaus auch Korrelationen von Bildern und ihnen beigegebenen Texten, die sich bildhafter Sprache bedienen, wie dies in VIII, 3 der Fall ist, wo die Mannalese visualisiert und diese in der Bildunterschrift als Typus des Himmelsbrotes Christus charakterisiert wird. Eine weitere Facette von Interpikturalität liegt in all den Gemälden vor, in denen Bildartefakte zur Darstellung kommen. Solche Bilder in Bildern liegen in IV, 4 und IX, 7 (Crucifixus) sowie in IV, 2 (Eherne Schlange) vor.

144 Vgl. Guido Isekenmeier (Hg.): Interpiktorialität. Theorie und Geschichte der Bild-Bild-Bezüge. Bielefeld 2013 (= Image 42).

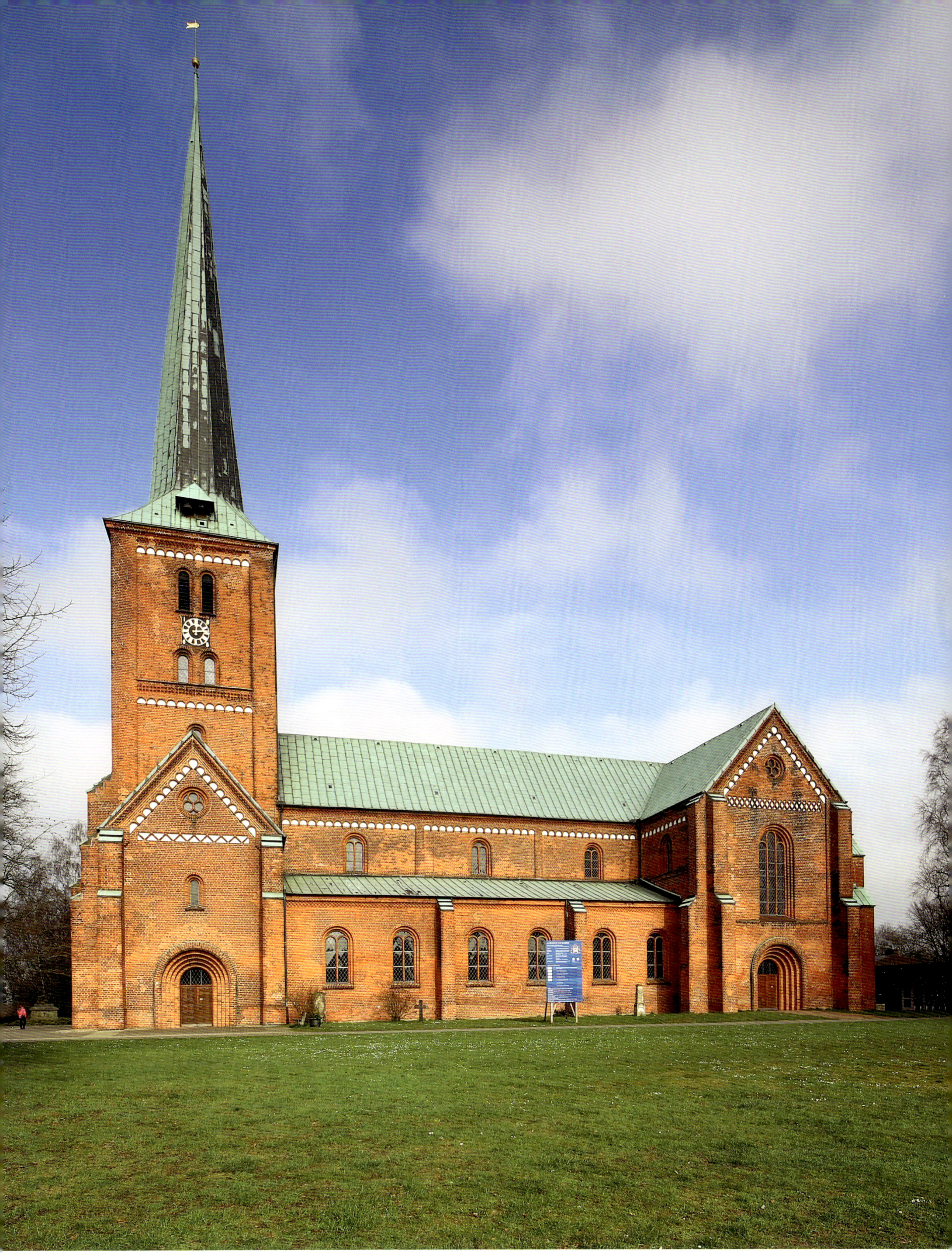

Abb. 1: Bad Segeberg, St. Marien von Süden.

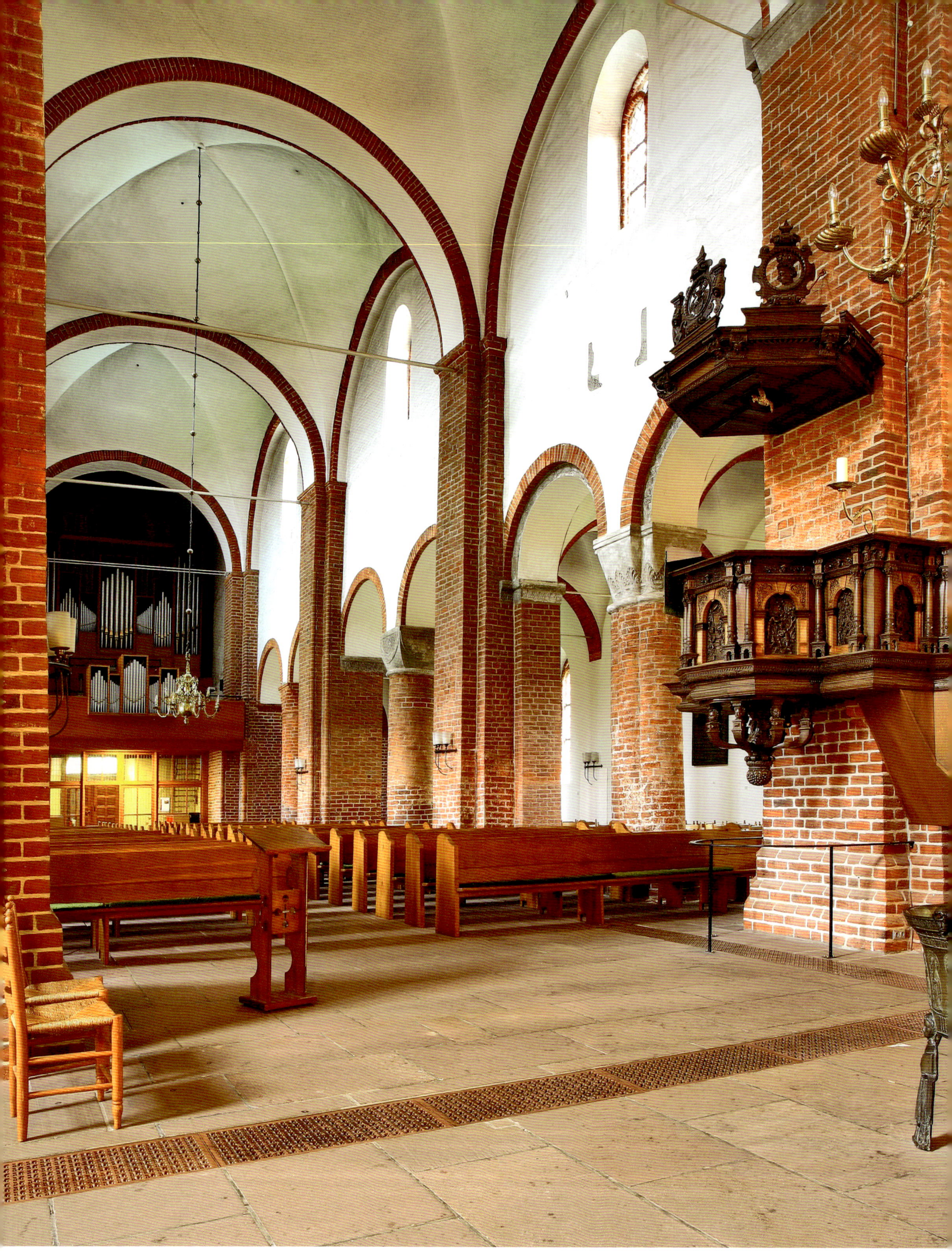

Abb. 2: Inneres nach Nordwesten

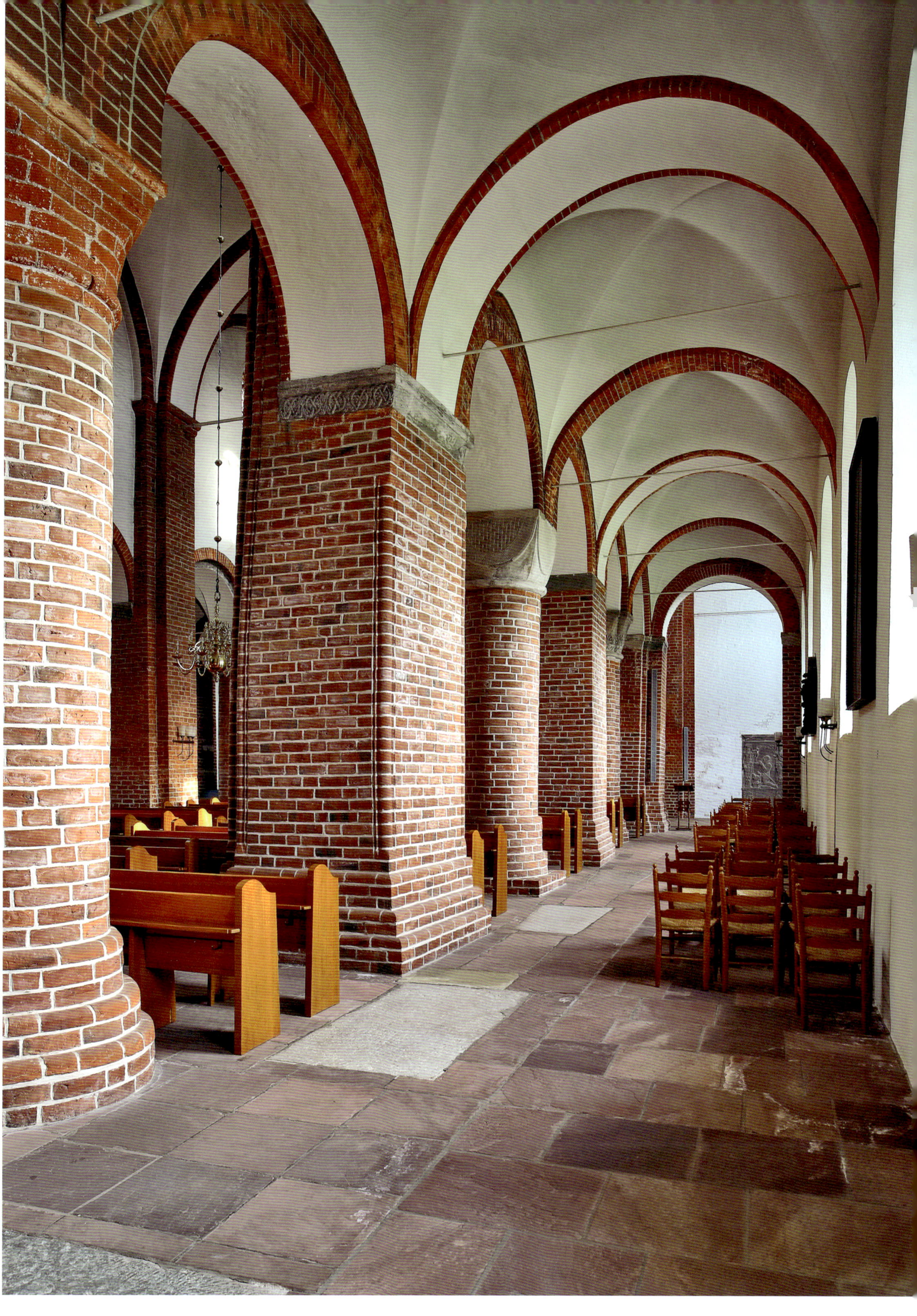

Abb. 3: Südliches Seitenschiff nach Nordosten.

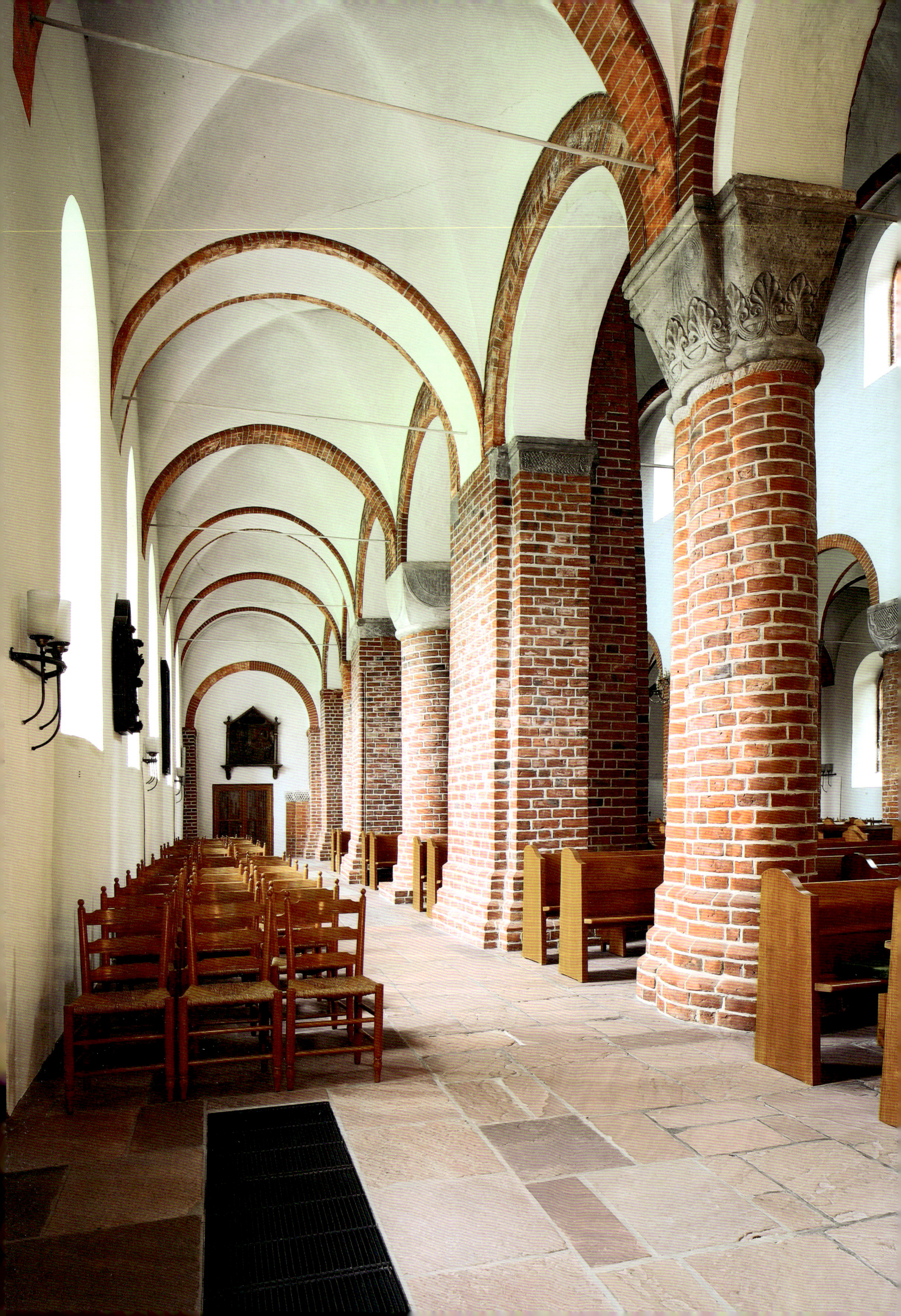

ABBILDUNGSNACHWEISE

Umschlag

Alle Photographien © Johann Anselm Steiger (Hamburg).

Einleitung

S. 14, Abb. 3: © Bayerische Staatsbibliothek München.

S. 29, Abb. 9: © Johann Benedikt Steiger (Leipzig).

Alle übrigen Photographien © Johann Anselm Steiger (Hamburg).

Bad Segeberg

S. 67, Abb. 3: © Bayerische Staatsbibliothek München.

S. 116, Abb. 2: © Rijksmuseum Amsterdam.

S. 132, Abb. 2: © Herzog August Bibliothek Wolfenbüttel.

S. 130, Abb. 1, S. 135, Abb. 1, S. 138, Abb. 1, S. 141, Abb. 1, S. 142, Abb. 1, S. 145, Abb. 1, S. 147, Abb. 1, S. 148, Abb. 2, S. 149, Abb. 1, S. 150, Abb. 2: © Alexander Voss (Altenholz).

Alle übrigen Photographien © Johann Anselm Steiger (Hamburg).

Abb. 4: Südliches Seitenschiff nach Nordwesten.